U0468308

青銅紀

在思想中共鸣

RESONATING
THROUGH
IDEAS

汉画像的象征世界

The Symbolic World of Pictorial Art in Han Dynasty

朱存明 著

文化藝術出版社
Culture and Art Publishing House

图书在版编目（CIP）数据

汉画像的象征世界 / 朱存明著 . -- 北京：文化艺术出版社，2025.8. -- ISBN 978-7-5039-7878-4

Ⅰ . K879.424

中国国家版本馆 CIP 数据核字第 2025L6K826 号

汉画像的象征世界

著　　者　朱存明
责任编辑　董良敏
责任校对　董　斌
书籍设计　李　响　马夕雯
出版发行　文化艺术出版社
地　　址　北京市东城区东四八条 52 号（100700）
网　　址　www.caaph.com
电子邮箱　s@caaph.com
电　　话　（010）84057666（总编室）　84057667（办公室）
　　　　　　　　84057696—84057699（发行部）
传　　真　（010）84057660（总编室）　84057670（办公室）
　　　　　　　　84057690（发行部）
经　　销　新华书店
印　　刷　国英印务有限公司
版　　次　2025 年 8 月第 1 版
印　　次　2025 年 8 月第 1 次印刷
开　　本　880 毫米 ×1230 毫米　1/32
印　　张　10.25
字　　数　246 千字
书　　号　ISBN 978-7-5039-7878-4
定　　价　86.00 元

版权所有，侵权必究。如有印装错误，随时调换。

雷公

在汉代，天对人来讲是神秘莫测的。汉代人把天上的风、雨、雷、电都拟人化了，想象着都有神灵在主宰。徐州铜山洪楼祠堂屋顶坡面画像就刻画了拟人化的云师、雨伯、雷公、电母。其中，雷公被刻画为熊样的怪兽，身躯魁梧，肌肉发达，乘坐在翼兽拉的云车上，车上架有建鼓。雷公用锤用力击鼓，传出"轰隆隆"的声音。汉代人把自然力加以神化，创造了天象的神话图像。

泗水捞鼎

这幅泗水捞鼎画像（局部）出自徐州贾汪。画面上方刻画一官吏（有人认为是秦始皇）正在指挥众人捞鼎。泗水边上架起打捞的架子，两边各有5人用绳子竭尽全力拉正在升起的鼎。在鼎即将出水时，突然从鼎中伸出一个龙头，咬断了绳子，鼎又落入水中不见了。这个故事在汉代具有典型的象征意义。在先秦，统治者靠垄断稀有物资如铜、金、玉等来维持其统治的权威。传说中有"禹铸九鼎"之说，鼎就成了国家权力的象征。古代政权的转移是以九鼎的转移为表征的。汉画像中多见泗水捞鼎图像，象征着短命的秦政权。

莲花纹

汉画像中有许多莲花纹,构成了中国植物性宇宙观的象征。莲花纹有写实的表现,也有一些抽象的表现。莲花往往有四瓣或八瓣,分别指向东西南北等方向。它们往往出现在墓室、祠堂或棺盖的上部。莲花纹一般装饰在图像的中间,有伏羲女娲环绕,有的莲花纹四周还有鱼在游动。莲花象征着宇宙的中心,以及中国传统社会"莲花化生"的生生不息的生命崇拜意识。

二龙穿璧

二龙穿璧图像在汉画像中极为常见。有的龙穿一璧,有的穿三璧、五璧、七璧,最多的达到九璧。玉璧是中国文化中用来沟通天地的礼器,璧是天门的象征,从阴间到阳间再到天界,都有玉璧作为门户。在汉代,龙是沟通天地的灵物,两龙相交中间以圆璧加以突出,有阴阳化育、生殖崇拜的隐喻。蛟龙分雌雄,雄龙是阳性力量的象征,雌龙是阴性力量的象征。古人认为,有德行的人去世以后,在神龙的引导下可以升入天界,过上神仙一般的生活。

伏羲女娲交尾

伏羲女娲交尾图中,他们多表现为人首蛇躯或为人首鳞身,阴阳相对,尾部相交,往往手持日月或规矩。伏羲、女娲是汉代及汉代以前阴阳观念的符号性表现,象征天地、男女、阴阳、生死、方圆与对立统一,是宇宙中阴阳力量的表征。古人认为,这两种力量经过交感的形式化育万物,使自然与人类的创生力量绵绵不绝。

十字穿环

这是徐州出土的十字穿环图像。其中心刻一圆环,有十字穿过。圆外有一方形,四个角各有半圆形图案,图案呈现为"亚"字形。"亚"是古代宇宙观的象征,它继承了"圆璧礼天,方琮礼地"的古老传统。十字穿环犹如俯视的方琮,是沟通天地的象征。汉人相信死后可以升仙,十字穿环就是升天的最简洁的图式。

羽人侍凤

汉画像石中有一种典型的图像——羽人侍凤。图为一只大鸟应为凤鸟,其高大无比,身体健硕。古人认为凤为群鸟之王,为"四灵"之一,也是一种瑞鸟。凤是虚构的神鸟,其身有五彩,雄曰凤,雌为凰。古人认为凤是天帝的使者,来往于天地之间。汉代人相信"羽化升仙",凤鸟衔来的仙丹有助于成仙。从羽人侍凤图中可见凤鸟正口吐仙丹,两个羽人伸手接住,人服了以后可以升入天界。

致读者

中国文化源远流长，其最基本的一个特性是诗性的审美传统。

这个审美传统从文字与图像两个方面表现出来。中国的文字首先是"图画文字"，因此文字的发生根源仍然是图像的。世界存在于其"文"的表象中，有关"文"的家族概念就成了构筑中国传统审美的基础。诸如天文、图文、纹饰、文字、文心、文章、文化、文明都在此基础上确定其内涵。

图画与文字一直是中国文化的两大传统，在没有文字的更古老的时代，物的造型与图画是语言所表达的外在呈现。

随着秦汉时期统一文明传统的形成，对宇宙的认识、神性的思考、现实生活的观察、理想意义的追求已经成为图像表达的历史性诉求。

在中国诸多的艺术形式中，汉画像艺术在汉代勃然而起，已经超越了汉以前的所有图像而成为时代的精神表征。在佛教没有大规模进入中国以前，汉画像艺术构筑的整个世界就是汉文化的根柢所在。

汉画像这种独特的艺术，上承早期中国灵感思维的神话时代的信仰，又建构了"天、地、人、神"的四维世界的整体宇宙模式。天与地、生与死、古与今、圣与俗、道与艺、礼与乐、美与丑等，都在汉画像中呈现出来了。

这是一个象征的世界，构成了中国文化的原型结构，同时又是不同时代的文化基因的复制传统。今天，视觉文化研究已经成为一种新的视角，图文关系研究也成为一种研究方法。在整体的象征世界被肢解为美术学、考古学、艺术学、设计学、图案学、美学等不同学科的材料时，学术成为"盲人摸象"式的自我划界，更需要一个高度概括的总体性把握。

《汉画像的象征世界》就是我读博士期间对此问题深入探讨的思考轨迹。

该书出版已经20年了，继人民文学出版社的2005年版、台湾里仁书局的2016年版，文化艺术出版社又推出了一个新的版本。这说明此书探讨的问题，并没有随着时代的发展、考古材料的涌现，以及文化观念的变迁而失去其价值。恰恰相反，当我们在复兴中华优秀传统文化的当下，更彰显出此书所讨论的问题的重要性。

此书出版后，围绕着以汉画像为代表的中国文化的图像传统，我主持了国家社科基金重大课题，完成了多项国家社科基金项目与省部级项目。我编纂了《汉学大系》

丛书，目前已经出版28种。我想要做的是，在现代学术的视野下重新阐释中国汉文化的根源，在图像与文字的互证中建立一种"新汉学"的学术理念。

原来中国人不仅生活在一个日常生活中，也生活在一个由文字与图像构造的意义世界里。

读者朋友们，如果你对中国的汉画像艺术感兴趣，想了解几千年来中国人对时间、空间、天人、生死等的理解，想了解汉代人的衣食住行、吃喝玩乐的生活状况，想知道中国人如何讲述神话故事、崇拜民族英雄、祭祀祖先神灵、塑造道德模范、营造死后的世界，这本书会带你走进汉画像所营造的世界。

汉画像艺术，一部汉代文化的形象史诗。

汉画像艺术，一部汉代人生活的百科全书。

朱存明

2025年3月20日

目 录

001 **前 言**

005 **第一章 作为图像符号的汉画像**
007 一、汉画像与汉文化
019 二、图像学与符号象征

037 **第二章 汉象征传统**
041 一、汉字与象征
048 二、《周易》象征传统
061 三、铸鼎象物

083 **第三章 汉画像的宇宙象征主义**
086 一、宇宙形态：天圆地方
098 二、天地生成
104 三、漫漫升仙路

117　**第四章　墓室、祠堂与棺椁画像的宇宙象征主义**

119　一、墓室图像的象征论

140　二、祠堂画像的象征意义

166　三、棺椁画像的象征意义

215　**第五章　汉画像的符号分析**

218　一、在天成象

256　二、在地成形

269　三、十字穿环

278　四、二龙穿璧

283　五、伏羲女娲交尾

290　**参考文献**

308　**后　记**

前　言

　　本书是在考古学与文化学大力发展的基础上，对汉代画像艺术所做的美学探讨。这种探讨只有在今天才有可能。材料及方法上的当代性与前沿性，是保证本书产生新观点的基础。为了研究的展开，我们采用了图像与象征符号分析法，以保证能对汉画像的象征世界进行深入的研究。

　　构成中国汉画像民族性的根源是汉民族的图画文字、《易经》符号思维与"铸鼎象物"的图像功能。图像直接来源于人的视觉，是人的直觉性审美的存在方式。图像与汉字构成了中国古代文化的两大传统。由于汉字本于图画，汉字又是一整套符号系统，符号性构成了中国文化象征性的特点。这正是汉画像形象生成的民族性根源。汉画在某些方面，有着文字的符号功能，发挥着民族精神信仰的作用。

　　汉代是中国民族性形成的阶段，在中国文化中有着独特的地位，它的特点在于上承先秦时代神话的原始思维，下开新的时代的人文精神。汉画像通过其隐喻的象征图像与符号，形象地传达了这种充满神秘色彩的、蓬勃向上的时代精神。中国汉文化奠基于汉代，汉画像是汉民族精神的一个"镜像"阶段。

　　从汉画像存在的形式上，我们探讨了墓室、祠堂和棺椁画像，分析了其形制、结构、图像、符号的象征图式，并把它们放在一个宇宙象征主义的框架内。汉代的墓室往往建造成上圆下方的样子，以象征"天圆地方"的古老宇宙观。祠堂和棺椁画像往往也按天、地、人、鬼的信仰观念来安排图像，以体现人在宇宙中的位置。通过对帛画、壁画、画像石、画像砖的图像符号的详细考察，在理论上提出汉画像所体现出的总体观念是一种"宇宙象征主义"的。宇宙象征主义是指把当时人们对宇宙的看法，通过一切必要的形式表现出来，以便在文化上确认人在宇宙中的地位，使社会和人生都有一个归宿，以此来抗拒死亡威胁，使生命获得解脱。

按我们对汉画像符号的分析，构成汉代人象征的图式是，把宇宙分成天、地、人、神四大部分，并把这四大部分放在一个整体的图式中来表现。天上是诸神世界（汉代主要是自然神），地上有昆仑山、三神山、天柱等可以与天上世界沟通。汉代人主要信仰的大神是西王母，她主宰生死刑罚。她与东王公以及神仙界的其他灵异居住在昆仑山上。人们相信死后可以通过某种方式升入神仙的世界。这一部分内容与秦汉道家及道教密切相关。

汉代墓葬艺术体现了中国文化的宗法性。对祖先的祭祀，构成了中国人信仰的一部分，这种观念与儒家文化有密切的联系，表现的是中国文化的最重要的特征之一。"万物本乎天，人本乎祖。"祖先崇拜成了汉画像产生的社会与信仰性的根源之一。祖灵是活着的人肉体与权力的来源。汉画像中往往把汉民族传说中的文化英雄排列在诸神之下，反映了汉民族注重历史与民族的延续性的观念。这是儒家"法后王""祖述尧舜"观念的表现，体现了中国文化的因循性与传统性。

汉画像反映了汉代人对人死后世界的看法。他们真诚地信仰人死后有另一个世界，这个世界是人生时的一个摹本。死后的世界是令人恐惧的，那里有许多妖孽及怪异的灵物。死后的世界叫"黄泉"，还有一说泰山是人死后灵魂的归宿处。但汉画像所表现的及汉代人信仰的阴间世界，只是人现实世界的曲折反映。汉画中的怪异画像表现了人潜意识中对死亡的恐惧。如驱傩图像就表现了人的这种恐惧，处处求祥瑞的避凶趋吉的心态。汉代人的这种信仰，既不同于基督教死后升入天堂的信仰，也不同于佛教的极乐世界。中国人的审美观念，往往通过祥瑞观和吉祥观表现出来。在中国人看来，祥瑞和吉祥就是一种美。

人个体的渺小和无助使人不断地求诸外身，"观象于天，俯察于地"是汉画像所要表现的内容。汉画像要再现宇宙的图式，所以汉画像中充满了天文图像就不足为怪了。汉画像中的天文图与其说是科学的星象图，不如说是"占星学"的符号。汉画像的天文符号最能反映中国象征文化的特点，它的最大特征就是把不可呈现的"无形式"的宇宙用"象"的符号表现出来。如把天空分成"四象"，把"牛郎织女"星象拟人化等。这样，人就在幻想的自主意识中把握住了宇宙，使变化的大自然有了一个固定的形式。更进一步，根据人所确立的一个道德的标准来观测天象的变化，以得到灾异和瑞应的解答，以便人能行动并战胜天的灾害。怪异与妖孽就是一种丑。

汉画像中所表现的天文符号不是纯天文学的，而是文化学的，天文与人文在汉画像中往往是互渗性的。天上的星象是按人在地上的社会等级、体制结构而幻想出来的。因此，汉画像中的天文、地理图像，都具有人文的意义，而不是纯自然事物模仿的结果，是呈现意义的符号和图式。

汉画像通过图像符号，反映了汉代人的审美意识，这种意识是建立在"天人合一"基础之上的。其来源于中国古代萨满式文化，又是人与自然关系逐渐和谐发展的结果。虽然汉代人思想中自然神灵的观念仍然存在，但汉代人神话的意识已经在淡化，血亲人伦的因素在增加。"天人合一"的现代意义，启示我们要与自然建立和谐一致的关系。汉代人"天人感应"的观念虽然存在着神秘的神学色彩，有一些迷信成分，但他们企图寻求人与天的互动形式仍然是有价值的。汉代人对自然的认识不仅是优美的，而且是崇高的。

通过对汉画像象征形式的考察，我们发现，构成汉代人对世界的认识并不是自然性的，而是人文性的。人文信仰知识的来源并不是纯客观的反映，而是主观的不断建构。人的生命及本质的呈现是幻想性的。人把自己的本质通过人类的想象活动投射到客观事物上去，使事物在人的想象中客观化，人便生存在为自己设计的图式中。视觉的呈现及其符号化是人的审美的存在。人通过象征符号的创造，使自身栖息在一个意义的世界里。借此，人类使虚无的生命获得生存的价值。

第一章 作为图像符号的汉画像

汉民族不仅有一部文字记载的历史，而且还有一个图像表现的世界。汉画像以其丰富的象征形式，表现了汉民族的审美意识，其中包含着汉民族集体无意识的原型结构，更接近民族精神的核心。本书是对汉代画像的象征世界进行的专门研究。为了展开研究，我们首先要对汉画像的概念、历史及研究方法做一个历史的回顾，以确定我们进行探讨的学术视野。

一、汉画像与汉文化

什么是汉画像？

汉画像亦称"汉画"，包括汉代的画像石、画像砖、壁画、帛画、漆画、玉饰、铜镜纹饰等图像资料。这是一个图像学的概念，与传统金石学、考古学中的画像石、画像砖的概念有一定的联系，但也有一定的区别。画像石、画像砖和帛画等是根据不同的物质材料进行的划分，其制作方法也有所区别。画像石是在棺椁、墓壁和祠堂的表面上的镌刻，画像砖则是印模、压模及窑烧的结果，而帛画则是在绢帛上的绘画。汉画像是对不同物质材料和形式表面图像的概括。它的侧重点在视觉图像的表现方式和接受方式上，因为只有这种方式才具有决定图像本源的意义。

实际上,把画像石、画像砖说成汉画像是不确切的,因为有些汉画像石是浮雕或半浮雕的,与其说是"画像",不如说是"雕刻",但传统上汉画像石、画像砖的流行和鉴赏主要靠拓片,故根据约定俗成,称其为"画像"。由于汉代帛画、漆画等不易保存,经千余年的时间,保存下来的极少。画像石和画像砖保存、流传下来的却很多,所以汉画像不能不以画像石和汉画砖的图像为主。本书就是在这一广义和狭义的交互关系中来使用"汉画像"这一概念的。

据考,"画象"一词,可以追溯到汉代,但当时不仅仅指一种美术意义上的画像,主要还是指一种象征意义的刑法。《汉书·武帝纪》载:"朕闻,昔在唐虞,画象而民不犯。"颜师古注引《白虎通》:"画象者,其衣服象五刑也。犯墨者蒙巾,犯劓者以赭著其衣,犯髌者以墨蒙其髌,象而画之,犯宫者扉,犯大辟者布衣无领。"

这说明,"画象"是一种刑罚,可称之为"象刑"。所谓"象刑",即"画衣冠",原是形容舜帝时的贤明政治,虽有五刑(墨、劓、髌、宫、大辟),但不使用,而是以图画衣冠或异常的服饰来象征性刑罚。汉时,"象刑"成为贤明君主大治的一种追求。因此,"画象"含有一种"权力意志",是一个社会和权力机构对不合法行为的一种象征性惩罚。这种惩罚以图画衣冠的符号形式表现,以表示仁慈。

在汉代,"画象"一词也有我们理解的绘画的意义,一般在"图画其形象"上来使用。例证如下:

    初,充国以功德与霍光等列,画未央宫。(《汉书·赵充

国传》)

（汉宣帝）甘露三年，单于始入朝。上思股肱之美，乃图画其人于麒麟阁，法其形貌，署其官爵、姓名。(《汉书·苏武传》)

邕遂死狱中……时年六十一。搢绅诸儒莫不流涕……兖州、陈留间皆画像而颂焉。(《后汉书·蔡邕列传》)

永平中，显宗追感前世功臣，乃图画二十八将于南宫云台。(《后汉书·马武传》)

穆临当就道，冀州从事欲为画像置听事上，穆留板书曰："勿画吾形，以为重负。忠义之未显，何形象之足纪也！"(《后汉书·朱穆传》注引《谢承书》)

州中论功未及上，会竦病创卒，张乔深痛惜之，乃刻石勒铭，图画其像。(《后汉书·南蛮西南夷列传·邛都夷》)

（岐）先自为寿藏，图季札、子产、晏婴、叔向四像居宾位，又自画其像居主位，皆为赞颂。(《后汉书·赵岐传》)

从这些记载中可知，画像有"画形"之意，即图画其形象的简称。《武梁碑》曰："良匠卫改，雕文刻画。"可见，在石头上刻画像被称为"雕刻"。从汉代到宋代一般不用"画像"指称墓石壁画或石刻，而用"镌刻""制作""图其像"等词称之。[1]

现代意义上的"画像"概念，来源于宋代兴起的金石学。赵明诚《金石录》及洪适《隶释》《隶续》等书中，都使用"画像"一词。就其本义来看，"画像"指拓片上的图像，即平面上的画，并不指原石砖上的雕刻。因为金石学家对汉画像石、砖的研究往往依靠拓片，附属于文字的研究,而图像的研究并不占主导地位。顾森指出:"所谓'画像',就其本意来说是指拓片上的图像,即平面上的画,并不是指原砖原石。中国对汉代这些原砖原石的研究,几百年来基本上是根据拓片来开展。而且,用拓片作图像学式的研究主要是近一百年来的事。"[2]

不从画像所依托的材料来对汉画像的图像进行分类,是因为它所依托的物质材料,不能决定视觉图像的本质,既不是图像形成的根源,也不是图像接受的根源。我们可以从视觉文化的角度,从人的视觉图像呈现的模式和形式上来规定汉画像。狭义上讲,"汉"是一个时代的标志,指汉朝;广义上讲,"汉"又有汉民族、汉文化的内涵。尽管"汉"只是一个符号,其所指的范围则是巨大的。

画像,包含"形象""图像""图画""图形"等意义在内。我们可以把这个概念与英文表示类似概念的词相比较。表示"图像"的英文词有 picture、image、figure 及 icon,另外由这些词还衍化成一些同源词。一般说来,picture 与 image 常相互混用,但是严格说来这两者还是有所区别的。Picture 通常指一个具体构筑出来的物体,而 image 则更多地暗示呈现给观看者的虚拟的现象上的存在。前者是主动的表征行为〔作为动词的 picture 有描述或刻写(depict)之意〕,而后者则甚至是有些被动或自动的行为〔从词源上看,image 与想象(imagine)同源〕;前者可能指一种具体的视觉表征(如"图形的",像 the pictorial image),后者可以指整个视像性(iconicity)领域。美国芝加哥大学教授 W. J. T. 米歇尔在其早期著作《图像学》(Iconology)第一章"何为像?"(What is an Image?)中详细讨论了两者的区别。在中文翻译中,picture 一般翻译为"图像",image 译为

"形象",figure 译为"喻形",icon 译为"图示"或"谱象"。Iconology 译为"图像学",这个词还有肖像学、塑像学、圣像学的意义,在艺术上这个词指"象征手法"。英文中还有一个同类词"iconography",此词意为说明某一主题的图像材料,某一主题的图像记录,同时有图示法、图像说明、象征手法的意义,有时又指画像(或塑像)研究、肖像研究。这两个词目前中译没有统一,按其意义,前者可译为图像学,后者可译为图像志。

汉画像不仅包含各种画像的图像内涵,而且有这种图像怎样呈现、怎样被想象出来、怎样被观看的意义,进而把汉画像的研究推向深入。

汉画像与汉文化

中国的主体民族是汉族,它是由古代华夏族和其他民族长期交融形成的,人口约占全国人口的百分之九十以上。汉族的语言称为"汉语",记录汉语的文字为"汉字",清人把考据训诂的"朴学"称为"汉学"。直到今天,外国人仍称中国传统学问为"汉学",把研究中国传统学问的人称为汉学家。汉文化的奠基在"汉朝"(前206—220)。美国汉学家郝大维(David L. Hall)、安乐哲(Roger T. Ames)认为,中国形成其民族性的"神话"显示了汉朝的统一的文化这一构造。他们说:

> "汉"这个字涵义丰富,其中大部分源于华中的一条河流(汉水),它在汉口进入长江。在诸如《诗经》《左传》这类经典中,"汉"字指"天汉"和"银汉",即贯穿黑夜天幕的无数星

球,放射出汇聚的灿烂光辉,我们西方人称之为"银河"。"汉"字进一步成为"汉中"的简称,在秦帝国之前它是楚国的一块领土,此名称来自汉水。在公元前三世纪晚期,刘邦作为汉王在这个地区兴起,在他战胜项羽成为汉朝开国皇帝之后,他借用其发祥地之名命名他建立的朝代,这个朝代延续了四百多年。就是在汉朝期间,中国在社会、政治和文化上的同一性巩固下来了。这个文化母体是中国人所依靠的根源,他们称自己为"汉人"。恰如美国成为"自由的土地和勇士之乡","汉"也获得了品格的意义,因而"男子汉"就是一个无畏的人。[3]

一些西方学者研究中国文化以后,给中国文化以崇高的评价。英国著名汉学家李约瑟(Joseph Needham)说,几乎一切中国自然哲学主要的特点之一是避免了陷于欧洲有神论的与机械唯物论的世界观,这是西方迄今未全然解决的对立论题。[4]他们认为,中国传统文化中的"天人合一",是具有"世界性价值"的命题,是对"生命的阐释"。近代以来,中西文化总在交汇中相互影响。中国在向西方学习,在美学领域深受德国古典美学影响,如接受康德美学、黑格尔美学。启蒙运动时的法国和德国的思想家也在学习中国汉文化。[5]现在转向了西方在学习中国传统文化,以求一种普泛的伦理价值。[6]他们注意"汉学"的注释和考据的传统,把"儒学"精神推而广之,称为"中国性"。重要的是,它不是一种静止固定的本质核心,而是一系列意义的能动的汇聚,并随时代而变化。他们注意到中国文化的形象化特征,认为从根本上讲,中国传统是一种"美学传统"。汉文化是一个连续不断的文化叙述,而不是各种可孤立理解的理论体系,它构成了一种审美的意识形态。抽象的理论和普泛的价值,则需要图像的叙述,这是文化的一个特征,也是人类视觉生存的重要表现。因此,研究汉画像作为汉文化的图像象征,就有了文化探源的价值和揭示民族生存方式的意义。

文字与图像,共同构筑了一个民族的历史。如汉代有《史记》《汉书》《后汉书》以及各种铭文、碑刻所记载的历史,同时还有一个视觉图像的历史。建筑的形制、墙壁上的图画、坟墓中的画像石,以及各种器物上的装饰图案和抽象的符号,都不仅是时代的反映,而且其本身就是时代精神。文字的记载,相对来讲较准确、翔实、确切,代表当时的历史学家的叙述和阐释,它往往是有逻辑性的、理性的,表现的是道德和价值和历史话语。汉画像的图像方式,相对来讲直观、表现、隐秘、朦胧,往往代表的是世俗文化对现实的感觉和对理想的追求,它是直觉的、感性的,是民俗话语的表现,是边缘文化的产物。文字往往是主流的、统一的、正统的,是精英文化的代表。图像往往是民间的、边缘的、非正统的,是世俗文化的表现。从世界各民族流传下来的古老的书籍都是各民族的"圣书"来看,文字具有明显的神圣功能。

中国文化本来是重视图像的,但后来这个传统没有得到发扬光大。《易》曰"河出图,洛出书,圣人则之",可见"图"和"书"在古代是并重的,而且由来久远。可惜后来,图谱日亡而书独存。郑樵在《通志·总序》中说:"河出图,天地有自然之象,图谱之学由此而兴;洛出书,天地有自然之文,书籍之学由此而出。图成经,书成纬,一经一纬,错综而成文。古之学者,左图右书,不可偏废。刘氏作《七略》,收书不收图;班固即其书为《艺文志》。自此以还,图谱日亡，书籍日冗，所以困后学而隳良材者，皆由于此。"竹书、帛书、纸书易毁损，流传下来不易，而汉代的画像石艺术给我们留下了许多汉代的图像资料，给我们研究古人的图像观念提供了可能。

长期以来，文字资料因其符号性，便于书写，或刻于金石、或著于简牍、或书于纸帛，制成书籍，便于携带和传播，故影响深远。图像资料，缺少文字资料的便捷性。汉墓中的图像在古代看到实物就很难，更无法复制其实物，只有在发明了拓本以后才可以在较小范围内流传。在现代印刷术、摄影术、电子传媒和数码技术发明以前，其不能被广泛地研究和认识就是一个历史的必然。视觉文化的研究与图像研究的兴起是审美现代性的一部分。正是随着现代性的不断发展，才使敏感的哲学家海德格尔在1938年便宣布"世界图像时代"已经到来。[7]

通过图像来研究汉文化精神，是一个新的创造和新的方法，是对仅从文字的记载上来研究汉文化的一种超越。汉画像表现出的汉文化，并不是文字叙述的完全的重复，仅是处在次要的地位，尽管文字和图像的表现都是当时意识形态的产物，但图像的直觉的呈现，更接近于人类心理的"原发过程"（primary process）[8]，更接近于表现一个民族的集体无意识。图像与语言之间有密切的联系，语言往往使图像的意义鲜明而晓畅，一幅汉画像石可以因雕刻的"题榜"而意义鲜明。图像比起文字来更接近人类审美的本源。人类视觉的造型往往是审美的。汉民族的文字源于图画，直到今天，许多民族的文字最终走向了一种纯粹的记音符号，汉字仍然带有图画的痕迹。汉字的图像表意的历史，构成了汉民族心理的原型结构。就在"汉文化"形成的过程中，基于图画的汉字也成了中国文化源于视觉图像的一种象征。图像看来是具体的，它可以是外在事物的模仿与反映，也可以是心灵虚构的幻象与想象，带有幻境的审美意象一直是中国审美观念的核心，以至今天许多美学史家，仍然把中国美学归为一种"意象"论。问题不仅在于指出中国美学是重意象的，更重要的是揭示中国美学为什么要表现为一种意象的。

挑战与任务

从审美的角度看，汉画像是一种视觉艺术，对它的研究应放在视觉文化的宏观框架中。由于不同的时代对视觉的重视是不一样的，因此对视觉艺术的创造、欣赏、接受的方式也不一样。研究者形成了不同的研究体系和研究方法，这便构成了汉画像研究的历史范式。这种范式的形成与一定时代的精神氛围和研究者的个人嗜好相关。随着时代的变迁，研究方法的改进和不同兴趣的群体成为时代"话语权"的代言人。

我们可以归纳出四种汉画像的研究范式：（1）金石学式的研究；（2）考古学式的研究；（3）文化学式的研究；（4）艺术学式的研究。从历史和逻辑的观点看，这四种范式有纵向的历史发展过程，是一个时代学术兴趣和研究成果的不同反映；从横向上看，又是一个时代对相同研究对象的逻辑展开，是对汉画像不同层面的阐释。这四种范式当然不是一个完全的历史替代过程，而是相辅相成、时有包容的。

汉画像研究已经取得了许多重要的成果，积累了丰富的资料，并做了一定的文化的阐释，但这种研究又是极其不够的。金石学的研究仅著录、考订，脱离了对汉画像的整体理解来分析某一幅画、某一个图像，视野较狭窄；考古学的研究重实证的考据，但对其意义的理解往往是遮蔽的。汉画像除了实物层面以外，还应有一个意义的层面。虽然像福柯这样的哲学家提倡一种"知识的考古学"，但能运用这种方法进行汉画像人文科学考古的则非常鲜见。文化学的研究，重视的是从政治、经济、信仰等方面的研究，基本上是对汉画外因的探讨。艺术学的研究虽然分析了其艺术的特征，但多是从艺术的技术层面出发，还没有深入汉代的艺术精神、审美观念。因此，汉画像的研究，无论是从观念上还是从方法上，都应有所突破，面临一个新的提高。（图1-1）

基于对汉画像研究历史与现状的认识，本书的研究将在其基础上做进一步的发展。本书的任务是对汉画像的符号象征世界进行探讨。这种探讨不再是一种著录式的，汉画像著录的终结处，正是本书的出发点。这种研究也不是从单幅的图像入手，而是要从汉画像的总体图式与意象中去探讨其意义世界。因此，本书重视的不是图像所表现的技巧性，而是其图像的观念。汉画像是一种象征型的艺术，它表现的审美特征是一种宇宙象征主义的。不仅图像本身，从整体

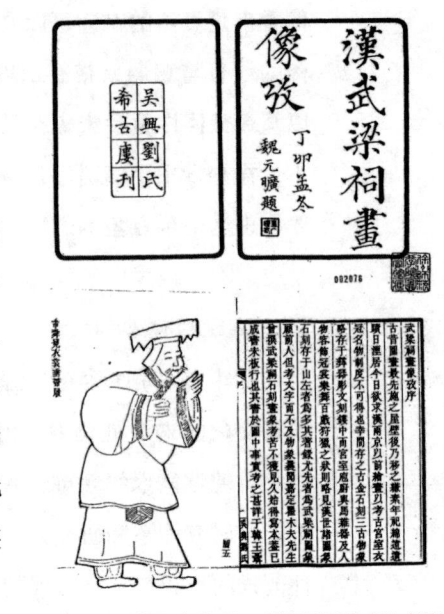

图1-1　清瞿中溶《汉武梁祠画像考》书影

上分析是宇宙的象征，而且包括墓穴、祠堂、石棺、石阙的形制和图像。只有将它们放在宇宙象征主义的视角中，才能得到合理的解释，离开了整体性就会失去对汉画像艺术审美意义的真正理解。

黑格尔在《美学》中，把人类最早的艺术类型看成象征型的，并认为这是东方艺术的特征。中国的汉画像是符合黑格尔象征型艺术的规定的，但黑格尔仅把象征型看成人类最早的一种艺术类型，认为它随着历史的发展将终结则是错误的。卡西尔所建立的象征形式主义哲学，认为人是一个符号的动物，靠符号表达一个意义世界才是决定人本质的东西。他抛弃了黑格尔，走的是新康德主义的道路。文化人类学的发展已经走向一种"象征的人类学"，格尔茨在《文化的解释》中，关于文化的定义就包含符号、象征的内容：

> 文化是一种通过符号在历史上代代相传的意义模式，他将传承的观念表现于象征形式之中，通过文化的符号体系，人得以相互沟通、绵延传续，并发展出对人生的知识及对生命的态度。[9]

格尔茨把文化看成一个象征的宗教体系，通过符号承载意义，并在历史上代代相传，以此来展示在社会中的人对他们的生活和命运的看法，激励并保障人们的生命延续。从符号象征论的论点看，汉画像表现的是汉民族初期文化精神的"镜像"阶段。它是汉民族内在生命本质的图像呈现。汉民族通过汉画像的镜像来获得民族内在生命的驱动力。汉画像是一种装饰的艺术，表现的却是一种生命意识的幻象。人只能生活在一个现实的世界，不可能生活在一个死后的世界，但人可以幻想一个死后的世界；人只能生活在大地上，不可能升入天界，但人可以幻想羽化成仙。不死的幻想是人对现实生活的眷恋，成仙只是人恐惧死亡的一种自我安慰。人在宇宙中的地位是汉代人世界观的核心，天界、仙界、人界和神界，才构成了汉代人心中整个的宇宙。这一切都靠图像、装饰和各种符号来加以象征表现。美国著名人类学家罗伯特·F. 墨菲说：

> 文化是知识和工具的聚集体，我们以这些知识和工具适应于自然环境；文化是一套规则，凭这些规则我们相互联系；文化是知识、信念、准则的宝库，据此我们力图理解宇宙及人类在宇宙中的位置。……在一个没有天生的、绝对的意义的世界上，文化使宇宙及人类在宇宙中的位置得以理解、使社会互动成为可能。[10]

通过研究汉画像来探讨汉文化，挖掘汉民族的心理镜像和集体无意识的原型，从而指出汉民族审美的潜在的思维结构。而这一切，都离不开象征符号的阐释。象征不仅是一种艺术表现的手法，也不仅是一种修辞学中的技巧，它还是人类用物体表现意义、用具象表现抽象、用图像表现生命的思维方式。

天人关系是汉代审美意识的核心问题。司马迁自叙其写作《史记》是为了"究天人之际，通古今之变，成一家之言"，极典型地传达了汉代思想家所关注的重点问题。天人合一、天人相感、天人相类、天人互馈等理论在汉代流行就是这一中心问题的体现。《黄帝内经·素问》曰："善言天者，必有验于人；善言古者，必有合于今。"

《汉书·董仲舒传》说:"天人之征,古今之道也。"《易传》更是将天人合一视为最高的人生理想:"夫大人者,与天地合其德,与日月合其明,与四时合其序,与鬼神合其吉凶,先天而天弗违,后天而奉天时。"这就是理想中的君子,是审美的理想。汉画像就是这种审美意识形态的图像表现。

二、图像学与符号象征

对于研究者来说,方法不仅是技术的改进和策略的调整,而且是整个思维体系的更新。历史上每一次研究的创新,总伴随着方法上的突破和更新。方法就是思考的角度,思考的角度变了,得出的结论就会不同。方法就是一个视点,从不同的视点观看,事物就呈现不同的图像。不存在一个纯粹的绝对的方法,只存在各种工具和手段。我们规定了新的目的,必须采用新的方法。

图像志与图像学

著名的艺术史学家潘诺夫斯基认为,由于艺术史学者必须在尽可能充分地检验那些与艺术作品相关的文献的内在意义的同时,来说明艺术作品本身的内在意义,艺术的研究就有可能为历史的研究提供一种丰富无比的材料。在某种意义上说,视觉艺术的再创(即阐释)使得历史学家能够更为整合地理解人类的历史。因而,在艺术史学科中,对艺术作品的图像阐释具有极其重要的地位和意义。艺术史的图像阐释有别于其他艺术学科中的作品分析,它要求在一个客观的历史意识的共时态的平面上操作,而不是把图像从中割裂出来。[11]

图像阐释的最早的模态，就是从貌似简单但又神秘的命名开始的。在一个遥远的时代，图像的创造便是和语言活动联系在一起的。命名的过程就是解释的过程。如天空有雷电，原始人感到恐惧，便想象有一个雷神，用一个符号指代它，这就是阐释。原始人把想象的雷神图像化，就产生了诸如汉画像中擂鼓的雷神。这样，擂鼓的雷车就成了雷的象征，这便是一种图像的象征。[12]（图1-2）

图像的产生是一回事，图像的阐释又是另一回事。图像的阐释要根据图像的不同样式来进行，为了解释得准确、生动、符合原始的

图1-2 雷神图
江苏徐州铜山洪楼祠堂顶石画像石。上为三条飞龙拉的雷车，下为白虎拉的雷车。在山东济宁嘉祥武氏祠和滕州汉画像上也发现了这种雷车。

面貌，必须参考各种文献。当然，按解释学的原理，在阐释一个问题以前都有一个"前阐释"。按海德格尔的"存在阐释学"，任何理解活动都基于"前理解"，理解活动就是此在的前结构向未来进行筹划的存在方式。在汉画像中，语词的运用就牵扯一个前理解性的阐释。如在一幅图画上画了两组人物相互拜谒，我们不知道是什么意思。汉画像上有了题榜，标明是"孔子"与"老子"（图1-3），由于我们的观念中已经有了对孔子、老子的理解，又根据古籍可知，孔子曾向老子问礼，于是视觉图像的朦胧意义便豁然开朗。但这也仅在对这幅图像的理解上是如此，我们要理解为什么要在祠堂的画像上绘上"孔子见老子"的画像，仍然需要进一步的阐释。因此，阐释是环环相扣的，

图1-3　孔子见老子图及局部
山东嘉祥齐山画像石。画分两层，第一层刻孔子见老子图，第二层刻车马出行图。上图左边有三人背后有题榜"老子也""孔子也""颜回"。图像因文字而内容明确。嘉祥武氏祠许多画像中的故事，因有题榜而得以考实。

有一个不断深入的过程。

罗斯基尔在《图画的阐释》中指出，在历史上图像的阐释有三种模式：

第一种是"图说"，它符合解释艺术家受文学影响后用图像表达的那种再现性主题。如汉画像中一些神话故事，题榜已向我们指出所画图像的故事内容。儒家经典中的一些寓意故事，如表示忠勇、孝慈的叙事作品，仅取其一个瞬间的图像来表现。图像实际上是故事的象征，它以一个图像的表象表示一个寓意。

第二种是诠释，根据图像的形式和与此有关的文献材料，来分析图像的意义。如在汉画中有"伏羲女娲交尾图"，如不进行诠释，其意义就是不明的。

第三种是"估测"，因为并不是每个图像都像"孔子见老子"那样有题榜提示，对那些仅是表现为视觉图像而又无法在文字里追溯缘由的，只好采用估测了。如在武梁祠故事画像中的一些故事图像，因年代的久远，原刻的题铭不可辨认，人们便不知故事为何了，只好猜测。还有些图像已经不是具象的了，而变成了抽象的符号或装饰性的图案，其意义变得隐秘，又没有具体的文字史料可以利用，也只好进行估测，如汉画像中的"十字穿环图"（图1-4）。在研究中，这三种叙述图像的模式有一个共同点，即始终以图像的视觉特点为中心，否则就失去了图像学方法的要义。

对图像的深层研究，与图像学的研究方法密不可分。潘诺夫斯基把视觉图像的研究分为三个层次。[13]这三个层次与汉画像研究的金石学的范式、考古学的范式与文化艺术学的范式有一种内在的类比的逻辑关系。这三个层次分别是：

图1-4 十字穿环图
1. 江苏徐州铜山韩楼"二龙穿环"图；
2. 徐州铜山韩楼"十字穿环"图；
3. 徐州铜山小李村苗山汉墓画像。

第一，前图像志描述，是"以实际经验为基础，解释初步的或自然"的题材。如依照常识可以辨认的图像中的人物、对象和母题等。这类似于中国早期金石学的阶段。如郦道元《水经注》中对汉画像的记录和戴延之《西征记》中对汉画像的叙述。他们记录了汉画像的自然存在和现实的存在，是对汉画像的事实性处理。

第二，图像志（iconography）分析，这种方法关注的是能通过文字资料知识来发现的"次要的或习俗的含义"。潘诺夫斯基说："图像志就是对各种形象的描绘和分类","图像志是一种有局限性的、辅助性的研究,它能够告诉我们一些特定的题材是在什么时候、什么地方通过特殊的母题被形象地表现出来的"。这里"图像志"一词,英文作"iconography"[14],其后缀 graphy(写法、写作)是从希腊文"写作"发展而来的,表示描述性方法——有时甚至是叙述性的方法。后期金石学家对汉画像的著录,已含有这种观念。在现代的考古学中,对美术的考古,往往走这条道路。如各种对汉画像的发掘报告中对汉画像的著录,其首要任务是弄清事实,而不是文化的阐释。弄清事实有时比文化的阐释更重要,这是因为事实就包含文化在内。

第三,图像学(iconology)阐释,在更深一层的图像志的基础上,指向一种内在意义的独创性关联。也就是说,要通过图像去发现形成这种图像的民族精神的根源和个人心理的特征,指示图像的深层意义世界。一旦对图像的阐释深入内在意义上,就完成了从图像志分析到图像学分析的转换。这里的"图像学"一词,英文作"iconology",从字源看,icon 就是希腊文的"偶像、肖像、形象"。因此,iconology 就是形象的研究,在审美领域,它是对视觉艺术含义进行研究和阐释的学科。在对图像的阐释中,符号和象征的方法起到重要的作用。由于图像的"内在的意义"是一种"象征性地显现出来的"形式化的价值,它凝聚了问世时特定时代的意识形态诸方面的特征,因而相应的阐释难度很大。阐释者不仅要有文献的广博知识,了解和熟悉时代的精神氛围,而且对艺术要有敏感的感受力和精细的分析思辨力。

汉画像的研究应从图像志的阶段,向图像学的方向发展。由于图像本质上是符号象征的,所以图像学的研究中心和重点是通过视觉图像的符号去破译其象征的内涵。当然，图像绝不是文献的视觉化，图像的象征内涵和意义也不是文献的意义可以包容的。图像本身构成一个完整的世界，确定图像本身的意义就是图像学要达到的目的之一。

在潘诺夫斯基的图像学阐释中，有一种历史还原主义的信念，他把图像的阐释的真理性归为阐释者对历史真实文献的掌握程度。这种观念受到后结构主义理论的挑战。历史中不存在一个纯粹的绝对的唯一，一切都有偶然性。不仅什么样的图像会被我们今天重新发现和认识成为偶然，研究者的兴趣爱好、知识结构，乃至话语方式，都直接与新的阐释有关。我们所面对的图像的意义空间并非自足的、封闭的和有限的，而是多向度的、开放的乃至无限的。相关的阐释不仅是原意的、视觉表征的或心理学式的，而且是各个方面的相互融合和补充，是一种普遍视界的融合。

图像被制作出来，在时间的长河中会产生意义的流变。汉画像在今天被重新发掘出来，其面对的世界和观看者都已经跨越千余年，历史的视角早已转移，阐释的环境也已变异。因此，古老的图像在现代社会遭遇了一个新事件。传统的阐释学排斥那种历史地形成的"噪音"，而把"效果的意识"也放在其中。"接受美学"的流行就是这种历史话语的呈现。

西方语言学转向带来的对话语性的重视，使艺术学也不能不对图像意义阐释活动所运用的话语本身有所反思。英国艺术史学者格里塞尔达·波洛克认为，艺术史学者运用符号学以及福柯的哲学理论阐明，艺术史就是一种特殊的话语实践。汉画像的规定是以视觉性为主导因素的，而对任何图像的阐释又总是话语性的活动，因而两者的殊异只能是无所不在。"据哈贝马斯的定义,必须把话语看作提出有效性主张的语言形式。"[15]图像尽管有可能含有深刻的寓意,但诉诸人的总是视觉的、直觉的,观者在面对整体的视觉反映总是直接的、完整的甚至一目了然的,而观看者在相对整体的图像面前产生的意义也是一种直观的印象。德里达说:"所有这些直觉主义——拉丁文中,直觉指的就是'看',因此直觉主义一直就是这样一种观念,它认为在思想中有某个时刻事物是直接地被提供给看的。"[16]语言是以语言或文字形式,在时间之线上的叙述;而文字的书写则是一种"涌现"。德里达在《论文字学》中认为,符号不过是所指事物的替代品,必然意味着所指事物的不存在。符号与所指既相异又相斥——所谓的"延异"(difference),因而符号和它所要到达的事物总是有差距的,而阐释或许是因为符号文本具有这种本体的不足而产生的。严格地说,阐释不会有什么穷尽的时候,它只表明一点,即阐释的"中心"正是"无中心的系统"。

图像艺术的主要特征是视觉化,而对图像的阐释总是字斟句酌地阐明线条、构图、创作技法、色彩以及其相互组合的特征,或者有时从语言资料上去寻找图像与其他事物之间的特殊关系。因此,话语对图像的阐释总是相隔一层的。视觉图像的直接性和话语的叙述性之间的永恒的异质感,好像在一些研究者那儿根本就不是一个问题。由此看来,话语的阐释不是对图像意义的"解",而只是对它的"再思"。[17]此外,话语的使用者总是在一定文化体系中生活的个体,这就使话语有了个人的色彩。尽管个人可能受传统意识形态的规训,但其中包含情感的特征已和生命的感悟直接相连。有时,艺术家个人的特定文化情境的境遇却能导引对一种艺术理解的深入,但由于话语的个体性特征也会走向对图像理解的偏狭。

象征符号分析

尽管汉画像中有些内容是来源于现实的，但我们不能满足于从中分析出图像与现实的对应关系。汉画像的许多内容在现实事物中并不能找到其来源，有些装饰性的图案、抽象的符号、怪异的幻想物等，不是传统的模仿论可以真正解决的。汉画像创造的是一个符号象征的世界，所以本书将采用象征符号分析法，以求解释其隐蔽的深层世界。

潘诺夫斯基的图像学理论，在寻求内在的含义或内容的时候这样认为："这样，认识到纯形式、母题、形象和寓言是那些根本原则的显现，我们也就等于把这些因素解释成恩斯特·卡西尔的'符号性'价值了。"[18] 卡西尔所创造的象征形式哲学，对潘诺夫斯基和图像学研究无疑是一个理论的出发点。卡西尔把符号象征的功能提到规定人的本质高度。他认为，与其说人是"理性的动物"，不如说是"符号的动物"，亦即能利用符号去创造文化的动物。在卡西尔看来，人、符号（象征）、文化成了三位一体的东西。尽管卡西尔是新康德派的代表，但他把康德的"知识批判"或"理性批判"的范围大大拓展了。他把康德的"理性批判"转型成一种"文化的批判"。

我们面对的不仅是一个自然的世界，而且是一个文化的世界。文化的世界不是自然的对等物或模仿物，而是人创造的符号象征物。因此，哲学及认识论的研究起点不是"纯粹科学认识"，而应是人类智慧的起点——语言与神话。人类的文化活动不是纯理性的、纯认识性的，而是"神话思维"和"隐喻思维"。从根本上说，人类的知识和文化并不是建立在逻辑概念和逻辑思维的基础之上，而是建立在隐喻思维这种"先于逻辑"的概念和表达之上。卡西尔的这种理论与维柯的《新科学》所论述的如出一辙。在列维-布留尔的《原始思维》和列维-斯特劳斯的《野性的思维》中，我们也能看到对这种原始思维的重视。

那么说，反映在汉画像中的中国人的思维方式是什么样的呢？列维-布留尔在《原始思维》的"后记"中提到，他正是在读司马迁的《史记》时，看到史学家把天文的变化与人事的变化相对应，才萌发了研究原始思维的念头。[19]由于他存在逻辑先验主义和逻辑中心主义的信念，对中国文化产生许多误解是难免的。相似的是，福柯的名作《词与物——人文科学考古学》也是萌发于他对中国一本百科全书对事物分类的震惊。福柯在交代自己的研究灵感来源时说：

> 博尔赫斯（Borges）作品的一段落，是本书的诞生地。本书诞生于阅读这个段落时发出的笑声，这种笑声动摇了我的思想（我们的思想）所有熟悉的东西，这种思想具有我们的时代和我们的地理的特征。这种笑声动摇了我们习惯于用来控制种种事物的所有秩序井然的表面和所有的平面，并且将长时间地动摇并让我们担忧我们关于同（le Même）与异（l'Autre）的上千年的作法。这个段落引用了"中国某部百科全书"，这部百科全书写道："动物可以划分为：①属皇帝所有，②有芬芳的香味，③驯顺的，④乳猪，⑤鳗螈，⑥传说中的，⑦自由走动的狗，⑧包括在目前分类中的，⑨发疯似地烦躁不安的，⑩数不清的，⑪浑身有十分精致的骆驼毛刷的毛，⑫等等，⑬刚刚打破水罐

的，⑭远看像苍蝇的。"在这个令人惊奇的分类中，我们突然间理解的东西，通过寓言向我们表明为另一种思想具有的异乎寻常魅力的东西，就是我们自己的思想的限度，即我们完全不可能那样思考。[20]

福柯的研究方法是一种知识考古学的。他不是要确立一套理论的原则，创立理论或为理性辩护。他也不是像康德那样，对人的理性能达到的边界进行划限。他建立的是一个"谱系学"的"真实的历史"。他在人们已司空见惯的理性、传统、历史学的神话下发掘间断性、断裂、界线、裂口、个体性、转换、差距、力量关系，区分、分离和分散事物，释放歧异性和边缘因素，凸显的是无先验主体的分散的、散乱的、非中心的、充满着偶然性的多样化空间。中国百科全书的分类使按西方人分类标准思考的人感到"可笑"，可引起福柯的思考，而这才是真实的。哈贝马斯曾形象地解读福柯发掘的"真实的历史"：它是一座由任意的话语形式构成的移动着的冰山，这些话语形式前后涌动、上下起伏，不停地变化和重组，而无连续性。

福柯所描绘的就是这样一个象征和隐喻的世界，符号在其中起着重要的作用。与一般的教科书把符号的概念追溯到索绪尔的《普通语言学教程》不同，福柯把符号追溯到16世纪古典时代的观念上。[21]当一个表象与另一个表象相联系并在其自身内部表现这个联系，就存在着一个符号。从这个观点看，图画、图表、图案都是象征的符号，不能说仅仅是记号和语言才是符号。

符号要承担意义，没有意义是外在于或先于符号的，在符号与符号的内容之间不存在中介的因素，不存在不透明性。因此，除了主宰符号内容的那些规律以外，符号就没有其他规律了。任何符号分析，无须进一步探究，同时成了对它们想说的一切的辩护。在16世纪，"符号学"与"释义学"是重叠的。意义只不过是连贯地得以展示的符号总体性，意义会在完整的符号图表中给出。但索绪尔以后，古典的符号学理论发生变化，走向了"能指"与"所指"的二元分裂。

罗兰·巴尔特在《符号学原理》中提出，我们将把这些符号学基本概念依照结构语言学分为四类：（1）语言与言语；（2）能指与所指；（3）系统与组合；（4）外延与内涵。可以看出，这些分类都表现为二元对立的形式。[22]这样，意义和其符号之间的关系就被断开了，并在断开处生出无数表达形式。能指与所指的区别，把表达层和内容层分开了，给分析符号的内涵开掘了更多的研究空间。

罗兰·巴尔特指出："符号"一词，随作者的意愿而被置于一系列既相似又相异的词项之中——信号、征象、像符、象征及寓象等，它们是"符号"一词的主要竞争对手。[23]这个词项所包含的共同因素，它们都是必然反映出两个相关物之间的一种关系。这种关系包含着"心理再现"的、"类比性"的、"直接或是不直接"的、"实在性"的联系等。因此，符号主要表现为一种征象及象征上。

在中国，"象征"从词源上可以是表示人的身份的符征、命相学中的征兆或下层社会中的暗语记号等。据说，最原始的象征例子是一枚钱币或指环，它被一分为二，使其互为标志以证明持有者的身份。中国古代的"兵符"即属此类。记得小时候在公共场所寄存物品时，对方给你的是一个分成两片的竹牌。竹牌上用火烙了几道横纹，然后劈开，双方各持一半。只有在两片完全相对的情况下，才能确定你的身份。这便是一种象征。象征要有一个实物，这一实物要有一定的代表作用，这种代表规则是象征理解者约定的。在文化的发展史上，一个具体的东西，如图像、记号、符号等可以表示其他的东西，或承担一定的意义，这就是符号的象征。

但是象征作为含有认识论问题的理论意义，却没有在认识论里得到很好的阐释，它作为形象的表达也未能在美学领域占据重要地位。中国文化是最具象征性的，如原始彩陶图案、原始岩画图像、汉字、青铜器装饰、周易的符号世界、汉画像中的图像符号等，但在中国文化的研究中，对象征的探讨还是极不够的。在精神分析学和人类学领域，象征则得到较多的研究和阐释。弗洛伊德使用象征的升华，来说明心理对无意识压抑的呈现。拉康则在人的精神三层次（形象、现实、象征）上突出象征经验的重要性。荣格的学术生涯表明，象征是人类全部活动的基础。在晚年，他组织编写了《人类及其象征》一书，认为人的每个表现形式都同原型本身有象征性的关系，象征是自然的产物，也体现了文化的价值。他还给象征下了一个简洁有力的定义："当一个字或一个意象所隐含的东西超过明显的和直接的意义时，就具有了象征性。"[24] 荣格还分析了原始文化和人类梦境中的许多象征符号。他认为，原始艺术是象征性的，由个人无意识创造的艺术品是符号性的。苏珊·朗格继承了卡西尔的象征理论，并运用于美学的研究，认为艺术形式就是一种情感的符号象征。

现代象征研究的另一个重要领域是人类学。象征现象包括象征物件、象征意义、象征方式和象征环境。法国的迪尔凯默开其先河，研究了群体和社会中的象征主义。他强调了象征与社会因素的关系，指出一些持久性的象征"向社会记忆提供连续性"，认为社会生活的各个方面都建立在一个广大的象征系统之上。[25]

我们可以分辨出大致两种象征观或倾向：一个是以列维－斯特劳斯为代表的结构主义人类学派，其研究的重点是神话中的象征的分类；另一个以维克多·特纳为代表的"象征和社会的力学派"，其研究的重点是重视庆祝和祭祀及其具体过程。象征人类学的领域和取得的成果还包括道格拉斯的象征论，她在《自然象征——宇宙论的探索》《洁净与危险》中企图寻找出象征体系的特点，及其与社会制度的特点之间的趋势和相互关系，认为"身体的象征论和宇宙论类型是社会结构的一种反映"[26]。米尔希·埃利亚德则创立了宇宙象征论。他认为，"象征符号基本上指示的是一种宇宙结构的构成"。通过宗教的象征，把杂七杂八的现实世界统而合一，原始人就是生活在一个被神圣化的宇宙之中。[27]而斯佩伯摒弃了对象征论的符号学的研究方式，他提出只有把象征主义看作一种知识的形式，象征论才能得到更清楚的认识。[28]美国人类学家斯皮罗在他的《文化与人性》中归纳了三种不同的研究文化象征和象征系统的人类学方法：（1）关于象征的哲学涵义的现象学分析；（2）关于各种象征的逻辑关系的结构分析；（3）关于各种象征的分类图式语义学分析。[29]

我们的研究是把象征符号作为研究的方法，来破译汉画像的意义世界，我们无暇对象征本身的理论做出必要的探讨。但对每一种象征理论的熟悉及其运用能力，则直接影响到我们对此方法的运用。方法在任何时候都不仅是一种技巧的运用，而且是一种哲学观念。

中国人传统思维的模糊性、非逻辑性和非理性（就像前引福柯读中国的百科全书时发出的笑声那样），使中国人的传统文化充满着种种感性特征。同时，汉代所形成的大一统的帝国又要求社会结构上的统一，便形成了一个奇异的符号象征的世界。如，在城市、房屋、墓穴、祠堂甚至棺椁表面都要表现一个丰富的象征模式。在天、地、人、神之间产生一种象征性的互文性结构，自然社会历史和人伦被放在一个宇宙的结构图式中，把现实世界、死后世界和神仙世界组织在一个画面中。如此，中国汉文化中的象征图式便呈现了出来。

注　释

[1]　郦道元《水经注》卷八载："有石阙、祠堂、石室三间，椽架高丈余，镂石作椽，瓦屋施平天造，方井侧荷梁柱，四壁隐起，雕刻为君臣、官属、龟龙、麟凤之文，飞禽走兽之像。作制工丽，不甚伤毁。"又引戴延之《西征记》曰：汉司隶校尉鲁峻墓前石祠石庙，"四壁皆青石，隐起自书契以来忠臣、孝子、贞妇、孔子及弟子七十二人形像，像边皆刻石记之，文字分明"。米芾《画史》曰："济州破朱浮墓，有石壁，上刻车服人物。"

[2]　顾森编著：《中国汉画图典》"序"，浙江摄影出版社1997年版。

[3]　[美]郝大维、安乐哲：《汉哲学思维的文化探源》"汉人：叙述的理解——中文版作者自序"，施忠连译，江苏人民出版社1999年版，第1—2页。

[4]　参见[英]李约瑟《中国古代科学思想史》"作者小引"，陈立夫等译，江西人民出版社1999年版，第2页。

[5]　参见[德]卜松山《与中国作跨文化对话》，刘慧儒、张国刚等译，中华书局2000年版，第5—16、23—37页。

[6]　参见[德]夏瑞春编《德国思想家论中国》，陈爱政等译，江苏人民出版社1997年版；[加]秦家懿编译《德国哲学家论中国》，生活·读书·新知三联书店1993年版；清华大学思想文化研究所编《世界名人论中国文化》，湖北人民出版社1991年版。

[7]　参见[德]海德格尔著，孙周兴选编《海德格尔选集》上卷，上海三联书店1996年版，第885—923页。

[8]　[美]S.阿瑞提：《创造的秘密》，钱岗南译，辽宁人民出版社1987年版，第114页。

[9]　Clifford Geertz, *The Interpretation of Cultures*, New York: Basic Books, 1973, p.89.

[10]　[美]罗伯特·F.墨菲：《文化与社会人类学引论》，王卓君、吕迺基译，商务印书馆1991年版，第33—34页。

[11]　Erwin Panofsky, *Meaning in the Visual Arts*, New York: Doubleday

& Company, Inc., 1955, p.39.

[12] 米歇尔·福柯在《词与物——人文科学考古学》中论述图画是一种符号时引用了《波-鲁瓦亚勒逻辑学》中所举的例子说:"第一个符号实例,并不是词,并不是叫喊声,并不是记号,而是空间的和图解的表象——作为地图或图画的图案。这是因为,实际上,除了所表象的东西以外,这个图画不再有其他内容了,可是,这个内容之所以能呈现出来,是因为它被表象所表象。"([法]米歇尔·福柯:《词与物——人文科学考古学》,莫伟民译,上海三联书店2001年版,第86页)

[13] 潘诺夫斯基在他的《图像学研究》(1939年)、《哥特式建筑与经院哲学》(1951年)、《早期尼德兰绘画》(1953年)和《视觉艺术的含义》(1955年)等著作中,奠定了图像学方法的基础。

[14] 在傅志强所译《视觉艺术的含义》中,把它译成"肖像学"(辽宁人民出版社1987年版,第38页)。

[15] [德]曼弗雷德·弗兰克:《论福柯的话语概念》,陈永国译,载汪民安等编《福柯的面孔》,文化艺术出版社2001年版,第84页。

[16] [法]雅克·德里达:《书写与差异》"访谈代序",张宁译,生活·读书·新知三联书店2001年版,第17—18页。

[17] 参见丁宁《绵延之维:走向艺术史哲学》,生活·读书·新知三联书店1997年版,第273页。

[18] [美]E.潘诺夫斯基:《视觉艺术的含义》,傅志强译,辽宁人民出版社1987年版,第37页。

[19] 参见[法]列维-布留尔《原始思维》,丁由译,商务印书馆1981年版,第498页。

[20] [法]米歇尔·福柯:《词与物——人文科学考古学》"前言",莫伟民译,上海三联书店2001年版,第1—2页。

[21] 福柯说:"从古典时代开始,由于符号是可表象的,所以符号成了表象的表象性。"因此,他假定了"符号是复制其自身的表象"。福柯引用了《波—鲁瓦亚勒逻辑学》的观点:"当人们只把某物体看作是表象了另一物体,那么,人们拥有的关于该物的观念就只是一个符

号的观念，第一个物体就被称作符号。"（［法］米歇尔·福柯：《词与物——人文科学考古学》，莫伟民译，上海三联书店2001年版，第86页）

［22］参见［法］罗兰·巴尔特《符号学原理》"导语"，王东亮等译，生活·读书·新知三联书店1999年版，第6页。

［23］参见［法］罗兰·巴尔特《符号学原理》，王东亮等译，生活·读书·新知三联书店1999年版，第25页。

［24］［瑞士］卡尔·荣格等：《人类及其象征》，张举文、荣文库译，辽宁教育出版社1988年版，第2页。

［25］参见［法］爱弥尔·涂尔干《宗教生活的基本形式》，渠东、汲喆译，上海人民出版社1999年版。

［26］［英］布赖恩·莫里斯：《宗教人类学》，周国黎译，今日中国出版社1992年版，第320页。

［27］参见［美］米尔希·埃利亚德《神秘主义、巫术与文化风尚》，宋立道、鲁奇译，光明日报出版社1990年版，第22页以后。

［28］参见［英］布赖恩·莫里斯《宗教人类学》，周国黎译，今日中国出版社1992年版，第327页。

［29］参见［美］M.E.斯皮罗《文化与人性》，徐俊等译，社会科学文献出版社1999年版，第360页。

第二章 汉象征传统

汉画像中描绘的象征世界，构成了中国象征文化的原型结构。这一结构是汉族在形成过程中，从其历史发展中产生的一种文化的结构。象征产生的根基与人和宇宙的关系，是人对世界意义的确定，是人类社会彼此交流的产物。大千世界与人类社会彼此结合，人的身体与人的精神相互印证、相互作用，便形成一个符号意义的网络结构。象征就是这个彼此作用的网络的形式呈现。象征当然是人类的精神特征和文化特征。汉民族的象征文化又有自己的独特性，是民族性的一种表现。汉民族象征文化的独特性，是由语言文字、岩画图式、彩陶纹饰、青铜器图案、《易经》的符号世界，以及阴阳五行的哲学观念、原始的诗歌舞三位一体、赋比兴的艺术形式等构成的。

在追溯汉画像象征的来源时，我们进行的是一种知识考古的工作，而不是建立在单线进化论上的因果关系的确定。福柯说："考古学不是什么别的东西，仅仅只是一种再创作：就是说在外在性的固有形式中，一种对已写出的东西调节转换。这不是向起源的秘密本身的回归；这是对某一话语——对象的系统描述。"[1] 在福柯看来，人们在探讨某一事物的起源时，往往走向一种错误的道路。人们习惯于滥用因果关系，在本来没有必然的联系中，硬性规定了一种联系，而这种联系不过是一种权力关系的话语模式。考古学是去发现"知识型"，它进行的是对知识"档案"的陈述式描绘。因此,知识考古学的注意力已不是在描述时代背景、起源的原初冲动或普遍的规律。福柯说:

> 把这些认识从它们的经验论的根源和它们原始的动机中截取下来,把它们从它们的虚构同谋关系中澄清出来,因而它们在历史分析中就不再意味着追寻静默的起始,无限地上溯最早的征兆,而是意味着测定合理性的新形式以及它的各种不同的效果。……某种概念的历史并不总是,也不全是这个观念的逐步完善的历史以及它的合理性不断增加、它的抽象化渐进的历史,而是这个概念的多种多样的构成和有效范围的历史,这个概念的逐渐演变成为使用规律的历史。[2]

按知识考古学的方法,我们无法在时间和动机上确定汉画像象征的起源。从时间上讲,我们无法挖掘出所有的汉画像,因为考古学总在发现新的汉画像,有些汉画像可能时间很早,却没有文字能证明它的年代,所以,我们仅能从现已发现的有确切年代记载的汉画像来确定其年代。这仅是一个话语存在的方式,因为考古学对汉画像的发现总是偶然性的,我们对汉画像的知识就建立在一系列的偶然性之上。

再说动机,我们也无法确定汉画像起源的唯一动机,是经济的繁荣、社会风气的表征,还是厚葬观念、举孝廉的政策,抑或是对成仙的幻想使然呢?其实,确定了唯一动机,也没有什么意义。就像我们在考察艺术起源时,把它归为某一动机、行为或概念一样,难道艺术的起源就是由劳动、游戏、巫术等某种单一原因引起的吗?或者说，艺术就开始于某一个尼安德特人的工具制造，或者开始于几万年前几个原始人在洞穴深处的涂画？关于艺术的起源，只能是建立在各种已经获得的"档案"上的话语阐释。与其抽象地规定艺术起源于某一动机，不如对艺术起源进行知识考古学的陈述。正如福柯所说："历史的首要任务已不是解释文献、确定它的真伪及其表述的价值，而是研究文献的内涵和制订文献：历史对文献进行组织、分割、分配、安排、划分层次、建立体系、从不合理的因素中提炼出合理的因素、测定各种成分、确定各种单位、描述各种关系。"[3]

按知识考古学的方法，我们将陈述对汉画像象征表现产生影响的几种档案。因为，象征的表现一方面是人类思维的一种形式，另一方面又是一个民族文化存在的方式，虽然无法确定象征产生的最初时间及来源，却可以从历史话语的档案中陈述其已经呈现的表现形态。

一、汉字与象征

汉画像的象征与汉语言有着内在的联系。语言应该是一个语音系统，但声音的存在总是瞬间的，古代的语音不能保存到现在供我们研究。古代的文字则是记录语言的书写符号，语音消失了，文字却成了语言学研究的对象。这样，语言学的研究也就转化成了文字学的研究。

文字虽然有众多差别，却可以划分为"图画文字""表意文字"和"表音文字"三种。[4]图画文字是历史上最古老的文字类型，如美洲印第安人的图画文字等。表意文字是从希腊语的"观念""概念"和"写"而来的，直译就是"概念书写"，它是图画文字以后的一种文字类型，如古汉字和古苏美尔文字就是此类文字。"表音文字"是指音节文字和字母——音素文字。

索绪尔在《普通语言学教程》中说："对汉人来说，表意字和口说的词都是观念的符号；在他们看来，文字就是第二语言。"[5]汉字是一个独立的符号系统，它不是纯粹的记音符号，而是一个独立的表意系统。它以形达意，与思维直接联系。不同于只表达"具体表象和语境"的图画文字，表意文字也表示概念，但它不是直观的图形表现，而是约定的符号表现，有时只是间接地、象征性地指出其意义。由于汉字是一个独立的表意系统，它的结构体现了汉民族认识世界的方式，因此汉字具有独立的象征文化的解读功能。

汉字有一个从象形到表意的发展过程，虽然一般的文字系统都经过了象形的阶段，但象形文字中的语义密码和文化象征的信息，只有在汉字中基本保留了下来，为我们研究民族象征文化系统提供了依据。国学中有"小学"一门，就是以汉字的形式和意义分析为中心，对经典进行文字阐释。但小学研究仅仅重视从经典到经典，缺乏哲学方法上的思辨，最终没有走向类似于西方的哲学阐释学的知识类型。黑格尔在《美学》中论述象形文字时说："埃及的象形文字大部分也是象征的，因为象形文字不外两种，或是用实物形状去表达意义，表达的不是这实物本身而是与它相关联的一种普遍意义；或是更常见的一种办法，用和实物名称第一个字母同音的字来表达所要表达的意义。""在埃及，一般说来，每一个形象都是一种象征和象形文字，不是表现它本身，而是表现与它相接近因而有关联的另一意义。如果这种关联是比较基本和深刻的，完整的真正的象征才出现。"[6]

德里达在他的《论文字学》中讨论黑格尔批评莱布尼茨对非表

音文字的赞扬时，引用了黑格尔的论述："中华民族的象形文字仅仅适合对这个民族的精神文化进行诠释。此外，这种文字是为一个民族的极少数人、为那些占领精神文化的专门领域的人保留的……""一种象形文字需要一种哲学来诠释，就像中国文化通常需要一种哲学来诠释一样。"[7]

中国古代的小学把汉字作为一个文化的符号系统进行分析论述，但却不是黑格尔式的。许慎在《说文解字·叙》中说："今叙篆文，合以古籀，博采通人，至于小大，信而有证，稽撰其说。将以理群类，解谬误，晓学者，达神旨。分别部居，不相杂厕。万物咸睹，靡不兼载。"[8]许慎首先把汉字的取类之象做了系统的归类，使9000个汉字有系统的归属。金克木评论说：《说文解字》的符号世界是汉朝人在公元前后一段时期的宇宙观（世界秩序）。这是一个封闭系统。始'一'终'亥'，是'立一为端。……'。""古时人总是认为文字符号全体即代表宇宙事物全体（以语言文字表现对宇宙的认识），符号秩序和宇宙秩序有密切关系（符号是万物的象征）。"[9]"符号是万物的象征"道出了汉字的全部秘密。

汉字是世界上寿命最长的文字之一，在它的发展中经过许多变化，从陶器上的刻画符号到商代的甲骨卜辞，从秦以前的"篆体"到秦汉时的"隶书"，直到以后的草、楷、行等体。无论怎么变，汉字总表现为一种"图纹"。它以形表意，始终不脱离"象"。有些人认为汉字表形表意、非音节性的形式、难学难认难用的特征，都转化成了直觉表现的优越性，构成了民族文化中最具特色的东西。

随着西方的象征型、象征主义、象征形式哲学的影响不断扩大，古老的象征思维再度成为人们掌握世界的一种方式。象征"要解决精神怎样自译精神密码这样一个精神性的课题"[10]，象征符号成了人类行为和文化的基本单位。荣格说："象征不是一种用来把人人皆知的东西加以遮蔽的符号……相反，它借助于与某种东西的相似，力图阐明和揭示某种完全属于未知领域的东西，或者某种尚在形成的过程中的东西。"[11]象征的表达正是图纹汉字的内在精神。汉字表现的是汉民族对世界秩序的理解、建构与划分。姜亮夫认为，整个汉字"以象征性的线条，带了一些象征作用的符号，而以写实的精神来分析物象，以定一字之形"[12]。

汉字从象形、指事到形声等，都脱离不了一个"象"字。这个"象"可以是写实的。外在事物各有形象，模仿外形、形体相似、识形知体，故象形文字源于图画。这个象也可以是写意的。世间事物，变易无穷，除了实象外，还有虚象、幻象等。有时候，要以个体的形象表示类象、抽象的意义，表示不可见的幻象，就要描述其意象。有时是以刻画几个物象表达一个意象。但无论怎样说，汉字写形、写意、写情，随形造化，在一个二维平面的皮相下，显示宇宙万物的形象和意义。

汉字的观物取象、以象达意的表现方式，正是中华民族审美思维的核心观念，构成了民族文化的心理机制。汉字透露着原始绘画的痕迹，它的直观性成了汉民族直觉思维的基质，它的形象性成了汉民族诗意精神的来源，它的象征性成了汉民族隐喻表达的基础，它的符号性成了汉民族象征文化的形式，它的线条性成了汉民族绘画、雕刻、书法等艺术的主体表现形式。

我们举一个字的例子来看这一点。如为何用"象"字可以表示万物之形象、幻象之意的"象"的内涵呢？汉字中的"象"，本义指大象这种动物，是一个象形字。《说文解字》曰："象，南越大兽，长鼻牙，三年一乳，象耳牙四足尾之形。"古代象体形巨大，很容易引起人的注意，并最早成为入选的画范，后成为指称一切视觉所得的"相象""肖象"等引申义。

中国本是产象之国，黄河流域曾出土许多大象的化石。迄于殷商，黄河流域仍有野象出没。甲骨文中已有"获象""来象"的记载。文字学家徐中舒先生有《殷人服象及象之南迁》[13]一文，考之《禹贡》豫州之"豫"，为"象""邑"两字合文，证"豫当以产象得名"。又考神话传说中有"舜耕历山"、舜"田于历山，象为之耕"。殷王曾用大象作为牺牲，1935年和1978年曾在殷墟王陵区发现象坑遗存。公元前10世纪时，气候突变，大象南迁，至战国时黄河流域居民，对活的大象印象已相当陌生了。《战国策·魏策》有"白骨疑象"一说，《韩非子》诠释老子的"象"时说："人希见生象也，而得死象之骨，案其图以想其生也，故诸人之所以意想者，皆谓之象也。"这很好地说明了"想象"一义的由来。《尚书·尧典》有"乃命羲和，钦若昊天，历象日月星辰，敬授人时"的记载。可见，天体之视觉表象即可曰"象"。进而言之，一切事物的视觉表象无不可曰"象"。"象"是人观察的结果，是物体在人意识中的呈现，所以有"观物取象"一说。古代《易》的符号、八卦的卦象，以及汉字的起源都被归到"观物取象"之下。"取象"的过程，即含有古希腊时的"模仿"的内涵，有模拟、拟象、仿效、象征的意义。王弼《周易略例·明象》说的"触类可为其象，合义可为其征"，也说明了"象征"的意义。

汉字从图画而来，信息通过视觉的符号传达。由于人是有语言的生命，文字又与听觉密不可分，文字晚于有声语言，但视听从语言诞生之日就是合二而一的。当人看到大象时，叫出"象"的声音，象走远了，为了表示大象，人们就学着画它的图形，形声交流，人能说出它的名称的画，这就是文字的前身。人看到画象十分"象"时，便称为"象"（相像），以后把画再简化抽象，便成了文字。意义由实指而抽象为虚指，由实象而入虚象，文字便被创造出来了。文字是写实主义和象征主义的结合。文字的基础是线条，线条只刻画物的轮廓，只能写意，只能立架子、拼骨骼、显棱角、定图样。至于语音与现象的象征关系，是一个极难研究的问题，除了偶见论及外，学术界对此的探讨是极不够的。德里达说："一种没有分延的声音，一种无书写的声音绝对是活生生的，而同时又是绝对死亡的。""形而上学的历史是绝对的要自言自语。""在这个问题的展开中，我们就不再知。"[14]这对研究者来说无疑是悲哀的。著名历史学家吕思勉早年治文字学，有《中国文字变迁考》等著作刊行，他也认为古今文字的音义之变"无迹可见"，"惟字形则有迹可征"，故其研究文字变迁"不数音义，而专举字形之变以当之也"。[15]

关于汉字的起源，古人早有说法，其中含有真实的东西，不过仍需要我们去阐释。许慎《说文解字·叙》曰：

> 古者庖牺氏之王天下也，仰则观象于天，俯则观法于地，视鸟兽之文与地之宜，近取诸身，远取诸物，于是始作易八卦，以垂宪象。及神农氏，结绳为治，而统其事。庶业其繁，饰伪萌生。黄帝之史仓颉，见鸟兽蹄迒之迹，知分理之可相别异也，初造书契。

此说源于《易·系辞传》。在讨论《易》的卦符和文字的起源时多有讨论，从中可以看出古人造字靠的便是象征思维。文字创造离不开一个"观"字，观象于天，观法于地，观鸟兽之文，等等。在对自然、社会和人自身的观察中，人类发现了"在天成象""在地成形"的图像特征，发现了动物、植物与人身的诸多不同特征及其留下的不同的痕迹，于是用符号和图纹加以表示，其实这就是象征。古代造字的圣人，如仓颉等，"知分理之可相别异"，把不同事物的象征符号按自然的精神和人文的精神相排列，文字便产生了。

《易·系辞传》曰："上古结绳而治，后世圣人易之以书契，百官以治，万民以察，盖取诸夬。"许慎《说文解字·叙》曰："仓颉之初作书，盖依类象形，故谓之文。其后形声相益，即谓之字。字者，言孳乳而浸多也。著于竹帛谓之书，书者，如也。"关于文字，古有"六书"之说。"象形"是"画成其物，随体诘诎"，是汉字的基础。"指事"是"视而可识，察而见意"，如古代的上下，也是一种用符号象征"事"的方法。以后汉字多用形声造字，但汉字的基础却是象形的。汉字本是从原始图画发展而来的，文字学家唐兰就提出"文字的起源是图画"[16]的主张，现在被多数学者接受。我们在仰韶文化的陶器上看到的图纹，在大汶口文化中看到的刻画符号，都与汉字的起源密切相关。图画主要在模仿物象，文字仅取意而已，所以文字笔画必简。图画仅能象有形之物，无形之物只能从抽象的符号中曲传其意。所以文字可以像有形之物，如牛、羊、犬、鱼等，也可以像无形之物，如白、了、只等。

汉字是汉文化的表现，同时又是汉文化的载体。汉文化就是汉字所表现的世界。汉字构成中国文化的深层结构，对汉文化产生了决

第二章　汉象征传统　　047

定性的影响。汉文化的具象思维、诗性智慧、象征文化、直觉表现、禅宗顿悟、类化意象和审美意境，都与汉字的文化传达、文明载体和汉字思维密不可分。汉民族的诗歌传统以意象为先，绘画、书法以线为主，建筑形制以方（四合院）为形，其根源都能在汉民族的语言与汉字的表达方式中找到。

把汉画像艺术与汉字进行比较研究是极有意义的。汉画像的表现手段和遵循的思维方式，与汉字是相通的。汉画像中的许多图像与象形文字应属一类。尽管画像以形似为主，但其取意则是"分理别异"的。一些图像有了文字的象征意义，并发挥着类似的功能。如龙凤图像在汉画中多有发现，一般的画像中都少不了这两个灵物，其造型却千变万化，或长或短，或大或小，或现形于宇宙太空，或潜于黄泉之下，变化无穷，其沟通天地的意象是符号性的，内涵是一致的，不过是以图画表示概念和符号。再如，"四灵"图像既可表示天象，又可表示方位，具体所指有历史发展的过程，在汉画中的表现也呈现不同的地方性特征，但从总体方面看却是约定俗成的，具有共同的符号象征性。与其说它是图画，不如说是图像符号。也许汉画像的图像表达，就是基于人的视觉本能的最原始的符号思维，它比文字能更好地表现汉民族的象征世界。

二、《周易》象征传统

除了文字以外，《周易》这部书对中国人的象征文化产生了深远的影响。我们要研究汉画像的象征世界，必须对《周易》的象征系统有所认识。汉画像的许多象征方式都来源于《周易》的象征观。

《周易》是一部博大精深的巨著，它以阴阳符号构成的数的意象排列来表征宇宙万物的变易，是一部中国象征文化的杰作，不仅在历史的长河中被尊为经典，并被推为十三经之首，而且在今天仍发挥着作用，在世界象征文化上产生广泛的影响。

英国学者杰克·特里锡德说："《易经》，一本有关万物演化变迁的书，提出了世界上最古老的占卜方法。该书成形于公元前1122年，历经近四百年的发展和演化，到了公元前770年，已成为一本充满睿智与思辨的书籍。据说包括孔子在内的诸多圣人都曾对此书作过补充。《易经》探究的是万物互动相生的哲理：其目的不是帮人预卜未来，而是让探究者意识到万物皆变。"[17]另一位英国学者戴维·方坦纳在论述《易经》的原理时说："《易经》（西方人译作《变化之书》）是人类所认知的最古老的预测系统之一，蕴含着深刻的理论思维与朴素的辩证哲学观念。……《易经》中包含了宇宙间对立的二元性，如白天与夜晚、善与恶、好运与灾祸，等等。它蕴含的理念认为，人类对客观实际的感知都是基于宇宙间矛盾的对立面，但这些对立面不是一成不变的，都会随着一定的环境与条件因素发生变化或协调统一，因而世间没有永久性恒定不变的事物。"他总结《易经》的原理表现为："未来源于现在，如果我们认为宇宙中的一切事物都是相互关联的，那么知道现在就意味着知晓未来。但是我们对现在的认识是有局限性的，因而无法预言将来的某些事物是与现在的某些事物有关联。所以，我们只能用数字的形式来代表现在，这样我们就能从代表现在某些事物的数字中，按一定的规律推算出来会发生的事件。在用《易经》占卜的时候，要靠反复投掷钱币来确定相关的数字，因为任何事物的内涵都与宇宙相关，而《易经》六十四卦的可能组合形式，构成了整个宇宙的编码。"[18]

《周易》能产生这样巨大的影响,在世界象征研究中有如此崇高的地位,原因就在于其通过符号与数的排列,建立了一个宇宙的象征模式。

《易辞》说:"《易》者,象也。象者,像也。"又说:"在天成象,在地成形。""悬象著明,莫大乎日月。""仰则观象于天。"这与"日月为易"的说法是相符合的。可见,"易"之为名,就是日月的象征。所以郑玄说:"《周易》者,言《易》道周普,无所不备。"宇宙变化的规律是极抽象的观念,易以日月相衔加以象征性的表现是极简捷的。日代表白天,月代表黑夜,一昼一夜的交替,就是自然变易之道。在汉画像中常看到日月相对的图像,与易的象征图式是有一定联系的。

庄子说:"《易》以道阴阳。"《周易》经文中虽无一字谈阴阳,但却用抽象的符号来象征。《周易》用"—"表示阳爻,用"--"表示阴爻,由三个阳爻或三个阴爻及一个阳爻与两个阴爻,两个阳爻与一个阴爻的不同排列,构成了八卦。再由此八卦相互重合,组成六十四卦三百八十四爻,即所谓"八卦相荡"。自阴阳爻画组成八卦,再到《周易》全书的完成,经历了一个漫长的历史发展过程,最后终于形成了一个庞大的象征体系。《周易》象征体系的建立,是中国人在长期的历史进程中,对自然、社会和人文长期探索的结果,它总结了人类久远的文化智慧,把经验与哲理、现实与未来、追求与防范都系之于"象"之上,以象征的手法呈现一个人们面对和深思的世界。

传说中有伏羲画卦,此举与仓颉造字有异曲同工之妙。怪不得许慎论文字肇始,便吸收了《易》的说法。传说的文化英雄庖牺氏在进行象征的符号创造时，是根据自然天地、人体造化以及鸟兽之迹等具体的物象进行模拟、抽象、移情、简化而创造出来的。以"象"达到"通神明之德，类万物之情"。如果说文字源于图纹，有些象形、指事还可见其具体的形象，卦象则更加抽象，完全成了符号和数的象征。《周易》的"象"论，对中国文化的影响极其深远，不了解易"象"的象征，甚至很难真正理解中国文化。中国古代美学中的"意象"和"意境"，都与易"象"有所关联。

《易传》关于象的论述俯拾皆是。《系辞》提道："圣人有以见天下之赜，而拟诸其形容，象其物宜，是故谓之象。"又曰："八卦成列，象在其中矣。""立象以尽意，设卦以尽情伪。"并特别指出："圣人设卦观象，系辞焉而明吉凶。""极其数，遂定天下之象。"《系辞》的这个说法是有根据的，说明了汉文化中"观物取象"的思维方式，这种思维方式影响深远，显示了从巫术智慧到美学智慧的转移。

闻一多曾经指出："《易》中的象与《诗》中的兴……本是一回事，所以后世批评家也称《诗》中的兴为'兴象'。西洋人所谓意象、象征，都是同类的东西。"[19]从闻一多的论述中，我们看到从易象到兴象，再到意象及象征的关系。但兴象、意象、象征是否是同类的东西，仍可进行研究。

据黄宗羲《易学象数论》，《周易》的取象计有"八卦之象""六画之象""方位之象""爻位之象""象形之象""互体之象""反对之象"七种。

《说卦》讲到"八卦之象"：

乾，健也。坤，顺也。震，动也。巽，入也。坎，陷也。

离，丽也。艮，止也。兑，说也。

乾为马。坤为牛。震为龙。巽为鸡。坎为豕。离为雉。艮为狗。兑为羊。

乾为首。坤为腹。震为足。巽为股。坎为耳。离为目。艮为手。兑为口。

乾，天也，故称乎父。坤，地也，故称乎母。

震一索而得男，故谓之长男。巽一索而得女，故谓之长女。坎再索而得男，故谓之中男。离再索而得女，故谓之中女。艮三索而得男，故谓之少男。兑三索而得女，故谓之少女。

乾为天，为圜，为君，为父，为玉，为金，为寒，为冰，为大赤，为良马，为老马，为瘠马，为驳马，为木果。

坤为地，为母，为布，为釜，为吝啬，为均，为子母牛，为大舆，为文，为众，为柄，其于地也为黑。

震为雷，为龙，为玄黄，为旉，为大涂，为长子，为决躁，为苍筤竹，为萑苇。其于马也，为善鸣，为馵足，为作足，为的颡。其于稼也，为反生。其究为健，为蕃鲜。

巽为木，为风，为长女，为绳直，为工，为白，为长，为高，为进退，为不果，为臭。其于人也，为寡发，为广颡，为多白眼，为近利市三倍，其究为躁卦。

坎为水，为沟渎，为隐伏，为矫輮，为弓轮。其于人也，为加忧，为心病，为耳痛，为血卦，为赤。其于马也，为美脊，为亟心，为下首，为薄蹄，为曳。其于舆也，为多眚，为通，为月，为盗。其于木也，为坚多心。

离为火，为日，为电，为中女，为甲胄，为戈兵。其于人也，为大腹，为乾卦，为鳖，为蟹，为蠃，为蚌，为龟。其于木也，为科上槁。

艮为山，为径路，为小石，为门阙，为果蓏，为阍寺，为指，为狗，为鼠，为黔喙之属。其于木也，为坚多节。

兑为泽，为少女，为巫，为口舌，为毁折，为附决。其于地也，为刚卤，为妾，为羊。[20]

《说卦》所列的"八卦之象"，即八卦符号所象征的八类事物。《说卦》虽是战国时的作品，但它的成篇必有所本。在《左传》和《国语》中，都有类似的解释，可见八卦象征的系统，在春秋时代就已形成。这是中国象征文化早期的一个分类系统。世界上的万事万物，复杂多变，八卦用一个符号体系，对其做了象征的归纳。仔细研究"八卦之象"，可见其包含了天地、自然、人伦、人体、动物、植物、色彩等的类别。这个分类看上去是偶然的、无序的，实际上包含汉文化的诗性智慧。

两卦相重而生"六画之象"，这就是《系辞》中所谓"八卦相荡"而生成的六十四卦。六画之象包含内外两个经卦，亦称上下两卦，上卦称"贞"，下卦称"悔"。六个爻画的排列自下而上，最下一爻称"初爻"，顺而上：二爻、三爻、四爻、五爻，最上第六爻称"上爻"。这六个爻画根据《系辞》《说卦》，被分成"天、地、人"，称之为"三才"。《系辞》曰：《易》之为书也，广大悉备。有天道焉，有人道焉，有地道焉。兼三才而两之，故六。六者非它也，三才之道也。"《说卦》曰："昔者圣人之作《易》也，将以顺性命之理，是以立天之道曰阴与阳，立地之道曰柔与刚，立人之道曰仁与义，兼三才而两之，故《易》六画而成卦，分阴分阳，迭用柔刚，故《易》六位而成章。"在汉代，易学家便把六爻分成三部分，上两爻为天，中两爻为人，下两爻为地，并根据"得位"和"失位"来判断吉凶。又据爻画之间的"承""乘""比""应""据""中"的关系，使其处在"变动不居，周流六虚"之中，并根据这些关系来分析每卦卦象的象征意义。实际上，六爻成了汉人宇宙的象征模式。除了八卦大的分类模式，六爻则象征"天地人"所组成的宇宙中的无数的物，宇宙之间的关系则是"天人感应"的。《易纬·乾凿度》曰："三画以下为地，四画以上为天。""动于地之下则应于天之下，动于地之中则应于天之中，动于地之上则应于天之上。"这种六爻之间的呼应关系被汉人称为"应"。汉代哲学中的"天人感应"说，司马迁的"究天人之际"的历史观，都与《易》的这种思维方式有关。

所谓"方位之象"，指八卦所象征的八个方位：乾为西北；坎为正北；艮为东北；震为正东；巽为东南；离为正南；坤为西南；兑为正西。在《说卦》中，有对"方位之象"的论述："万物出乎震，震东方也。齐乎巽，巽东南也……离也者，明也，万物皆相见，南方之卦也……乾，西北之卦也。……坎者，水也，正北方之卦也……艮，东北之卦也。万物之所成终，而所成始也。故曰：'成言乎艮。'"方位之象，以八卦配八方、配四时，论述了万物产生和发展的时空条件。八卦象征了终而复始的生生不息的世界模式。

所谓"爻位之象"，据《易纬·乾凿度》的图式，又是社会结构和人的地位的象征。在每卦的六个爻画中，以初爻为"元土"，以第二爻为"大夫"，第三爻为"公"，第四爻为"诸侯"，第五爻为"天子"，上爻为"宗庙"。在这六个爻位中，以第五爻最重要。从中可以看出，这个说法完全是社会结构的象征，表现了封建社会的等级制，第五爻为"天子"，故最重要。上爻为"宗庙"，宗庙是祭神和祖先的场所，是封建王权权力来源的象征。郑玄、虞翻等注《易》，皆主此说。其实，这种爻位象征，正是易的思维中把天文与人文对应的结果。

所谓"象形之象"，就是从画卦的符号组合上可以看出具体象形的物象是什么，如根据鼎卦䷱，组成该卦的六个爻画便组成鼎的形象。我们可以看到，初六爻像"鼎"之足，九二爻、九三爻及九四爻像"鼎"之腹，六五爻像"鼎"耳，上九爻像"鼎"之铉。

所谓"互体之象"，指在一卦的六个爻画中，除内卦与外卦这样两个经卦外，另由二爻、三爻、四爻这样三个爻画组成一个新的经卦，再由三爻、四爻与五爻组成一个新的经卦。这种由内外两卦交互组成的新卦象，古人称之为"互体"，又叫"互象"或"互体之象"。

所谓"反对之象"，就是将一个六画之象颠倒过来，这样就成了另一新的卦体。举否卦䷋为例，将否卦的六个爻画颠倒过来，这样便成了泰卦䷊。这种六个爻画颠倒，古人又称之为"倒象""反易"。

在《周易》中，象又是与数密不可分的，象、数相互依存，建立了一个"象数互渗"的宇宙运演模式。就本源看，《周易》本来就是占筮之书，是"数术"的一种。《易传》系辞篇论筮之法，也始终是数的运演。《汉书·律历志》："自伏羲画八卦，由数起。"《易传》说："昔者圣人之作易也。幽赞于神明而生蓍，参天两地而倚数，观变于阴阳而立卦。"又说："极其数，遂定天下之象。"王夫之则认为，周易的"象"与"数"的关系是一种相和相生、不可相拆的关系，他在《尚书引义》卷四说："天上无数外之象，无象外之数。既有象，则得以一之、二之而数之矣；既有数，则得以奇之、偶之而像之矣。是故象数相倚，象生数，数亦生象。象生数，有象而数之以为数；数生象，有数而遂成乎其为象。"

明确"象数相倚"的关系很重要，对于理解八卦的起源和古代神秘的河图、洛书的象征图式，能起到指导作用。关于八卦的起源，《易传》曰："是故易有太极，是生两仪，两仪生四象，四象生八卦，八卦定吉凶，吉凶生大业。"又曰："天垂象，见吉凶，圣人象之。河出图，洛出书，圣人则之。"结合伏羲氏"仰观俯察""近取远取"的方法和途径才创造了八卦的象征模式。《易传》关于八卦方位的"象数"说，包含了阴阳五行与五方的思想因素，这在汉代相互融合，形成了汉人的宇宙图式。这种宇宙图式在汉代画像中普遍存在。

《周易》中的"象"具有重要的美学意义，它构成了中国美学中的一个元范畴。叶朗认为："'意象'这个范畴的形成，在中国美学史上有重要的意义。而它的形成，最早就是发源于《易传》的'立象以尽意'这一命题。""《易传》的'观物取象'的命题，在美学史上形成了一个极其重要的传统思想。把握住这个思想，对于把握中国古典美学体系有重要的意义。"[21] 王振复也说："的确，中华意象美学智慧的源头在《周易》。"[22]

在《周易》中，"象"是圣人"见天下之赜"的媒介与工具，其功能意义是象征。象是圣人对天时观察的呈现，"天象"与"地形"相对。两者成其"形象"，宇宙便在人的掌握认识中。"成象"为乾，"效法"为坤。地形是天象的派生，"天象""地形"的变化又决定了人事的进退。八卦是象的集成，是宇宙形象的分类模式，它用抽象的爻符加以表现。伏羲始作八卦，是对天象、地形仰观俯察、对鸟兽之文、诸身诸物远近观取的结果。从"圣人设卦观象,系辞焉而明吉凶"可知,"象"是周易思维的一个元范畴,指爻象、卦象、爻符、卦符。除了有模拟物象的"实象"内涵外,还有一种建立在巫术征兆迷信上的神秘主义的心灵幻象,以及建立在对万事万物抽象基础上形成的"抽象"观念。

我们对《周易》的"象"进行分析,可以发现它有四个层次。

其一,神秘物象。自然之物,自然而然存在,以自然的形象成为人类观察的对象。但自然的运行,在初民的眼中是神秘的。山崩地裂、雷鸣闪电、狂风骤雨,初民不知其所以然,经长期观察,形成一种巫术神秘互渗中的前兆物象,如"枯杨生华""舆脱其辐""羝羊触藩""日中见斗""鸣鹤在阴""密云不雨""小狐濡尾"等。在中国文化中,对自然的认识是人们自然观的产物。原始的自然观则是"万物有灵"的,是人观察和移情的产物。这构成了汉画像中祥瑞图像的思想基础。

其二,由物象而生心象。人们长期生活在自然之中。由于在实践中逐渐积累起知识和才能,便从人与自然的种种关系中总结出一些经验,发现事物之因果关系。人们在趋吉避凶的心理定式影响下,往往产生一种心象。有时心象的产生只是因果律的滥用,巫术前兆迷信就是这样产生的。前兆迷信是把因果链上不相干的事物,在心理幻象的驱使下加以对接和重构,在心象上建立起一种神秘的联系,如指鹿为马、张冠李戴、得风是雨等。

其三,符号的爻象、卦象。《周易》以前人们可能用物占和龟卜等来与神秘的世界打交道。由于深感自然和社会现象的神秘,在想支配自然力的观念驱使下,人们便根据前兆迷信的心象发明了爻象、卦象的占筮符号体系。后人利用卦爻符号进行占筮，通过符号来激发占筮者的心灵虚象，通过变爻、变卦来进行符号的选择，以为前兆情绪找到一个解释的系统，使无所适从的意象得到来自占筮符号的确定。这样心灵虚象通过占筮符号的呈现而形成一种"实象"。

其四，"实象"确定了吉凶的命运。"实象"一旦形成，外显于占筮符号，神意便出现了。它将反射回受筮者的心灵，使受筮者信从占验的结果，并进一步复制与重构对占筮符号的迷信。[23]

《周易》的占筮过程，实际上就是对以上描述的"象"的运动与转换过程。这个过程最终发展为汉文化审美的"意象"论。也就是说，汉文化中的"意象"美学观来源于"易象"。审美中的"意象"，也是包括几个不同层次的意与象相互连续运动与转换的过程。它包括自然与社会的物象，以及客观物象的审美心理意象，具有一定审美意蕴的爻象、卦象（犹如艺术中的象征形象），以及人在艺术象征接受中所产生的审美心境。在《易传》中，可以总结为两种理论的表述：一为"观物取象"，二为"立象以尽意"。如果说汉画像象征文化的模式的根源在汉民族的象征思维传统，我们在《周易》的"象"论中可以找到其哲学基础。"观物取象"说明了汉文化象征的根源。

《周易》所建立的宇宙秩序和世界象征模式，可以说是"观物取象"的结果。古代圣人仰则观象于天，俯则观法于地，观鸟兽之文与地之宜，近取诸身，远取诸物，即可概括为"观物取象"。其目的是通神明之德，类万物之情。这里的"观物"既指客观自然与社会的物象，更重要的是又指进入人的"审美观照"中的物象。自然万事万物，一旦被人"观"和被"取象"，就被灌注一定的情感特征，不再是纯粹的物理的实象。在巫术中，它是万物之兆象，才能判定吉凶；

在美学中，它是移情之客体，把人的本质外化到客体上的结果就是审美意象。由此取象，是主体选择的结果，是对整体上的直觉形象的捕捉。因此，"观物取象"重在"观"和"取"。物象是人"观"的对象，是人眼中的物象，"取"说明人的主观能动性不是被迫的映射，而是主动的选择，即根据主体的要求和理想进行的选择。

我们不能把"观物取象"仅仅理解成观察客观之物进行选择。在人眼中看到的物象和人心营造的心象，以及用符号表达的象征的传达上，才是问题的实质，而我们总是对这中介过程理解得不够。"观物取象"实际上就是象征。因为它总是用一个爻符或卦符去表示另一个意义。这决定了中国古代艺术的象征性特征。"观物取象"是中国古代艺术创造千古不易的法则。五代画家荆浩《笔法记》说："画者，画也，度物象而取其真。"清叶燮《已畦文集》卷八《赤霞楼诗集序》说："凡遇于目，感于心，传之于手而为象，惟画则然，大可笼万有，小可析毫末，而为有形者所不能遁。"郑板桥则用"眼中之竹""心中之竹""手中之竹"概括取象的过程。

《周易》象征观的另一个著名论题是"立象以尽意"。这里的立象已不是纯粹的反映，而是一种创造。"尽意"的最佳方式是"立象"，"立象"是对客观物象经心灵虚化之后的直观把握，所以，这"象"已不是天地自然与社会人事之象，而是"人心营造之象"。

《易传》曰："书不尽言，言不尽意。然则圣人之意其不可见乎？子曰：圣人立象以尽意。"《系辞》曰，"八卦成列，象在其中矣。""象也者像此者也。""是故易者象也，象也者像也。""八卦以象告。"张岱年先生认为："这些所谓象都是象征之意，有时作名词用，有时作动词用。象征即用一种事物或卦画符号来表示某种思想或意义。"[24]这种象征意义的"象",可以追溯到春秋时代。《左传·桓公六年》记当时人的言论云:"名有五,有信有义有象有假有类。以名生为信,以德命为义,以类命为象,取于物为假,取于父为类。"意思是命名的方法有五种,以类似命名是象,就是象征的意思。《老子》中有"执大象,天下往""大象无形"。此大象是"无物之象",是"道"的象征表现。《老子》以"象"与"物"相提并论,可见他所谓的"象"指有状可见的存在。《韩非子·解老》对老子的"象"提出一种解释:"人希见生象也,而得死象之骨,案其图以想其生也,故诸人之所以意想者皆谓之'象'也。今道虽不可得闻见,圣人执其见功以处见其形,故曰:'无状之状,无物之象。'"可见,象征包含臆想的成分,对"道"的表达不能用言道尽,却可以想象出来,用图式加以象征表达。后来,道教推崇老子,理论推崇道论,语言文字不能尽传其妙,便创造"太极图"以象征表现。[25]

《系辞》还提出,"立象以尽意"的特点是:"其称名也小,其取类也大,其旨远,其辞文,其言曲而中,其事肆而隐。"从象征的角度看,立象尽意,有以小喻大、以少总多、由此及彼、由近及远的特点。"象"是具体的、形象的、个别的,而意则是深远的、幽秘的、隐蔽的。这与黑格尔所论象征是用符号来表达意义是一致的。《易传》提出的"书、言、意、象"命题具有深刻的美学意义。"言意之辩"以后成为中国古典美学的一个重要命题,在魏晋玄学中大放异彩,如王弼提出的"得意忘象"命题就是这一问题的深入发展。到了20世纪,西方人提出哲学观念上的"语言学转向",我们据此再反观中国古代的"言意之辩",便会有许多新的看法。

《周易》不愧是汉象征文化中的一座宝库,它所建立的宇宙图式的符号体系，给我们以极大的启示，实际上它构成了汉画像象征世界的原型结构。《周易》中的"易象"与汉画中的"画像"有异曲同工之妙，了解了"易象"，才能更好认识"画像"。不过，它们一个是符号的表现，一个是图像的呈现，意义的象征把两者连在一起。

三、铸鼎象物

汉画像的许多图像，在中国文化中都有着原型的意义。不少图像或抽象符号在原始艺术中就已存在，不少怪异的图像可以追溯到神话巫术的时代。原始岩画、彩陶纹饰、青铜器装饰纹样，特别是先秦的祠堂壁画，都与汉画像石有着某种联系。有的是在内容上的影响，如汉画像中的许多图像来源于中国古老的神话传说、图腾崇拜；汉画像的一些表现形式，在先秦的雕刻、装饰纹饰、祠堂壁画中可以找到其源头。

先秦"铸鼎象物"所表现的审美观，则是汉画像象征表现的经典表述。这一表述，已被文化学者和美学研究者从历史的档案中挖掘出来，得到理论的阐释。美国学者张光直曾对三代（夏、商、周）中国器物上的图像资料进行研究，以此来阐释中国古代文明的特征。他认为中国古代文明是所谓"萨满式"（shamanistic，即巫觋式的）的文明，在这个文明中，文字和艺术都成为宗教的附属品，成为天人沟通的工具。按萨满文化，世界可分为天和地、人与神。上天和祖先是知识和权力的源泉，天地之间的沟通必须以特定的人物和工具为中介，这就是巫与巫术。统治者只要掌握了文艺和艺术等，就占有了与上天和祖先的交通，也就取得了话语的权力或政治权力。中国古代的图像艺术，只有在这个大的结构模式中才能得到合理的解释。

关于文字的宗教功能，已为发掘出的商周卜辞所证明。在传说中，仓颉作书时曾引起"天雨粟，鬼夜哭"的奇异事件。文字确实可以保存统治人类世界的秘密。张光直研究了商周青铜器上的动物纹样，认为这些纹样可以追溯到新石器时代的图样中，它绝不是毫无意义的纯粹装饰，而是沟通天地的必备之物。[26] 传说中有"夏铸九鼎"之说，九鼎就是国家权力的象征。

汉画像中有"泗水捞鼎"的图像。（图 2-1）《史记·秦始皇本纪》说："始皇还，过彭城，斋戒祷祠，欲出周鼎泗水，使千人没水求之，弗得。"《水经注·泗水注》："周显王四十二年，九鼎沦没泗渊。秦始皇时，而鼎见于斯水。始皇自以德合三代，大喜，使数千人没水求之，不得。所谓鼎伏也。亦云系而行之，未出，龙齿啮断其系……"秦始皇泗水捞鼎，隐含着一个权力转移的象征观念。《墨子·耕柱》说："九鼎既成，迁于三国。夏后氏失之，殷人受之；殷人失之，周人受之。""问鼎"也就成了后世夺取国家权力的象征。

关于青铜器纹饰的象征功能资料，我们可以追溯到《左传·宣公三年》（前606）的记载，这一年楚庄王伐陆浑的军队到了雒，在周的疆域检阅军队，炫耀武力。周定王使王孙满慰劳楚庄王，庄王向他询问鼎之大小轻重。王孙满说：

> 在德不在鼎。昔夏之方有德也，远方图物，贡金九牧，铸鼎象物，百物而为之备，使民知神奸。故民入川泽山林，不逢不若，螭魅魍魉，莫能逢之。用能协于上下，以承天休。

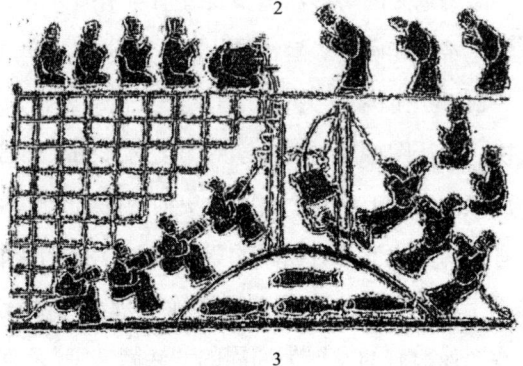

图2-1 泗水捞鼎图
1. 山东嘉祥武氏祠出土；
2. 山东微山出土；
3. 嘉祥五老洼出土。

这段话也许带有周人的观点，但在一定程度上反映了青铜时代铸神怪图像于鼎，以发挥其象征功能的审美特征。笔者在《灵感思维与原始文化》一书中曾推测：夏王朝已经建立了比较发达的中央集权，他们运用源于图腾社会的灵感思维方式来进行统治，让所辖的九州各氏族方国把他们所信仰的神怪图绘下来，分别把其涂画或铸造在鼎器上，借以观览，使人们知道什么是助人的神，什么是害人的怪，如魑魅魍魉之类。由此，便能与天地相沟通，而使人能承受天的福祉。[27]

其中的"远方图物"值得研究。在没有文字以前，人类有过图画文字，中国文字本来就是象形文字，源于图画。我们在中国原始彩陶艺术的图案中，可以看到这种"图物"的表现。有人认为，中国的彩陶装饰是纯粹审美的、无甚深意是不对的。中国的彩陶图纹是新石器时代初民审美意识的形象表征。那个时代的巫术信仰、图腾崇拜与神话传说等，都以一种抽象纹饰和符号的方式表达出来。笔者曾企图把仰韶文化彩陶中的"人面鱼纹"与鲧禹治水的神话联系起来，把马家窑、柳湾、姜寨等地彩陶中的蛙纹与女娲的神话传说联系起来，把东部沿海地区的鸟形器造型及纹饰与东夷部落的鸟图腾崇拜联系起来考察，希望能确定彩陶纹的内涵。[28]

21世纪以来，关于彩陶象征文化的解密引起了学术界的进一步重视，但从图像志与图像学的角度对彩陶象征符号的进一步阐释还需要加强。实际上，我们对人类史前史的研究，因为没有文字记载，唯一有效的方式就是对当时的器物与图像进行阐释。这种阐释当然要根据文字材料，但文字记载和图像表现，还是有极大不同的。彩陶的一些图像，有的发展为商周的"族徽文字"，有的已经含有文字的意义。于省吾、唐兰、裘锡圭、高明、李学勤等学者都认识到彩陶与玉石器上的图像符号是"图画文字"了。中国古代的典籍《山海经》据传成书于夏代,是根据《山海图》所作的文字说明部分。于是我们可以推论,夏统一后曾有一种以山、水的自然划分为祭祀和纳贡系统的政治制度,让各氏族方国以图绘的形式把各方国的神灵信仰上报中央。夏的统治者则铸九鼎,以象征九州,各鼎上当有各方国神灵的图像,它们成了邦国政治权力来源的象征。

"远方图物""铸鼎象物"中的"物"指什么?学术界有不同的看法。有人认为,"物"指物象,泛指人类通过感官可以感知的一切客观实体,因此"象物"就是模拟物象铸之于鼎。张光直认为不能把"物"解释为"物品",而应以"牺牲之物"或"助巫觋通天地之动物"来解释。这个解释是建立在两点事实之上:一是我们所见的古代彝器上"全是动物"而没有"物品";二是"铸鼎象物"的目的是"协于上下,以承天休",青铜器上的动物纹样正有助于这个目的。国内的研究者一般认为,九鼎所象之"物""包括自然的物象,或说来源于客观物象,但就其刻画铸造的形象看,是属于人心营构的虚象"[29]。敏泽认为:"'象物'者,并非简单地模拟客观自然存在之物……而是包含着超现实物质存在的幻想之物在内的,例如上帝、鬼、神,以至夔龙、饕餮等等。"[30]饶宗颐认为:图铸象物,谓"诸谲诡异状者通曰物",此"物"即畏兽是矣。此类动物,若螭龙、饕餮之类,均是畏兽、天狩。[31]《周礼》保留了一些"物"字的早期用法,主要指的是画于旗帜类礼器上的物象徽号。《周礼·春官·司常》:"司常掌九旗之物名,各有属,以待国事。日月为常,交龙为旗,通帛为旃,杂帛为物,熊虎为旗,鸟隼为旟,龟蛇为旐,全羽为旚，析羽为旌。"[32]另外，《山海经》《诗经》《仪礼》等古籍中，也多保留"物"字的古义，不一一引证。

原始人信仰"万物有灵"，认为任何物品中都有灵的存在，因此在他们的意象中不存在纯粹的毫无灵性的"物"。纯粹"物"的概念是科学产生后逐渐形成的。当西方自然科学的发达使自然逐渐"祛魅"以后，纯粹的"物"的概念才得以普及。按文化人类学看法，"百物"不是指"天地万物"，而是指"百物之神"。《国语·楚语》云："圣能制议百物，以辅相国家。"《国语·郑语》云："伯夷能礼于神以佐尧者也，伯翳能议百物以佐舜者也。其后皆不失祀而未有兴者。"《周礼·春官·大宗伯》有"祭四方百物"，同书《地官·鼓人》亦曰："凡祭祀百物之神，鼓'兵舞''帗舞'者。"因此，百物便不是指"物品"，而是指百物之精，即怪物、精物、神物等。

"百物"既然指古代人意象中的魑魅魍魉等"畏兽"，并要把这些神怪以"图物"的形式铸在鼎器等器物上。由于神怪只是人信仰的产物，是人心造的幻觉，是隐秘而不可见的，便只有用象征的形式才可以呈现。这就是为什么原始艺术是象征型的根源。从表现形式上看，中国彩陶纹样是象征型的，中国的青铜纹饰也是象征型的。这种表现方式直接影响到汉画像艺术。虽然汉代文字已经发达，人们的许多观念可以用文字传达，但文字的普及并不能代替图像的表现。图像比起文字来，更加原始，更加接近人生命的本质，表现的是人智慧的原发过程。图像与文字是两个系统，各有不同的功能，发挥着不同的作用。

容庚较早研究中国的青铜器。在《商周彝器通考》中，他研究了这种青铜礼器的造型和装饰。他所列的动物纹有：饕餮纹、蕉叶饕饕纹、夔纹、两头夔纹、三角夔纹、两尾龙纹、蟠龙纹、龙纹、虺纹、犀纹、鸮纹、兔纹、蝉纹、蚕纹、龟纹、鱼纹、鸟纹、凤纹、象纹、鹿纹、蟠夔纹、仰叶夔、蛙藻纹，等等。[33]安阳殷墟出土铜器中，容氏未列的常见的动物纹样还有牛、水牛、羊、熊、马和猪等。这些动物可以分为两类：一是自然界存在的动物，二是自然界中不存在的动物，但从文献中可以找到的，如饕餮、肥遗、夔、龙、虺。除动物纹外，还有几何纹样，如云雷纹、织物纹、乳钉纹、直线纹、圆圈纹、环带纹（盘云纹）、窃曲纹、瓦纹、重环纹、鳞纹……[34]那些虚拟的动物，如龙、凤、饕餮等，必然是具有象征性的，虽然有时我们不好确定其象征的内涵究竟是什么。那些几何纹样，比起具象的动物纹就更难理解。纹样是图案和符号，对其能指与所指的理解，都是一个尚待开发的领域，但有一点是可以肯定的，越是图案的、符号的，越是象征的。

那些现实中存在的动物，一旦被作为一种抽象符号或图纹装饰到青铜器上，恐怕也就不仅指代动物本身，还指代其象征的内涵。因为这些动物或被作为图腾神，或被作为通神的工具而存在。如龙、凤是汉族早期文化的图腾。再如羊，在古代也是作为西戎羌人的图腾而被刻画在器物上的。中国人美的观念、善的观念以及吉祥的观念，都与羊崇拜有关。（图2-2）在汉字中，与羊有关的字大都与美善有一定联系，这便构成了汉民族审美观念的另一原型。汉画像中普遍存在的龙、凤、鳞、龟等奇禽异兽，其象征的内涵是汉民族文化在长期发展中的产物。古代的氏族部落可以灭亡、国家政权可以消失、朝代可以更迭，但许多民族深层的象征文化原型则是不变的。它正是一个民族文化存在的基础。一个民族文化象征基础的变化是极缓慢的，一旦

图2-2 大羊吉祥图
1.陕西绥德张家砭汉墓墓门横额图像，正中为一羝羊，左右有羽人乘鹿、天马飞腾、鹳鸟衔鱼、日月轮等；
2.山东章丘黄土崖墓墓门楣画像，羊头下有狗逐鹿、鸟与鹰啄兔；
3.章丘黄土崖墓墓门楣画像，羊头下有四羽人翻腾与二鸟、二熊；
4.山东临沂出土，羊头下有对鱼和雌雄朱雀相对；
5.山东平度马戈庄出土，原图有三羊头，中有十字穿环图像。
在汉字中，"美""善"都从羊，羊在汉画像中有美好、吉祥的象征意义。

民族象征传统进入"集体无意识"领域，它就成了民族精神的结构形式。

　　春秋、战国时代，中国人的思想观念经历了一场人文主义的变化。殷商的神权统治渐被周人的礼法观念所代替。诸子百家兴起，思想空前活跃，人的观念觉醒。"铸鼎象物"的"物象"也随之变化，主要表现为各种怪兽的图形相对减少，狰狞恐怖的色彩冲淡，直至最后人物逐渐占主导地位。马承源说："人物画像是用写实的手法描绘出当时贵族的社会生活和勇猛作战的场面，这类纹饰在青铜器上出现较晚，已经初步摆脱了规律化的对称图案，而是用流畅的线条，结合绘画和雕刻手法，描绘出各种动景。如宴乐、弋射、采桑、狩猎等活动，还有徒兵搏斗、攻城、水战等战争场面。这些用绘画形式表现的画象，是以后绘画艺术的先驱。"[35]但我们仔细研究战国时期的青铜器人物画像后发现，除了马承源所提到的上述日常生活的图纹外，还有许多祭礼仪式的宗教图像。狩猎也许是为了向祖先神献祭，所以不能排除含有人物画像的图像场面的宗教象征意义。如河南辉县出土的战国刻纹铜奁上的"狩猎纹"、河南辉县琉璃阁出土的战国铜壶上的纹饰、河南辉县赵固村出土的战国刻纹铜鉴"燕乐狩猎纹"、山西长治分水岭出土的战国刻纹铜匜上的祭祀图纹等。江苏淮阴高庄战国墓出土的青铜礼器上有许多巫师弄蛇的图案，显然与巫师的宗教仪式有关。（图2-3）《左传》说："国之大事，在祀与戎。"青铜图饰形象地表现了这种观念。

把这些战国时期的青铜刻画纹与汉画像进行比较，就会惊喜地发现其相同之处。从内容上看都有人的生活描绘，如狩猎图、车马图、攻战图、祭祀图等。从制作手法上来看都是刻画在器物的表面，或为阴刻，或为阳刻。要知道青铜器的制作要有陶范，其图纹的制作过程应先刻在陶范上，然后浇铸而成。这为以后汉画像在砖石上的雕刻积累了丰富的经验。再看构图，青铜装饰纹样与汉画像的图像，往往上下左右都划成不同的区域，每个区域刻画不同内容的图像。上下构图的图像含有一种宇宙象征主义的观念。越往上，越接近天、神、仙，一些天象、奇异的神物、带羽翼的奇禽异兽都在图像的上部；越

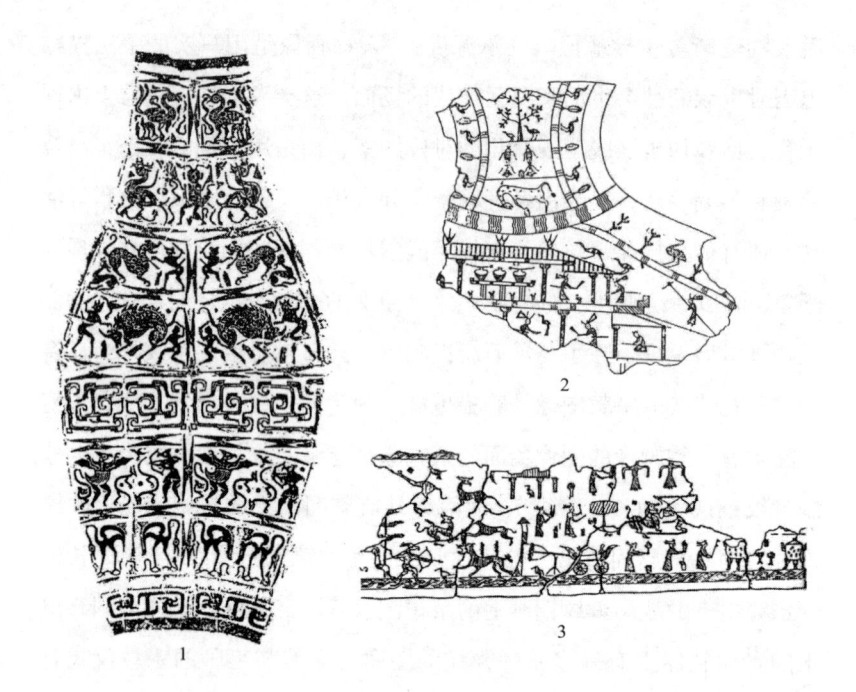

图2-3 青铜器纹饰
1.河南辉县琉璃阁出土；2、3.江苏淮阴高庄战国墓出土。
战国时期的青铜器刻纹，可以看作汉画像艺术的先声。其对图像的分层处理，所刻的祥瑞图、狩猎图、祭祀图等，都在汉画像艺术中得到发展。

往下，越接近大地、人世、鬼神，世俗的图像就多一些。图像的上下排列便是宇宙的象征。铸有图像的青铜器，大都不是实用之物，而是宗庙礼器，其图像的象征功能也是明显的。汉代墓室、祠堂、石棺上的画像，与青铜礼器的功能是一致的。所以先秦"铸鼎象物"的审美观是汉画像象征传统的来源。战国时期到汉以前，还有一种是用錾刀或凿子雕刻而成的青铜人物图像[36]，这种工艺不同于商周青铜器发展的主流，它是楚文化的产物。它与汉画像的线刻是一致的，二者存在一定的"血缘"关系。

青铜器图像是那个时代技术与艺术结合的结果。青铜器因为材料坚固而留传下来，进入我们的视野。考古材料证明，在汉以前，除了青铜器外，图像还出现在其他一些器物上，如玉石、骨器、象牙、漆器等。甚至可以想象，当时大量的木器上的绘画与刻画纹样因其留传下来甚少，且与彩陶、青铜器图像类似，是同一种审美意识的表现，所以本书就不再讨论这些图像。

众所周知，鼎是权力的象征。《左传·桓公二年》："夏四月，取郜大鼎于宋。戊申，纳于大庙。"鼎被存放于庙中，从根本上讲，宫庙才是权力的标志。宫庙的造型与图画，也往往有象征的意义。在商代，地上建筑甚至地下的墓室，往往是宇宙的象征。[37]古史中关于"明堂"的制度，即如此。"铸鼎象物，使民知神奸这一思想，后来逐步发展为起教化训诫作用的壁画。"[38]汉代的画像石、画像砖、壁画与这种宫庙壁画有密切的联系。据说，屈原的《天问》即呵壁而作，王逸《楚辞章句·天问》说：

屈原放逐，忧心愁悴，彷徨山泽，经历陵陆，嗟号昊旻，仰天叹息。见楚有先王之庙及公卿祠堂，图画天地山川神灵，琦玮僪佹，及古贤圣怪物行事。周流罢倦，休息其下，仰见图画，因书其壁，呵而问之，以渫愤懑，舒泻愁思。楚人哀惜屈原，因共论述，故其文义不次序云尔。[39]

有些文学研究者怀疑这一记载的真实性，认为楚的庙宇祠堂不可能有这么多的图画。但考古学的研究证明，楚汉时期祠庙宫屋壁画已十分兴盛。日本学者梅原末治有《殷墟壁画录》一书。考古工作者在殷墟发现了彩绘墙皮[40]、彩绘布幔[41]，在陕西扶风杨家堡西周墓中曾发现过描绘的菱形二方连续带状图案，咸阳秦宫遗址也出土过几何图案的壁画残块。春秋战国时期的楚国，画像就更加发达了。如长沙子弹库楚墓的《人物御龙帛画》、长沙陈家大山楚墓出土的《人物龙凤帛画》等，都是久负盛名的。20世纪80年代，我国考古工作者曾在秦代阿房宫遗址发现丰富壮观的壁画，有车马出行图、仪仗、麦穗图像，"其构图大致如汉代画像石中常见的铺排"[42]。

从文献中也可证先秦两汉祠画壁画的兴旺盛况。司马相如《子虚赋》曰："不可胜图。"注曰："图谓画物象也。"《汉韩敕后碑》曰："改画圣象，如古图。"《说苑·反质》引墨子语曰殷纣"宫墙文画"。《韩非子·外储说》所记三年画筴及齐国画师论画鬼魅易而犬马难。《庄子·田子方》曰："宋元君将图画，众史皆至。"因画设官称"众史"，可知专业画师人数不少。

《说苑》还记载齐国高台有壁画：

> 齐王起九重之台，募国中有能画者，则赐之钱。有敬君，居常饥寒，其妻妙色。敬君工画，贪赐画台。去家日久，思忆其妻，遂画其像，向之憙笑。旁人瞻见之，以白王。……王即设酒与敬君相乐，谓敬君曰："国中献女无好者，以钱百万请妻，可乎？不者杀汝。"敬君偟惶听许。

《孔子家语·观周》曰：

孔子观乎明堂，睹四门墉，有尧舜之容，桀纣之象，而各有善恶之状，兴废之诫焉。又有周公相成王，抱之，负斧扆，南面以朝诸侯之图焉。

《楚辞·招魂》曰：

　　天地四方，多贼奸些；像设君室，静闲安些。
　　高堂邃宇，槛层轩些；层台累榭，临高山些。

"像设君室"就是把死者的肖像画挂在居所、祠堂或墓室里。马王堆出土帛画中的老妇人就是这种像，整幅图画表现的是"引魂升仙"母题。汉代祠堂画像中，后壁往往有"拜谒图"，其中的主人翁往往就是"像设君室，静闲安些"的表现。

东汉文学家王延寿的《鲁灵光殿赋》，描写了鲁国灵光殿雄伟壮丽的景象，其中有一段详细描绘了殿中的壁画：

　　图画天地，品类群生。杂物奇怪，山神海灵，写载其状，托之丹青，千变万化，事各缪形，随色象类，曲得其情。上纪开辟，遂古之初。五龙比翼，人皇九头。伏羲鳞身，女娲蛇躯。鸿荒朴略，厥状睢盱。焕炳可观，黄帝唐虞。轩冕以庸，衣裳有殊。下及三后，淫妃乱主。忠臣孝子，烈士贞女。贤愚成败，靡不载叙。恶以诫世，善以示后。

鲁灵光殿是汉景帝与程姬所生的儿子、后被封为鲁恭王的刘馀所建。据《汉书·景十三王传》载，汉景帝前元二年（前155），刘馀被立为淮阳王，第二年徙王鲁，"好治宫室，遂因鲁僖基兆而营焉"。灵光殿是他所营造的最主要的宫殿。从《鲁灵光殿赋》的序及描写来看，这座宫殿不是日常起居的宫殿，而应是当时鲁国的宗庙。宗庙是权力的象征，所以当"遭汉中微，盗贼奔突，自西京未央、建章之殿，皆见隳坏，而灵光岿然独存"时，作者才"感物而作"，曰"岂非神明依凭支持，以保汉室者也"，"其规矩制度，上应星宿，亦所以永安也"。《鲁灵光殿赋》正文开始，便交代这种宗庙建筑的文化象征功能：

> 粤若稽古帝汉，祖宗浚哲钦明。殷五代之纯熙，绍伊唐之炎精。荷天衢以元亨，廓宇宙而作京。敷皇极以创业，协神道而大宁。于是百姓昭明，九族敦序。乃命孝孙，俾侯于鲁。锡介珪以作瑞，宅附庸而开宇。乃立灵光之秘殿，配紫微而为辅。承明堂于少阳，昭列显于奎之分野。

从此段描写中的"荷天衢""廓宇宙""配紫微""昭列显"等语句中，可知此类庙堂宫殿象征宇宙。在祖宗"浚哲钦明"的保佑下"协神道而大宁"，并以"介珪"等物作为祥瑞的表征。此便是灵光殿被称为"秘殿"的原因。三代以上，以神设教，秦汉时代承袭此制。天子有宗庙，郡国立高庙、郡国庙。《西汉会要》卷十四礼八"庙祭"条说："各自居陵旁立庙。又园中各有寝、便殿。日祭于寝，月祭于庙，时祭于便殿。"宗庙中的图画天地的品类，都是为这种礼制服务的。其造型和图画，往往就是天地神灵的象征表现。其壁画，往往是神灵、祖灵、英雄故事、历史传说、道德规训的形象表现。从流传到现在的汉代祠堂画像中，我们的确可以看到类似内容的表现。如山东武梁祠的壁画，可以看成《鲁灵光殿赋》所描绘图画的注脚。

两汉时期，中国封建社会正值上升时期，蓬勃奋进的时代精神促进了人们审美的需求，而画像的盛行正是精神发展的需要。统治阶级利用图像来为自己的统治服务。如汉代设有考工室，岁费巨万，其中不乏能工巧匠。当时舆服器物，多有图绘，极一时之盛。宣帝甘露三年（前51），单于入朝，图画其人于麒麟阁。此外，统治阶级也有借图画宣淫者。如汉宣帝地节四年（前66）立刘文为广川戴王，其去世后，其子海阳嗣其位，"十五年，坐画屋为男女裸交接，置酒请诸父姊妹饮，令仰视画"（《汉书》卷五十三《景十三王传》）。

两汉绘画，史书多有记载，内容广博，涉及汉画象征的许多主题。

其一，表现天地神灵的象征图式。如《史记·封禅书》：武帝"作甘泉宫，中为台室，画天、地、太一诸鬼神，而置祭具以致天神……"，《汉书·郊祀志》："文成言：'上即欲与神通，宫室被服非象神，神物不至。'乃作画云气车……"《后汉书·南蛮西南夷列传》："肃宗初……郡尉府舍，皆有雕饰，画山神海灵奇禽异兽，以眩耀之。"山东沂南汉墓画像石、山东武氏祠画像石、洛阳卜千秋墓壁画、长沙马王堆1号墓第三重木棺漆画等画像上，都可以看到各种神怪的图像。

其二，表现先贤烈士。《汉书·杨恽传》："恽上观西阁上画人，指桀纣画谓乐昌侯王武曰：'天子过此一二，问其过，可以得师矣。'画人有尧、舜、禹、汤不称，而举桀纣。"蔡质《汉官典职》："明光殿省中皆以胡粉涂壁,紫青界之,画古烈士。"《后汉书·蔡邕列传》:"光和元年,置鸿都门学,画孔子及七十二弟子像。"《玉海》:"《益州记》:成都学有周公礼殿,旧记云:汉献帝时立,高朕文翁石室在焉。益州刺史张收画盘古、三皇、五帝、三代君臣与仲尼七十弟子于壁间。"《后汉书·西域传》记载有佛画像的事迹:"世传明帝梦见金人,长大,顶有光明,以问群臣。或曰:'西方有神名曰佛,其形长丈六尺而黄金色。'帝于是遣使天竺问佛道法,遂于中国图画形像焉。"《三国志·魏书·仓慈传》注:"汉桓帝立老子庙于苦县之赖乡,画孔子象于壁。"在汉代的许多画像,尤其是山东、南阳等地的画像中,常见这些古帝、圣贤等人物题材。

其三,画当时功臣、贤士、列女者,以彰其德。《后汉书·二十八将传论》:"永平中,显宗追感前世功臣,乃图画二十八将于南宫云台。"《汉书·赵充国传》:"初,充国以功德与霍光等,列画未央宫。"《后汉书·胡广传》:"熹平六年,灵帝思感旧德,乃图画广及太尉黄琼于省内,诏议郎蔡邕为其颂云。"《后汉书·列女传》:"孝女叔先雄者,犍为人也。父泥和,永建初为县功曹。县长遣泥和拜檄谒巴郡太守,乘船堕湍水物故,尸丧不归。雄感念怨痛,号泣昼夜,心不图存……乘小船于父堕处恸哭,遂自投水死。……郡县表言,为雄立碑,图象其形焉。"此类内容的画像,在已发现的汉画像中,也多常见。

其四,祛魔避邪图像。古代祛魔多用狰狞可怖之怪物,使邪鬼惧怕逃离。如周代方相氏,蒙熊皮,黄金四目,玄衣朱裳,执戈扬盾。汉代根据《山海经》的传说,立二桃人于门户以驱邪,又画神荼、郁垒以御鬼。此类大傩驱鬼的图像,也为汉画像中的常见题材之一。民间信仰与官方推行意识形态又有所不同，所以有些画像的内容并不见文字记载，有的则记载简略，而在汉代的图像志中则是较为普遍的。如汉画中所见到的一些来自《山海经》及民俗信仰中的怪物等，从史书中很难考证其来源，只能从民俗信仰的角度来确定其象征内涵。

中国先秦时期审美的意识是具有神话思维性质的。人们把对宇宙的感觉和幻想，通过所创造的神话、语言与艺术表现出来。语言、文字、艺术等符号性的活动，是人掌握自然和把握自然的基本力量。卡西尔认为，人能发明、运用各种符号，所以能创造出他自己所需要的理想世界。"符号思维和符号活动是人类生活中最富有代表性的特征，并且人类文化的全部发展都依赖于这种条件。""在语言、宗教、艺术、科学之中，人所能做的不过是建设他自己的宇宙——一个……符号的世界。"[43]同时，卡西尔认为，只有在艺术领域，形象和意义之间的对立才得以解决，因为只有在审美意识中形象才得到承认，将自己完全奉献给纯粹沉思的审美意识，最后终于达到象征表达的纯粹精神化状态，以及最高的自由境界。朗格认为，符号是人类把握世界的能动方法。艺术就是人类情感的符号化。李泽厚曾引用克莱夫·贝尔的"有意味的形式"来论证中国陶器纹饰中抽象的、符号的意义。[44]但"意味"不仅是社会性的积淀，而且符号本身就构成了一个世界。符号一旦形成便自我构成一个系统。符号审美的价值并不在符号以外的自然、社会，而就在符号本身的象征性上。简·布洛克说："我们通过象征符号的中介来考虑事物，象征符号因此也就获得了自己的生命。""这就意味着在原始艺术中艺术象征符号并不仅仅指代一种独立的实在，在很大程度上它就是那种实在。"[45]人类只能通过象征符号的中介来表达。在艺术中，离开了象征符号就无法理解所象征之物。但这并不意味着象征符号是受制于外物的，象征更多的是一种隐喻与替代，特别是那些神秘的、形而上的、道德性的事物的符号传达，只能是隐喻象征的。

人的本质性的规定就是人是采用象征的符号来掌握世界。人类的知识不是一个逻辑的建构，而是一个实践的创造，在客观化的行为模式中创造一个符号的世界来加以象征。因此，文化就是象征性的。不同的文化类型，只是这一象征不同层面的展开。但文化总是具体性的，各时代和各民族文化有很大的不同，象征便有了多种多样的表现形式和表现方式。"象征，是中国文化中最为普遍但又未被充分重视和理解的文化现象之一。"[46]为了促进研究的深入，中国学者翻译介绍了一些西方人论述文化象征的著作。[47]从这种象征研究中我们看到，这些著作主要是对东西文化中的具体的文化符号、图像、图形，进行文化的阐释。如一些符号的意义远远大于我们所了解的内涵，于是便需要对它进行象征的研究，以确定其内涵，使隐喻的意义得到揭示。

文化象征来源于极古老的文化传统，远古的巫术、神话、仪式、宗教、民俗、信仰，往往是文化象征的源头。中国审美文化一个很大的特点就在于它的象征性，了解中国文化首先就是要从人类大量的历史材料中去梳理出一条象征符号的线索，从知识的考古学方面来确定其象征内涵。美国加利福尼亚大学教授W.爱伯哈德著有《中国文化象征词典》一书，作者对中国文化象征的符号进行了知识的考古，以揭示中国文化象征的内涵。书中引用了费迪南德·莱森的观点：中国人的象征语言，以一种语言的第二种形式，贯穿于中国人的信息交流之中；由于它是第二层的交流，所以它比一般语言有更深入的效果，表达意义的细微差别以及隐含的东西更加丰富。[48]

中国文化象征内涵丰富,但研究是远远不够的。前文从"铸鼎象物"的审美观入手,分析了汉以前图像象征的传统,追溯了汉代图像象征的由来,下文将对汉画像的象征世界进行论述。

注　释

[1]　[法]米歇尔·福柯:《知识考古学》,谢强、马月译,生活·读书·新知三联书店1998年版,第179页。

[2]　[法]米歇尔·福柯:《知识考古学》,谢强、马月译,生活·读书·新知三联书店1998年版,第3页。

[3]　[法]米歇尔·福柯:《知识考古学》,谢强、马月译,生活·读书·新知三联书店1998年版,第6页。

[4]　参见[苏]B. A.伊斯特林《文字的产生和发展》,左少兴译,北京大学出版社1987年版,第27页。

[5]　[瑞士]费尔迪南·德·索绪尔:《普通语言学教程》,高名凯译,商务印书馆1980年版,第51页。

[6]　[德]黑格尔:《美学》第二卷,朱光潜译,商务印书馆1979年版,第73页。

[7]　[法]雅克·德里达:《论文字学》,汪堂家译,上海译文出版社1999年版,第34—35页。

[8]　(汉)许慎:《说文解字》,中华书局1963年版,第316页。

[9]　金克木:《艺术科学丛谈》,上海三联书店1986年版,第88—89页。

[10]　[德]黑格尔:《美学》第二卷,朱光潜译,商务印书馆1979年版,第69页。

[11]　The eighth volume of The Collected Works of C. G. Jung, The Structure and Dynamics of the Psyche, Published by Princeton University Press in 1969.

[12]　姜亮夫著,姜昆武校:《古文字学》,浙江人民出版社1984年版,第68—69页。

[13]　徐中舒:《殷人服象及象之南迁》,载《国立中央研究院历史语言研究所集刊》第二本第一分,1930年5月。

[14]　[法]雅克·德里达:《声音与现象》,杜小真译,商务印书馆1999年版,第131页。

[15]　吕思勉:《文字学四种》,上海教育出版社1985年版,第61页。

[16]　唐兰:《在甲骨金文中所见的一种已经遗失的中国古代文字》,《考古

学报》1957年第2期。

[17] Jack Tresidder, *Symbols and Their Meanings*, Duncan Baird Publishers, 2000, p.162.

[18] David Fontana, *The Secret Language of Symbols*, Duncan Baird Publishers, 1993, pp.299-302.

[19] 《闻一多全集·甲集》，第118—119页。

[20] 苏勇点校：《易经》，北京大学出版社1989年版，第91—92页。

[21] 叶朗：《中国美学史大纲》，上海人民出版社1985年版，第73、76页。

[22] 王振复：《周易的美学智慧》，湖南出版社1991年版，第168页。

[23] 参见王振复《周易的美学智慧》，湖南出版社1991年版，第170—171页。

[24] 张岱年：《中国古典哲学概念范畴要论》，中国社会科学出版社1989年版，第107页。

[25] 参见束景南《中华太极图与太极文化》，苏州大学出版社1994年版。

[26] 参见[美]张光直《商周青铜器上的动物纹样》，《考古与文物》1981年第2期；《中国青铜时代》，生活·读书·新知三联书店1983年版，第313页；《美术、神话与祭祀——通往古代中国政治权威的途径》，郭净、陈星译，辽宁教育出版社1988年版，第43页。

[27] 参见朱存明《灵感思维与原始文化》，学林出版社1995年版，第204—205页。

[28] 参见朱存明《中国的丑怪》，中国矿业大学出版社1996年版，第19—59页。

[29] 王兴华：《中国美学论稿》，南开大学出版社1993年版，第21页。

[30] 敏泽：《中国美学思想史》第一卷，齐鲁书社1987年版，第33页。

[31] 参见饶宗颐《澄心论萃》，上海文艺出版社1996年版，第266页。

[32] （清）孙诒让撰，王文锦、陈玉霞点校：《周礼正义》第八册，中华书局1987年版，第2200—2222页。

[33] 参见容庚《商周彝器通考》，《燕京学报专刊》1941年第17期。

[34] 参见王家树《中国工艺美术史》，文化艺术出版社1994年版，第66页。

[35] 马承源主编，陈佩芬等编撰：《中国青铜器》，上海古籍出版社1988

年版，第336页。

［36］参见［美］艾兰《早期中国历史、思想与文化》，杨民等译，辽宁教育出版社1999年版，第289页。

［37］参见［英］艾兰《龟之谜——商代神话、祭祀、艺术和宇宙观研究》，汪涛译，四川人民出版社1992年版。

［38］王兴华：《中国美学论稿》，南开大学出版社1993年版，第21页。

［39］（宋）洪兴祖撰，白化文等点校：《楚辞补注》，中华书局1983年版，第85页。

［40］参见杜石然等编著《中国科学技术史稿》（上册），科学出版社1982年版，第59页。

［41］参见谢崇安《商周艺术》，巴蜀书社1997年版，第108页。

［42］林树中、王崇人主编：《美术辞林·中国绘画卷》（上），陕西人民美术出版社1995年版，第41页。

［43］［德］恩斯特·卡西尔：《人论》"中译本序"，甘阳译，上海译文出版社1985年版，第8页。

［44］参见李泽厚《美的历程》，文物出版社1981年版，第27页。

［45］［美］简·布洛克：《原始艺术哲学》，沈波、张安平译，上海人民出版社1991年版，第272—273页。

［46］居阅时、瞿明安主编：《中国象征文化》"导论"，上海人民出版社2001年版，第1页。

［47］翻译介绍过来的"文化象征"著作有：《世界文化象征辞典》编写组《世界文化象征辞典》，湖南文艺出版社1994年版；［美］詹姆斯·霍尔《东西方图形艺术象征词典》，韩巍等译，中国青年出版社2000年版；［德］汉斯·比德曼《世界文化象征辞典》，刘玉红等译，漓江出版社2000年版；［美］W.爱伯哈德《中国文化象征词典》，陈建宪译，湖南文艺出版社1990年版；［英］杰克·特里锡德《象征之旅：符号及其意义》，石毅、刘珩译，中央编译出版社2001年版；［英］戴维·方坦纳《象征世界的语言》，何盼盼译，中国青年出版社2000年版。

［48］参见［美］W.爱伯哈德《中国文化象征词典》"导论"，陈建宪译，湖南文艺出版社1990年版，第3页。

第三章 汉画像的宇宙象征主义

汉画像是由一系列图像、符号及其象征、隐喻的内容所组成的，其内在的结构可以从两个方面来理解。一是指世界的构造及其形式在人心中的呈现。人的生命存在总依附于自然环境，时间空间是其存在的基本形式，对世界的理解和形象的呈现，就构成人赖以存在的基础，所以汉民族从古到今都注重人在宇宙中的地位，并以此作为安身立命的根本。二是指作为有灵性的生命体，外在世界又必须转化为文化中的知识才能为人所理解和掌握，因此建立在自然之道上的知识体系是人文创造的另一世界，它表现为人的语言、符号、图式。世界与心灵相遇，通过人的直觉、符号、意识和无意识达成一种隐喻的象征表现，构成了中国文化的根基与审美的根基。汉画像是汉民族集体无意识的图像呈现，表现为一种宇宙象征主义的图式。

　　汉画像审美的根源是符号性的隐喻象征。这一宇宙象征主义的图式，上接混沌未开的初民社会，下达现代人无意识的根柢，沟通了神话思维的怪诞无稽与现代科学技术的结构模式。它不仅表现为人对现实世界的生活图景，而且表现为人对死后世界的理想建构，由神话、巫术、宗教，而走向一种审美的幻象。

　　宇宙象征主义发轫于人和宇宙的关系，是人对外在世界关系反思的结果，根底却在人的社会关系上，宇宙的秩序只是人的社会秩序的象征表现。在汉画像中则表现为一种"天地相通"的巫术观、"天人合一"的哲学观、"天人感应"的历史观、"君权神授"的政治观、"尊天听命"的命运观、"不死升仙"的宗教观、"天遣祥瑞"的吉凶观、"天道自然"的审美观，等等。汉画像艺术的宇宙象征主义具体表现在宇宙形态论、宇宙生成论、漫漫升仙路等诸多方面。

一、宇宙形态：天圆地方

汉画像属于黑格尔所说的象征型艺术，它表现了汉民族源于远古神话时代的民族集体无意识，构成了民族的心理原型。给宇宙一个固定的模式，并按这一模式的演变来生存，是人类原始文化的表现。中国古代文化表现为宇宙象征性，就是一个必然的选择。人类对宇宙的兴趣与生俱来，而且经久不衰。千万年以来，对宇宙的言说一直是人类最激动人心的事件。在理解宇宙象征主义的时候，米尔希·埃利亚德[1]的理论给我们以极大的启示。他把宗教视为一种象征文化。他认为世界上有两种存在物，一是世俗的，一是神性的。神性是与世俗相对立的，宗教崇拜就是与神性打交道。他说："当一棵树成为一种崇拜物时，它就不再是一棵受崇拜的树了，而是一个圣物，是神性的一种体现。"[2]我们在汉代的画像艺术中看到这种神圣性，每一种图像都有宗教信仰的背景，归根结底都有"象征的"含义，因为每个图像中的符号都有超验的价值观念隐喻其中。

埃利亚德描述了宗教象征文化的一般特点。他把象征符号定义为，其作用是"暗示了超过自身的含义"，从而揭示了一种更基本和更有意义的现实。宗教象征就是它的多义性，一个象征符号可能同时表达几种含义。象征符号基本上揭示的是一种宇宙结构的构成，所以在直接经验这个层次上是不可能认识这种结构的。象征符号所揭示的世界是一个活的世界的整体，在这种揭示过程中，象征符号也在不断充实自己，使之更具活力。这不是一个用理性知识进行思考的问题，而是一个"直接知觉"的问题，因为象征符号的"逻辑"表明，它自己是"自成体系的认识方式"。因此，宗教的象征是一种宇宙的象征论。也就是说，象征符号发挥一种统一的功能，通过宗教象征"把杂七杂八的现实世界统而合一"，就被纳入一个统一的体系中，这一体系就具有了宇宙象征的意义。在这一体系中，不仅可以容纳合理的、有秩序的事物，甚至连各种怪异的、矛盾的、邪恶的事物都在这一宇宙统一的整体中得到表达和综合。埃利亚德指出，通过用宇宙论的语言表达人类状况和存在活动，人类的存在就有了意义。当人类被放置在这样一个宇宙的系统中，也就不会有一种"孤独"的感觉。

  汉代人就是生活在一种神圣化的宇宙之中，他们对世界有一种基本的态度。给世界一个基本的结构，并在生活的实践中再造一个类似的结构，把它作为安身立命的根本。[3]列维－斯特劳斯和道格拉斯对原始文化的研究也是建立在这种结构模式之上的。他们认为，古代人生活在一个活的宇宙中，人是活的宇宙的一部分，人与宇宙是一体的，不是分裂的、分化的和异化的。在资本主义产生以前，世界还没有"祛魅"，世界的结构就是一个巨大的象征体，是有生命的、有神性的存在物。

  这种对人类原始文化的象征考察，对汉画像的象征研究起到启示作用。汉代特别重视人在宇宙中的地位，天人关系一直是学术探讨的对象与政治信念的支撑。民俗中也充满宇宙的象征信仰。作为表现死亡的艺术,画像石、画像砖则表现了那个时代人的宇宙观。地上的祠堂画像是宇宙观的形象体现;地下的墓穴也是宇宙的象征表现。天文图、祥瑞图、升仙图,无不是在一个宇宙象征的模式中加以图式化的。

米尔希·埃利亚德的学生布鲁斯·林肯是芝加哥大学宗教史教授,他继承了老师的学术观点又有所发展。他探讨了死亡与丧葬的宇宙起源论,描述了人对天堂的想象、阴间的冥王以及死亡之河与摆渡死者的艄公。[4]

在远古,中国人把可以见到的天穹当作宇宙。人类对宇宙的认识是与人们对宇宙的观测和建立的知识结构相联系的。"宇宙"一词,在春秋战国时期已经被广泛使用。[5]汉代人的宇宙观,首先是怎样理解宇宙的形态问题。刘安主持编写的《淮南子·齐俗训》说:"往古来今谓之宙,四方上下谓之宇。"

"宇宙"的词义是建立在象征意义之上的。"宇"字原指屋檐。《易传·系辞下》曰:"上古穴居而野处,后世圣人易之以宫室,上栋下宇,以待风雨。""宇"泛指屋宇。[6]"宇"之古文即含有空间范围之意。这反映了古代人把建筑物看作宇宙象征的文化观念。[7]城市、房屋、祠堂、庙宇、坟墓,都有着宇宙象征主义的根源。

"宙"在古代有多层意思。《说文》:"宙,舟舆所极覆也。"《后汉书》卷二八引《苍颉篇》"舟舆所届曰宙"。《淮南子·览冥》:"而燕雀佼之,以为不能与之争于宇宙之间。"高诱注:"宇,屋檐也;宙,栋梁也。"[8]按扬雄的说法,天地未分时,只有宇没有宙,天地分开后,才有"宙"。宙指天地之间的时间,所以是有起点的。[9]东汉著名文学家张衡在《灵宪》中说:"宇之表无极,宙之端无穷。"他认为宇宙指超越可以观测的天体的无限。可以观测的天地是有限的，但不能说宇宙是有限的。可见宇指空间，空间是实在的，但无定处可求；宙指时间，时间是延长的，但无始终可说。这肯定了空间的实在性和时间的延续性，以及两者的无限性。

在中国古代，"宇宙"的概念有时是与"天地"概念相等的。地指人立足的大地，是由山岳平原和江河湖海构成的；天指人头上的含有日月星辰、风雨雷电的天体及广阔的空间。"宇宙"与"天地"概念的等与不等取决于人们对天地时空范围的认识。不过，中国古代宇宙论的主要内容仍是关于天地的理论。

中国古代人们总是把天穹当作宇宙，那时的宇宙学说，实际上只是人们对于天和地的看法。[10]但是，宇宙包含的时空内容并不是"天地"的概念所能完全包容的。天地更多的是一种直观的认识，宇宙则是一种理性的理解。对天地的认识是一个符号象征的过程。符号的确立，来源于人的直觉经验，以及对这种经验的象征表现。

在中国文化中，天地不仅是天文学研究的主要对象，也是古代哲学、美学探讨的主要课题，许多思想家、文学家都经常要谈天说地，如屈原的《天问》等。[11]这种对宇宙的追问，实际是对人自身的追问，不了解中国人的宇宙观，就不能了解中国文化的本质。

李约瑟说："对于中国人来说，天文学曾经是一门很重要的科学，因为它是从敬天的'宗教'中自然产生的，是从那种把宇宙看作是一部统一体，甚至是一部'伦理上的统一体'的观点产生的……这是从最早的时期开始就已贯穿在中国历史中的一条连续的线索。"[12]中国古代天文与人文总是相联系的，没有一门纯粹的自然科学性质的天文学，探讨天的问题，目的落在人事上。从西方科学主义的世界观来观察中国的天文学，就会产生许多误解，列维-布留尔就把《史记·天官书》的记载看成一种"原始思维"的表现。他根本不知道中国古代的农业文明与天文历法之间有多么重要的关系。现在的情况则有了很大的变化，法国的中国宗教史学家施舟人（K. M. Schipper）说："越来越多的西方年轻人，也包含一些年长者，却试图从中国文明中寻找解救今日西方文明诸多缺陷的方法。"[13] 他认为，西方的控制论和宇宙论都与中国思想有着至关重要的关系。如荣格的宇宙论，就借鉴了威尔海姆（Richard Wihelm）翻译的道家书籍，与中国哲学有着直接的关联。[14] 他研究《老子中经》认为，中国人的宇宙观"建立在人类自身的基础之上，通过想像人体内存在一个内宇宙，并以此观察天地境界的对象"。他设想，通过一些图片可以了解宇宙的景象，并提出："汉墓中出土的神明图，都可与《中经》进行比较的研究。遗憾的是，迄今为止这方面的工作尚未展开。"[15]

  天空给人们的印象是一个中部隆起、四周下垂的半球形，这就是天穹。太阳、月亮以及所有的行星，似乎都是在天穹上运行的。半球形天穹的最高点就是天顶。无论观测者处在何地，任何一个观测者都好像处在半球形天穹的球心，又是圆而平的地面的圆心，天顶始终位于他的头顶上。这就是天和地给予人的直觉印象。南北朝的敕勒族歌手斛律金所歌唱的"天似穹庐，笼盖四野"所描述的就是这样的印象。在我国古代，这种天地的印象被描述概括为"天圆地方"。表现在符号和图像上，便往往用圆和方作为宇宙模式的象征。汉代典型的墓穴往往做成上圆下方的形状，复杂一些的大型墓室的主室往往造成拱形的穹隆顶，是"天圆地方"宇宙论的表现。（图 3-1）

  天文考古学已经证明，墓穴再现"天圆地方"的宇宙模式，可

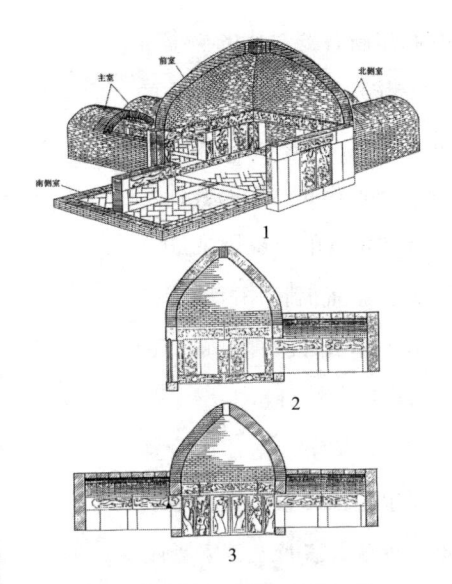

图3-1　河南邓州长冢店汉画像石墓
1.墓室透视图；2.南侧室门和北主室南壁；3.前室东壁和南北侧室隔墙。
墓室为上圆下方式，上为穹隆顶，是宇宙的象征。

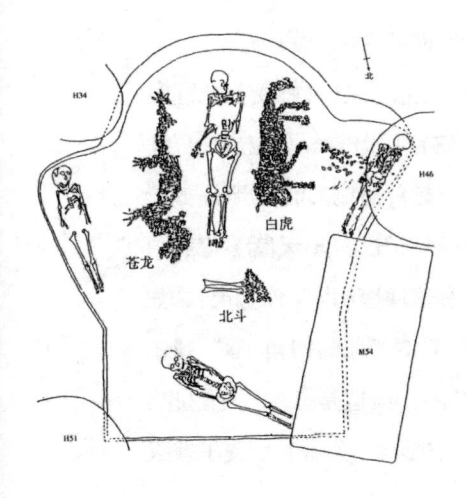

以追溯到遥远的古代。1987年6月，河南省濮阳市的西水坡发现了一座远古时期的墓葬，墓的平面作盖天图式（图3-2）。墓主骨架两侧发现用蚌壳精心摆塑的龙虎图案，在脚部发现两根人的胫骨。经研究，"这种奇特的墓穴形制，正是古老的盖天宇宙学说的完整体现"[16]。苍龙、白虎象征天象，同时龙虎又有沟通天地的功能，整个墓葬体现了人死后升天的原始信仰，其年代大约在公元前4400年。可见，汉画像中的龙虎图案以及升天的观念，有着极悠久的历史文化背景。20世纪80年代初期，在辽宁省建平县牛河梁发现了红山文化晚期的"积石冢"遗坛，其祭天的坛作圆形三环，祭地的坛作方形两环，也是古代宇宙观的形象体现。[17]列维－布留尔的《原始思维》认为，事物形状的相似，就属于可以产生交感巫术效应的事物。[18]

图3-2　河南濮阳西水坡45号墓平面图
此墓形制上圆下方，是古老的盖天宇宙观的象征表现。

第三章　汉画像的宇宙象征主义

另外，安徽含山凌家滩出土公元前 3000 年新石器时代的洛书玉版（图 3-3）也是天圆地方的象征。[19] 太湖流域发现的良渚文化中的大量的玉琮，作外方内圆，被看作一种宇宙的象征，是沟通天地的一种礼器。1978 年，湖北省随县擂鼓墩发现了公元前 5 世纪的曾侯乙墓，出土的漆箱星象图（图 3-4）被看作古人宇宙观的形象记录。[20]

战国末期和两汉时代，在宇宙论和天地观方面曾展开过热烈的讨论。公元 180 年前后，蔡邕在上皇帝的书中，总结了当时形成的三家学说。

> 言天体者有三家：一曰周髀，二曰宣夜，三曰浑天。宣夜之学绝，无师法。周髀术数具存，考验天状，多所违失，故史官不用。唯浑天者，近得其情。

周髀学派以后被称作"盖天学派"。盖天说是最古老的一种宇宙学说。《周髀算经》记载周公和商高的对话，商高提到"方属地，圆属天，天圆地方"。这反映了中国人极古老的宇宙观。[21]

"天圆"的看法根源于人对天穹的直观感受，这种感受只能通过比喻或象征来表达。所以有人用蛋壳、覆碗或用盖笠、车盖来加以比喻。关于"地方"的理解存在很大分歧。有人把地方看成地是方形的，并用棋局、豆腐块来形容大地。《大戴礼记·曾子天圆》记载单居离问曾参："天是圆的，地是方的，真有这回事吗？"曾参说："如果天是圆的地是方的，那么，圆的天就掩盖不了地的四角了。"曾子又说："我曾听孔老夫子说过，'天道是圆的，地道是方的'。"这里，"天圆地方"转化为一种人文意义的象征表现。[22] 实际上，关于盖天

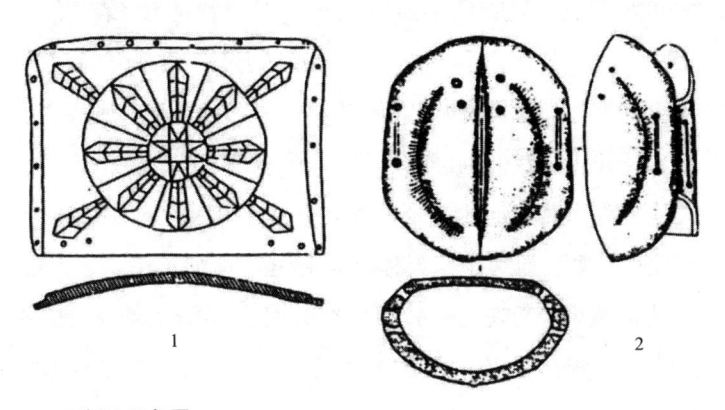

图3-3 玉版及玉龟图
安徽含山凌家滩出土，新石器时代。其八角纹表现了天圆地方，四方八方，具有洛书的性质。玉龟正是天地的象征。

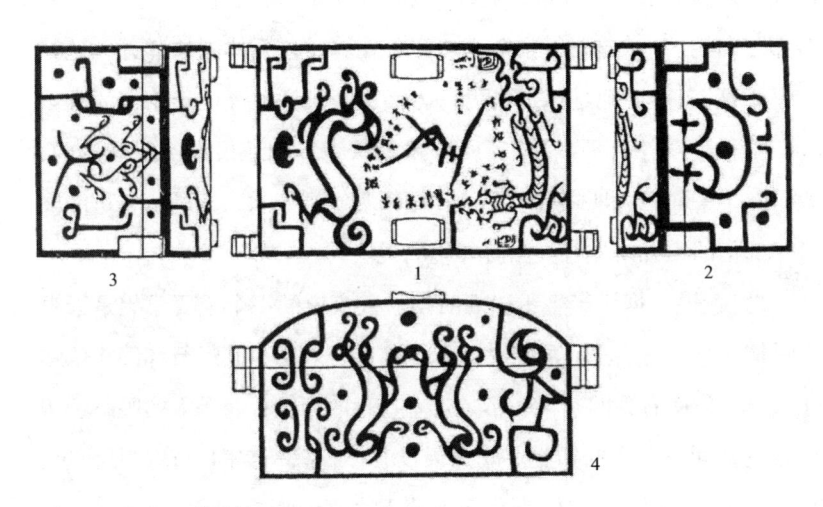

图3-4 曾侯乙墓漆箱星象图
1.盖面；2.东立面；3.西立面；4.北立面。

第三章 汉画像的宇宙象征主义

的种种隐喻的说法都是天的象征符号，天的形状是不好表达的，只好用语言的符号来传达，隐喻的结果总是发生错位，在喻体和被喻体之间有某些相同，但意义有时又是分离的。符号的能指与所指产生了位移。反过来思考，我们也可以把盖笠与车盖看成宇宙论中天的象征。

"浑天说"最完整地记录保存在张衡的著作中。张衡在《浑仪注》中说："浑天如鸡子，天体圆如弹丸，地如鸡子中黄，孤居于内。天大而地小。天表里有水，天之包地，犹壳之裹黄。天地各乘气而立，载水而浮。"他在《灵宪》中说："在天成象，在地成形。天有九位，地有九域。天有三辰，地有三形。有象可效，有形可度。情性万殊，旁通感薄，自然相生，莫之能纪。……过此而往者，未之或知也。未之或知者，宇宙之谓也。宇之表无极，宙之端无穷。天有两仪，以舞道中，其可睹，枢星是也，谓之北极。在南者不著，故圣人弗之名焉。"一方面，张衡说"浑天如鸡子，天体圆如弹丸，地如鸡子中黄"，表明地是球形；另一方面，他又说"天体于阳，故圆以动；地体于阴，故平以静"。所以张衡认为，大地根本不是球形的，而是一个平面。大地之所以不坠，是因为它浮于水，这种解释可能渊源于邹衍的大九州外有大瀛海环绕的说法。

"宣夜说"据说产生于殷商时期。宣夜说的一个重要思想是天没有质体，日、月、星、辰自然地悬浮在虚空之中，其运行和静止依赖于气。人们所看到的苍天，不是带有苍色的天体，而是人的眼睛远望带气的空间所产生的错觉。既然天没有体，只是空间，日、月、星、辰就"无所根系"，它们为什么不掉下来呢？那是因为有气承托着。东汉初王充在《论衡》中批判过"天了无质"和"日月之行，不系于天，各自旋转"的观点。

中国古代的宇宙论，以论天三家影响最大。盖天说出现最早，在汉以前占统治地位，在神话传说、文艺作品、汉画像中有相当多的表现。浑天说出现于汉代，其萌芽也可以追溯到先秦，它的天地模式与现代球面天文学相类似，它基于人的直觉观察而建立一套象征模式，这一套象征模式能被实验证明，并能预告日食、制定历法。但浑天说也是建立在人为建构的一个虚拟体系上的，只是人实践经验的知识建构。中国古代的宇宙论，不只是一个纯自然科学的概念和范畴，还是人文科学的一个对象。天地的认识直接与人生紧密联系在一起。我们提出的中国古代的宇宙象征主义就是建立在这样一种人文科学基础之上的。中国早期天文观带有强烈的政治色彩，当天盖与地舆分离后，天地之间的联系则靠巫觋这类人物来完成。河南濮阳西水坡的图像说明，在公元前四五千年前，人是怎样把自己的墓穴做成宇宙象征图式的。在《国语·楚语下》和《山海经》等古籍中，记载有群巫通天的事。人死后的世界是人对生前宇宙的模拟，人的灵魂借灵物而升天，生前人靠通天权的独享而获得政治地位，死后也要居住在宇宙的中央。

上古时代的天有两重意义，一是指有人格的上帝，一是指与地相对的天空。那时的人认为天是有意志的，人的行为应该向天学习，出于"敬顺昊天""法天则地"的观念，中国自商周以来即有"制器尚象"的传统。所谓"制器尚象"，就是依照天地的形象来制造各种器具或建筑物，体现了一种宇宙象征主义的文化观念。如古代礼制中的"明堂"就是宇宙象征型的。[23]正如《三辅黄图》所说，明堂是"顺四时，行月令，宗祀先王，祭五帝"的神圣空间，它的形状"上圆下方"，是仿照宇宙的样子设计的。它是埃利亚德所论述的那种神圣空间的典型代表。

我们对汉代墓室的形制进行研究就会发现，汉代的那些因夯筑而得以残留的封冢遗址以及更晚的穹隆顶墓室结构都是天圆地方观念的直观反映。汉代墓室建筑几乎没有完全一样的，但进行分类归纳，墓室及其画像是汉代人生死观和宇宙观的体现。像人类历史上的其他宗教艺术和祭祀艺术一样，汉画像石是一种因循性和传承性非常强的艺术，在其存在和发展的二百余年间，尽管题材的种类和数量不断增加，但从其本质意义和其所表现的宇宙范围来看，可以说从始至终绝少变化。这是因为，"汉画像石并不是一种自由创造的艺术，它是严格按照当时占统治地位的儒家礼制和宇宙观念刻在石结构墓室、石棺、祠堂和墓阙上的"[24]。

这种象征不仅表现在丧葬习俗中，而且还表现在其他事物中。如《周礼》还记载了圭形方以象地，璧形圆以象天，称"轸之方也，以象地也；盖之圆也，以象天也"。秦始皇陵出土的铜车马正是这样一个底方盖圆的样子。汉画像石中众多的车马出行图，也可见车底方上圆的形状。安徽阜阳双古堆汉墓出土的"六壬占盘"和"太一九宫占盘"都是由上下两块构成，上层的盘是圆形的，可以转动，分别标有北斗七星、二十八宿和九宫；下层的盘都是正方形的，标有二十四方位。这正是"天圆地方"宇宙观的体现。汉画像中的一些抽象的图案，如"十字穿环""莲花纹""柿蒂纹"等都是宇宙象征主义的符号性表现。其他的如系璧图、墓室穹隆上的顶心石等，都作内圆外方形，也是"天圆地方"宇宙观的符号体现。（图3-5、图3-6）

图3-5 莲花纹、顶心石图像
1.安徽宿州出土莲花图像;2、4.陕北绥德汉墓前室穹顶中央的顶心石图像;3.江苏徐州铜山苗山汉墓画像。

图3-6 四川泸州石棺柿蒂纹

二、天地生成

汉代人不仅重视天的形态,而且重视天地的生成。天地的生成是人的经验之外的事,人无法观察到天地的生成过程,因此它只能是理性思辨和天才想象的结果。《淮南子·天文训》曰:

> 天地未形,冯冯翼翼,洞洞灟灟,故曰太昭。道始于虚廓,虚廓生宇宙,宇宙生气,气有涯垠。清阳者,薄靡而为天;重浊者,凝滞而为地。清妙之合专易,重浊之凝竭难,故天先成而地后定。天地之袭精为阴阳,阴阳之专精为四时,四时之散精为万物。

《淮南子》认为,"道"的初始是"虚廓",也就是没有任何物质存在的虚空;由"虚廓"而生"宇宙";由"宇宙"而生"气"。"气"有清阳和重浊之分,清阳者聚而为天,重浊者,凝而为地;由于清阳之气易聚结,所以天先生成,而重浊者之气的凝结较难,故地后形成。

汉代人宇宙生成论是一种气论的哲学。这一哲学范畴源远流长,它来源于原始人的"万物有灵"崇拜。在《老子》中,它演化为一种宇宙生成论。《老子》曰:"道生一,一生二,二生三,三生万物。万物负阴而抱阳,冲气以为和。"

一般理解为,"道"产生了原始的混沌之气,一气分化为阴阳二气,阳气和阴气分别形成天和地,天地之气相冲和交感,形成世上万事万物。《老子》对此天地生成的气论多有描述:"道之为物,惟恍惟惚。惚兮恍兮,其中有象;恍兮惚兮,其中有物;窈兮冥兮,其中有精，其精甚真，其中有信。"

战国时期，《易传》又提出一种以"太极"为天地本原的天地生成论。《系辞上》曰："易有太极，是生两仪，两仪生四象，四象生八卦。"在这里，天地的本原是"太极"，由太极而生天地，由天地而生四时，由四时而生八大类事物。汉代人认为宇宙的生成是元气运行的结果，人的生命也是元气的结果。古人认为气是生命之源。《管子·枢言》："有气则生，无气则死，生者以其气。"《庄子·知北游》提出"通天下一气"的命题："生也死之徒，死也生之始，孰知其纪？人之生，气之聚也，聚则为生，散则为死。"董仲舒《春秋繁露·如天之为》曰："天地之间，有阴阳之气，常渐人者，若水常渐鱼也，所以异于水者，可见与不可见耳，其澹澹也……是天地之间，若虚而实，人常渐是澹澹之中。"

在这种宇宙生成论学说的影响下，汉画像中常有"云气"的图像符号，象征阴阳二气或弥漫于宇宙之间的真气。《汉书·郊祀志》："文成言：'上即欲与神通，宫室被服非象神，神物不至。'乃作画云气车……"在山东嘉祥武氏祠前石室屋顶前坡东、西段画像中可以看到这种云气图。（图3-7）

先看东段画像。画面以横栏分割成上下四层。第一层，神人左向出行，前有三翼龙、三马首异兽、一羽人骑牛首异兽，后两神人乘云车、驾三鸟首异兽随行，左端一人执笏恭迎。第二层，右边刻伏羲、女娲相对，两侧有羽人侍奉，左边有形体各异的羽人和卷云。第三层，神人右向行：四羽人持幡骑异龙前导，一神人骑云车，御者驾三龙紧随，车后二羽人荷幡相从；右端一羽人持幡、一羽人跪，左向迎，下均缀云气。第四层，刻异兽、羽人和鸟首、龙首卷云及三冠服

第三章　汉画像的宇宙象征主义　099

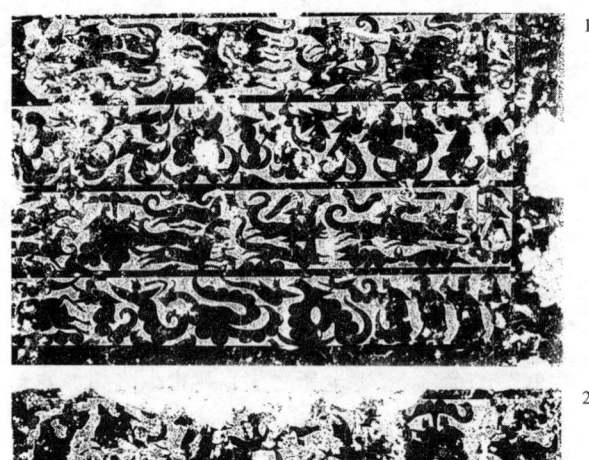

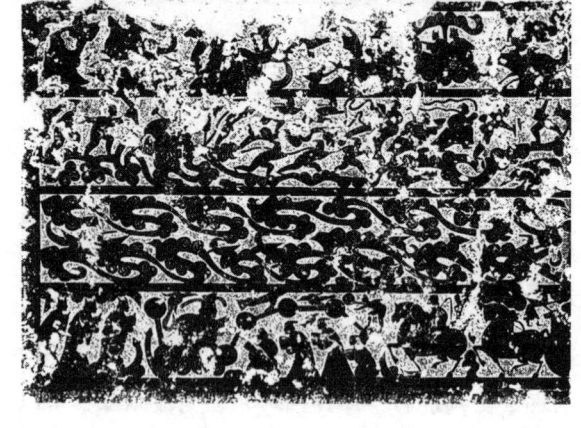

图3-7 云气图
山东嘉祥武氏祠前石室屋顶前坡画像
1.东段画像；
2.西段画像。

有翼左行的升仙人物。画面右边阴线刻羽人、白虎。

再看西段画像。画面以横栏也分割成上下四层。第一层刻仙人出行。仙人乘云车，驾异兽左向行，前后有羽人骑异兽导从，左端一人执笏恭迎，右边有风伯，乘云车、驾三鸟首异兽跟随。第二层刻雷神出行图。左边六童子拉鼓车右向行，车后二人推车，雷神坐于车上执槌击鼓；右边有电母执鞭、神女抱瓴和雷公执斧击打披发跪伏者。第三层，右端有风伯左向吹动两列鸟首、兽首和羽人身的勾连云气。

第四层刻北斗星君出行图。画面的左边阴线刻羽人戏青龙。

这里的天界神人，都笼罩在云气之间。云气的象征意义是明显的。汉代人认为，气为天地万物的本原，有"元气"才有万物。人的生命来自元气，人死了就没气了。人的精神和人的灵魂，都是气的表现形式。王充《论衡·论死篇》曰："人未生，在元气之中，既死，复归元气。元气荒忽，人气在其中。"武氏祠前石室顶前坡东、西段画像中的这种云气图是汉代这种天地观的符号象征。

河南永城芒砀山柿园汉墓也发现了"云气画"。（图3-8）该墓的棺床室四壁及顶用泥涂平，在主室西三分之一部分顶部及南、西壁上绘有面积约30平方米的彩色壁画，在壁画的四周边框及龙虎图像的周围绘有大量的云气纹、缭绕的装饰图案，被确定为《汉书》记载的"云气画"。[25] 这种云气图像，在陕北榆林、绥德、神木大保当的画像中也常见。其画像围绕墓门展开，门上有日月星辰、神灵仙界，左右门柱上有奇禽异兽、仙草树木，往往有云气缭绕其间，贯通天地。（图3-9）

图3-8　安徽芒砀山西汉梁王墓主室顶部四象图

图3-9 陕西神木大保当汉墓墓门图像

　　气又可以分为阴阳二气,《老子》曰:"万物负阴而抱阳,冲气以为和。"这说明阴阳二气相交便可产生万物。《系辞上》曰:"一阴一阳之谓道。"《说卦》云:"立天之道曰阴与阳,立地之道曰柔与刚,立人之道曰仁与义。"韩康伯注:"在天成象,在地成形,阴阳者言其气,刚柔者言其形,变化始于气象而后成形,万物资始乎天,成形乎地,故天曰阴阳,地曰柔刚也。"战国末年的邹衍以善谈阴阳被称为阴阳家。汉代的董仲舒将阴阳学说纳入自己的思想体系,建立了一套阴阳哲学。汉画像受到这种阴阳观的影响,往往用一些图像加以象征性的表现,如伏羲女娲交尾图等。

　　对人来讲,人活着是一切问题的出发点,生命总表现为宇宙中的生命，具体来说人生存在天地之间。因此，对天地的认识就是人类一个永恒的话题。人的生存受制于自然，白天昼夜的转换、一年四季的交替对人类来讲都是至关重要的。日月星辰的变动、风雨雷电的变化，与人的生命息息相关。汉代人认识到了天的这种奉养属性，所以把天的地位看得很高。《易传》曰："天地之大德曰生。"天的奉养属性在于它的四序分明，生养万物，给人带来惠利，这样才能对人构成生活的价值。人仰观象于天，俯观法于地，靠自己的能力创造了一个象征符号的世界，在创造符号的过程中，再现宇宙的形态是一个最根本的认识冲动。汉代人认为天不是一个纯自然性的天，天文和人文又是相对应的，天还有道德的属性。《黄帝内经·素问》曰："善言天者，必应于人；善言古者，必验于今。"《汉书·董仲舒传》曰："天人之征，古今之道也。"古人观察到自然的和谐有序，认为人的礼仪也应与天的秩序异质同构。

《乐记》认为乐能够反映天地和谐相生，人的礼义是与自然的秩序相连的，天人同构就产生美。[26] 宇宙是自然的，对宇宙的言说则是人文的。存在只能通过人来表现它自身。当人们的视野从实用的功利中脱离出来以后，人对天地的看法就具有了审美的属性。

早在先秦，庄子就极力歌颂天的大美。《庄子·天道》曰："夫天地者，古之所大也，而黄帝尧舜之所共美也。"《庄子·知北游》曰："天地有大美而不言，四时有明法而不议，万物有成理而不说。圣人者，原天地之美而达万物之理，是故至人无为，大圣不作，观于天地之谓也。"

汉代人称赞天地时，实际上包含有审美的意义。《淮南子·泰族训》说："见日月光，旷然而乐，又况登泰山、履石封，以望八荒，视天都若盖,江河若带,又况万物在其间者乎?其为乐岂不大哉!"对天地之美的观照和欣赏是人生一大享受。《易传》曰:"悬象著明莫大于日月。"对古人来讲,日月运行就是一种大美。张衡在《灵宪》中极力赞美天的这种大美:"天以顺动,不失其中,则四时顺至,寒暑不减,致生有节,故品物用生。地以灵静,作合承天,清化致养,四时而后育,故品物用成。凡至大者莫如天,至厚者莫如地。"在董仲舒的"天人感应"学说中,对天的审美属性也做了大量的发挥,《春秋繁露·王道通三》曰:"仁之美者在于天。天,仁也,天覆育万物,既化而生之,有养而成之。事功无已,终而复始。""天地之行美也",在于"不阿党偏私,而美泛爱兼利",是一种"中和"之美。后来刘勰在《文心雕龙》中把这种天文地文之美作为人文之美的本原,极力赞颂这种大美。

在汉人的眼中,天地是完美无缺的典型代表,人们对它的崇拜就上升到一种类似宗教的地位。在图像中再造一个宇宙模式,以寄托自己的理想追求就成了时代精神的表现。

三、漫漫升仙路

扬雄在《法言》中说:"有生者必有死,有始者必有终,自然之道也。"人是有反思能力的人,死在人的思考中占有极大的位置。人虽然不知道自己什么时间会死,却能确信自己会死。别人的死是可看见的一个事件,它只确定了人自己也会死的信念。但人又有生的本能来排斥死亡。[27] 于是人类形成了种种丧葬的习俗、灵魂的信仰、祖先的崇拜、永生的追求。但在民族的信仰中死亡则转化为一种文化,通过一系列仪式的象征符号，来表现人的宇宙观念。

根据"二元对立"的观点，人们相信死后也有一个世界，生界和死界才构成一个完整的宇宙。《列子·天瑞》说："死之与生，一往一反。故死于是者，安知不生于彼？"但死后的世界只能是一个幻境，是人的生存的现实世界的一个摹本。在佛教和基督教的天堂、地狱、上帝、轮回等观念没有进入中国以前，中国人更注重人在宇宙中的地位，在营造的一个个小宇宙的模式中生存。人们相信在自己所营造的宇宙图式中，掌握了无定数的命运之神。"万物本乎天，人本乎祖"，对死去祖先的崇拜就是中国文化的要义之一。

人喜生而厌死，但是死亡仍然要来临。为了摆脱死亡的恐惧，人幻想出一种不死的信仰，这就是升仙。在汉代画像中，有相当一部分是关于神仙和升仙的图画。这种图画存在于墓室、祠堂与棺椁等图像中。（图3-10）

汉代人把宇宙看成天圆地方，墓室图像都模仿这一图式；又根据宇宙生存论的"元气"说，往往在图像中刻画"云气"。但人们对宇宙的认识不是人认识世界的目的。宇宙只有成为人类生存的环境，并根据天地的自然之道而为人所利用时，宇宙论才对人生有意义。我们对升仙图的考察，就要放在

图3-10 山东沂南汉墓飞升的仙人

第三章 汉画像的宇宙象征主义 105

这个宇宙论的图式中,才能显示其巨大的价值。

人类对宇宙的认识和解说总离不开人的信仰,因为人的知识是无法达到彻底洞察宇宙奥秘的。人类社会的初期知识贫乏,他们把自己的生命力外化,建立了一个"万物有灵"的世界观,认为宇宙间一切物都是有灵性的或有灵魂的。于是,天就转化成了"天神"或"天帝",自然万物就演化成了"神灵",在人类的信仰中受到祭祀。中国古代没有创造出一个一神教的唯一的上帝,而是在个体生命的基础上创造了神仙的信仰和传说。这在《山海经》《楚辞》《庄子》等著作中都有所表现。在两汉的信仰中,神仙的信仰是极盛的,羽化成仙不仅是封建帝王、豪门贵族追求的目标,而且也成了平民百姓的理想愿望。

中国古代关于成仙的神话传说,有着宇宙论的根源。宇宙的图式有二维的和三维的,二维平面的图式便是太极、两仪、四象、八卦,是由"道"生出万事万物。三维的图式,便是有上下四方,垂直的宇宙表现为天、地、人。按照中国古代气论的哲学,天、地、人都是由气化生的,人的生命也是气化的结果。这种气的哲学,在中国古代称为"精"或"魂",或称为"精神"和"灵魂"。按照中国古代宇宙生成论,天是清气上升的结果,地是浊气凝聚的结果。因此,人的精气在人死了以后便可以分化,融入宇宙之气中。汉代人特别相信鬼神,认为人死后灵魂仍然存在,人的灵魂属于天,形骸属于地。《淮南子·精神训》曰:"圣人法天顺情,不拘于俗,不诱于人,以天为父,以地为母,阴阳为纲,四时为纪。天静以清,地定以宁,万物失之者死,法之者生。"《淮南子》认为,神仙家是顺应宇宙本体进行的修炼。天地是从混沌的虚无中产生的,人也是由阴阳二气所产生的,所以人要法天顺情，清净自守，炼气养神，才能长生。

按照汉代人的天地观，天上是诸神的世界。我们在《史记·天官书》中看到这种世界的描绘，那里简直就像地上的一个国家。[28]司马迁说："文史星历，近乎卜祝之间。"《天官书》所描绘的天不是自然的天，而是占星术中的天。天庭是人类社会的表现。

汉代人相信，人死了以后可以升入天上的仙界。葛洪《神仙传》注引《仙经》云："上士举形升虚，谓之天仙；中士游于名山，谓之地仙；下士先死后蜕，谓之尸解仙。"据此，升仙的路又是不同的。汉画像中多描写天庭的形象。如山东嘉祥武氏祠的几幅天庭画像，河南洛阳卜千秋壁画墓的天象图，四川出土石棺顶盖上的龙虎衔璧与牛郎织女天象图等。天界往往有主宰生死的大神西王母和东王公。羽化成仙是汉代人的真诚信仰，因为在人的眼中，只有鸟儿才能在天空自由飞翔，人要飞升，当然要生出羽毛。这是天仙。还有的图像，描绘的是昆仑山的仙界内容，东王公和西王母及其随从端坐在悬圃之上。[29]这里是天帝所居，仙人群集的昆仑之丘和增城九重，有"饮之不死"的丹水、"登之乃灵"的悬圃、"众帝所自上下"的建木，还有"不死树"等。（图3-11）

按汉代人的生死观，人死后形体要归为幽都、地府。我们在《楚辞·招魂》中看到幽都的描述，那里有"土伯九约""三目虎首"等妖怪。王逸注："幽都，地下后土所治也。地下幽冥，故称幽都。"地府就是黄泉之国，是死者的世界。在汉代的墓中，发现一些陶瓶和书铅券上有朱书和墨书的镇墓文，从中可以看到汉代人关于幽都、地府的观念。

罗振玉《古明器图录》中收录有朱书陶瓶，他说："东汉末叶，

图3-11 西王母及其随从

1.山东嘉祥洪山出土画像石;2.嘉祥宋山出土画像石;3.河南新野樊集出土画像砖。

死者每用镇墓文,乃方术家言,皆有天帝及如律令字,以朱墨书于陶瓶者为多,亦有石刻者,犹唐之女青文也。"[30]在许多镇墓文中,可以看到"为死人解谪"的话:"立冢墓之□,为生人除殃,为死人解谪。谨以铅人金玉,为死人解谪,生人除罪过。"

所谓"解谪",就是解除罪谪之意。汉代人认为,人死后精灵不灭,并转到彼岸世界。镇墓文写道:"生人上就阳,死人下就阴;生人上就高台,死人深自藏。""上天苍苍,地下茫茫,死人归阴,生人归阳,生人有里,死人有乡。"汉人认为不仅有阴间和阳间,而且阴间也有它的最高主宰。镇墓文中常提到"生人属西长安,死人属东太山"。《搜神记》曰:"胡母班死,往见泰山府君。"在汉代泰山是幽都。从墓葬制度考察,地下的幽都对人来讲是阴森、可怕、黑暗的,上天是光明的,因此汉人对死后世界的描绘是幻想一条升仙的路。

考察汉墓室画像、祠堂和棺椁画像后,我们可以描绘出一条升仙的路。人死后归土,在那儿肉体化为大地,但灵魂则是存在的。如果采用玉衣敛尸,可以保持尸体不朽,为灵魂找到寓所。人的灵魂乘车马出行,沿甬道进入地上的祠堂接受后人的祭祀,在祭祀以后踏上一条飞升的路。升仙的工具很多,代表性的有龙、凤、龟、龙车、鹿车等。(图3-12)在天上有天门,天门往往用"双阙"表现,天门前有守门的天神接应。天上有主宰生死的大神西王母和东王公,有奇禽异兽,有操不死药的羽人、玉兔、蟾蜍、三青鸟、九尾狐等,还有装满粮食

图3-12 升仙工具
1.河南南阳麒麟岗汉墓出土;
2.南阳市区出土;
3.南阳市区出土。

第三章 汉画像的宇宙象征主义

图3-13 四川简阳三号石棺"天门、太仓"画像

的"太仓"及摇钱树等。这些不过是人的食、色、性、财等欲望的符号表达，借升仙的信仰而象征性地表达出来。（图3-13）

从汉画像的图像志考察，升仙有三种样式：一是升天式，西王母是天界的主宰，她戴胜端坐在龙虎座上；二是登仙式，西王母及其随从安坐在昆仑悬圃之上；三是羽化成仙式，这是人生时的信仰，不经过死亡与入土，而是白日飞升。《抱朴子》说：仙有三等，上等肉身飞升，称"天仙"；中等长生不死，优游于名山海岛，称"地仙"；下等肉身不得不死，死后身心蜕化，永生于天上、仙山或"地下主"，称"尸解"。

根据以上研究，可以得出这样的结论：

象征是人类最古老、最基本的一种认识世界的思维方式，人的感性所见之物的表达必然是一种象征性的，无论是表达抽象的理念、概念，或者表达不可见的神秘之物，只有象征才能成为可能。人的本质是由符号象征性规定的，借符号与象征人类创造了文化。因此，象征不是技巧，而是本体性的，是人类的思维方式，也是交流的手段，以及人类情感表现的符号传达，又是人类智慧的结构和知识的体系。

这一结构体系既可以是理性的，更多的则是诗性的。

从总体上看，象征文化总表现为一种宇宙论的。硕大的、神秘的、不可知不好把握的宇宙，只有在象征的形式中才可以把握，以建立一种宇宙的法则，使无序的宇宙有序化，适应人类对自然变异无常的有序掌握。人在宇宙中安身立命，给弱小的生命以生存的力量，给变化的命运以不变的定数，给无常的人生一个存在的形式，使不可知的时间空间变成可知的、可以触摸的事物。宇宙的象征实际上是社会象征的象征表现。因为，与变化无常的社会相比，宇宙的变化是细小的，不变的宇宙的象征模式，只是社会秩序的一个原型结构。社会的运行、权力运用、个人的位置，只有在一个类似宇宙的模式中才能得到一个复制的镜像，借此来巩固人类社会的结构模式。

宇宙的、社会的象征，实际上又是人的象征的表现。因为人的存在首先是一个生命的存在，生命的存在依托肉体的存在，人的存在的条件是每个个体存在，个体的存在又是一个自我意识的存在，人只能按自我意识和自我肉身来想象世界和理解世界。因此，在象征文化中，往往是以人体的尺度作为象征的出发点和归宿。人的生命不是一个永恒的存在，只能在幻想中才可能有永恒的信仰和不死的假设，但人的死亡却是一个真实可观察和体验到的事实，这是所有神话象征、宗教象征、仪式象征的根源，不仅汉画像中的象征模式要如此理解，实际上这是人类文化的宿命的表现。

在象征文化中符号与图像有着重要的作用，是象征文化的深层部分。语言符号是自然在人身上的涌现，神话则是人自身本质力量外化幻想的产物，宗教是人的道德、价值的仪式化呈现，图像则是人与自然关系的直接形式。因此，对象征文化的研究，这四个方面起到重要的作用，构成了中国象征文化的原型结构。但原型并不是由生物的遗传性决定的，哲学人类学证明人是一个历史的、文化的、社会的、教育的、传统的存在物。[31]

中国文化是一种象征型文化，汉画像则是建立在宇宙象征主义之上的象征型艺术，我们只有把汉画像中的符号放在这个背景中才能理解其实质。

汉画像的存在无疑有着宇宙形态论的根据。汉代人把对宇宙的认识外化为建筑的图式，以便人能生活在一个稳定的时空中。人死后的墓穴、祭祀用的祠堂、装尸体的棺椁往往都模仿宇宙的形态。

注 释

[1] 米尔希·埃利亚德（Mircea Eliade），1907年生于罗马尼亚，早年研究哲学，1928年到印度，1933年以一篇论瑜伽的论文获布加勒斯特大学的哲学博士学位，后留校任教，1945年成为法国巴黎大学的客座教授，1952年成为芝加哥大学的"功勋教授"。他的代表作有《永恒回归的神话》（1955年，1959年以《宇宙与历史》重印）、《神圣的存在：比较宗教学的各种模式》（1958）、《瑜伽：不朽和自由》（1958）、《神话、梦与神秘物》（1960）、《隐喻与象征》（1961）、《神话与象征》（1969）等。

[2] [英]布赖恩·莫里斯：《宗教人类学》，周国黎译，今日中国出版社1992年版，第246页。

[3] 埃利亚德认为，宗教思想和原始文化都是以一种作为基础的结构性纲要为其特征的，这种纲要通过象征文化把存在的各个方面都结合进一个宇宙论的整体之中。他说："我们可以称之为象征的思想，使得人类可以从现实的一个层次自由地移向另一个层次……象征符号把各种层次等同起来、一致起来和统一起来。"（[英]布赖恩·莫里斯：《宗教人类学》，周国黎译，今日中国出版社1992年版，第248页）

[4] 布鲁斯·林肯说："从一系列描述死者的经验和智慧如何不是永远归于遗忘，而是以记忆的形式返回生活的想象中，我得到了慰藉。""因为，研究死亡标志着是人皆有死的事实所唤起的一种普遍的慈悲心。"（[美]布鲁斯·林肯：《死亡、战争与献祭》"作者自序"，晏可佳译，上海人民出版社2002年版，第2—3页）

[5] 《庄子·齐物论》云："旁日月，挟宇宙。"《庄子》文本对"宇宙"一词未有解释。《释文》引《尸子》云："天地四方曰宇，往古来今曰宙。"另外，《文子·自然》篇解释宇宙之义时也说："四方上下曰宇，往古来今曰宙。"

[6] 《楚辞·招魂》"高堂邃宇，槛层轩些。"王逸注："宇，屋也。"《说文》："宇，屋边也。"引以为四境，界限。《左传·昭公四年》："或无难以丧其国，失其守宇。"杜预注："于国则四垂为宇。"

[7] 米尔希·埃利亚德论述世界、城市、房屋时讲道："神圣空间的仪式性

定向与构造具有某种宇宙起源论的价值；因为人类据以建构一处神圣空间的那种宗教仪式在它能够再现诸神的创造之功——宇宙的起源——这个范围中是很灵验的。"（[美]米尔希·埃利亚德：《神秘主义、巫术与文化风尚》，宋立道、鲁奇译，光明日报出版社1990年版，第27页）

[8] 《文子》《尸子》以"宙"指往古来今的全部时间，体现出时间的一维性和不可逆性。《庄子·庚桑楚》对于"宇"和"宙"提出了解释："有实而无乎处者，宇也；有长而无本剽者，宙也。"郭象注："宇者，有四方上下，而四方上下未有穷处。宙者，有古今之长，而古今之长无极。"（清）郭庆藩辑，王孝鱼整理：《庄子集释》，中华书局1961年版，第800—801页。

[9] 西汉扬雄《太玄·玄摘》云："阖天谓之宇，辟宇谓之宙。""阖天"指天地相合混沌未分，"辟宇"是指开天辟地。可见，扬雄把"宇宙"与"天地"概念相连。

[10] 参见金祖孟《中国古宇宙论》，华东师范大学出版社1991年版，第9页。

[11] 如荀卿的《天论》，淮南子的《天文训》，司马迁的《史记·天官书》，董仲舒的《天人之策》，王充的《谈天》《说日》，柳宗元的《天说》《天对》。

[12] [英]李约瑟：《中国科学技术史》第四卷，《中国科学技术史》翻译小组译，科学出版社1975年版，第1—2页。

[13] [法]施舟人：《中国文化基因库》，北京大学出版社2002年版，第19页。

[14] 参见[瑞士]荣格《东洋冥想的心理学——从易经到禅》，杨儒宾译，社会科学文献出版社2000年版。

[15] [法]施舟人：《中国文化基因库》，北京大学出版社2002年版，第109页。

[16] 冯时：《中国天文考古学》，社会科学文献出版社2001年版，第289页。

[17] 参见辽宁省文物考古研究所《辽宁牛河梁红山文化"女神庙"与积石冢群发掘简报》，《文物》1986年第8期。

［18］ 参见［法］列维－布留尔《原始思维》，丁由译，商务印书馆1981年版，第71页。

［19］ 参见安徽省文物考古研究所《安徽含山凌家滩新石器时代墓地发掘简报》，《文物》1989年第4期。

［20］ 参见谭维四《乐宫之王：曾侯乙墓考古大发现》，浙江文艺出版社2002年版，第105页。

［21］ 《吕氏春秋·有始》对盖天说有简要描述："极星与天俱游，而天枢不移。冬至日行远道，周行四极，命曰玄明。夏至日行近道，乃参于上。当枢之下无昼夜。白民之南，建木之下，日中无影，呼而无响，盖天地之中也。"公元265年左右，虞耸在《穹天论》中说："天形穹隆如鸡子，幕其际，周接四海之表，浮于元气之上。譬如覆奁以抑水，而不没者，气充其中故也。"

［22］ 祖冲之的儿子祖暅之在《天文录》中说："盖天之说，又有三体，一云天如车盖，游乎八极之中；一云天形如笠，中央高而四边下；一云天如欹车盖，南高北下。"

［23］ 汉代李尤《明堂铭》云："布政之室，上圆下方。体则天地，在国正阳。窗闼四设，流水洋洋。顺节行化，各居其房。春恤幼孤，夏进贤良。秋厉威武，冬谨关梁。"《初学记》引《大戴礼记》云："明堂凡有九室，一室而有四户八牖。总三十六户，七十二牖。以茅盖屋。"《淮南子·主术训》："明堂之制，有盖而无四方，风雨不能袭，寒暑不能伤。迁延而入之，养民以公。"

［24］ 信立祥：《汉代画像石综合研究》，文物出版社2000年版，第59—60页。

［25］ 参见河南省商丘市文物管理委员会等编著《芒砀山西汉梁王墓地》，文物出版社2001年版，第356页。

［26］ 《乐记》说："天尊地卑，君臣定矣；卑高已陈，贵贱位矣；动静有常，小大殊矣。方以类聚，物以群分，则性命不同矣。在天成象，在地成形。如此，则礼者天地之别也。地气上齐，天气下降。阴阳相摩，天地相荡。鼓之以雷霆，奋之以风雨，动之以四时，暖之以日月，而百化兴焉。如此，则乐者，天地之和也。"

［27］ 参见［美］诺尔曼·布朗：《生与死的对抗》，冯川等译，贵州人民出版

社1994年版,第8页。

[28]《史记·天官书》索隐云:"天文有五官。官者,星官也。星座有尊卑,若人之官曹列位。"正义引张衡云:"文曜丽乎天,其动者有七,日、月、五星是也。日者,阳精之宗;月者,阴精之宗;五星,五行之精。众星列布,体生于地,精成于天,列居错峙,各有所属,在野象物,在朝象官,在人象事。其以神著有五列焉,是有三十五名:一居中央,谓之北斗;四布于方各七,为二十八舍;日月运行,历示吉凶也。"

[29]《淮南子·地形训》记载有关于昆仑山完整的仙话二则,其一:"禹乃以息土填洪水,以为名山,掘昆仑虚以下地,中有增城九重,其高万一千里百一十四步二尺六寸。上有木禾,其修五寻,珠树、玉树、璇树、不死树在其西,沙棠、琅玕在其东,绛树在其南,碧树、瑶树在其北。旁有四百四十门,门间四里,里间九纯,纯丈五尺,旁有九井玉横,维其西北之隅,北门开以内不周之风。倾宫、旋室、县圃、凉风、樊桐在昆仑阊阖之中,是其疏圃。疏圃之池,浸之黄水,黄水三周复其原,是谓丹水,饮之不死。"其二:"昆仑之丘,或上倍之,是谓凉风之山,登之而不死。或上倍之,是谓悬圃,登之乃灵,能使风雨。或上倍之,乃维上天,登之乃神,是谓太帝之居。扶木在阳州,日之所曒。建木在都广,众帝所自上下,日中无景,呼而无响,盖天地之中也。"

[30] 罗振玉:《贞松堂集古遗文》卷十五。

[31] 参见[德]M.蓝德曼《哲学人类学》,彭富春译,工人出版社1988年版,第264—277页。

第四章
墓室、祠堂与棺椁画像的宇宙象征主义

一、墓室图像的象征论

中国的丧葬制度，也有着宇宙象征主义的传统，死者再现生者世界的做法在墓葬中得到了特别的运用，其中最显著的就是使墓穴呈现出宇宙的模式。《史记·秦始皇本纪》描述始皇帝嬴政封冢内"上具天文"，布列日月星辰，"下具地理"，江河山川环绕，造就的是天地宇宙的图式。这种现象最初见于身份较高的王侯贵族，因为中国古代的君权来源于"神授"，"天文学"实际上是一门官方的"占星学"，"天子"是代表上天在地下行使权力的。但随着时间的推移，礼制得到了破坏，庶民僭越，这种象征地位和权力的做法得到了众多的模仿，而转向了一种信仰。

从考古学发掘的资料看，这种象征图式在商代就已普遍存在了。商人用龟甲进行占卜，含有龟是宇宙象征的意义在内。龟的背甲像圆形的天盖，龟的腹甲类似于方形的大地，龟背上有花纹，犹如"天文"，龟的四肢便是支撑天盖的四根大柱子。因此，龟有天地之象。[1] 安徽凌家滩出土的带有宇宙象征图式的玉版就放在玉龟里，也是这种观念的表现。汉代经书中普遍流行"元龟衔符""元龟负书""大龟负图"的说法，竟然也有它的事实根据。[2]

商代人已经建立了一个符号象征主义的宇宙观。殷王要通过占卜和祭祀来确保他们逝去祖先的福佑，便把大地、宗庙、墓穴建成宇宙象征的图式。如把大地划成"四方"，东、西、南、北都是"禘"祭的对象和风的住所，[3]并由此推断出殷人心目中的土地是"亚"字形的，由"亚"来划分为天地、上界与下界（五方与六方）。在宗庙建筑中，殷代流行"亚"形建筑，从流传下来的氏族徽号中我们常常可以看到这种"亚"形结构的祖庙。阮元《金文诂林》卷十四说："古器作亚形者甚多，宋以来皆谓亚为庙室。"安阳发现的几座商王的大型墓道是"亚"字形的。这体现了一种宇宙象征主义的信仰。（图4-1）

著名宗教人类学家埃利亚德有丰富的著作论述古代宗教仪式中心象征说，中心是"最显著的神圣地带，是绝对存在物的地带"。通过这一中心点可以接近神灵，最终与神灵世界达到和谐。中国人称自己的国家是"中央之国"，便有这种神圣的意义。中国人古宇宙观中"地方"的观点，可能并不是指地是一个方形的平面，而是指所有对宇宙的看法都是基于一个个体观测的中心点

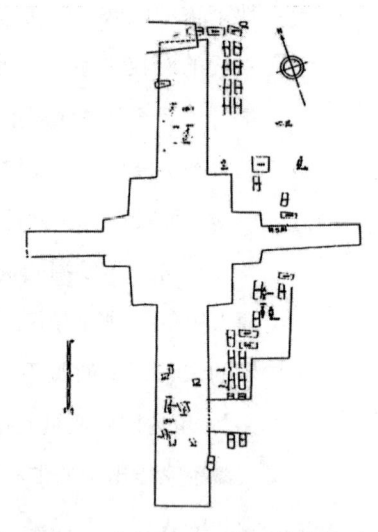

图4-1 商代的"亚"字形墓葬（侯家庄1001号大墓）

上，由于有太阳的升起与降落而生二元对立的东方与西方；有了东、西就意味着有南、北。有了东、西、南、北，就意味着有四个方向的中央。实际上每个个体都处在"中央"的地位，或立于环形之轴心。从美学上讲，这易取得和谐之感，从心理上暗示出"亚"形的成立。所以"地方"的观点，并不是指大地是正方形的，而是指每个人的脚下都可以分成四个方向。这不仅是一个物理的事实，也是一个心理的镜像。老子说："大象无形""大方无隅"，即表达了这种观念。我们从汉代流行的"十字穿环"图案和规矩镜的图像上，可以看到这种象征形式的面貌。

冯时在《中国天文考古学》中论述到中国古代的天文学与丧葬制度的联系，他说："中国古代的埋葬制度孕育着这样一种传统，死者再现生者世界的做法在墓葬中得到了特别的运用，其中最显著的就是使墓穴呈现出宇宙的模式并布列星图。"[4] 中国古代的那些残留的封冢遗址，以及穹隆顶墓室都是天圆地方观念的直观反映。具体讲，汉代墓室建筑及其画像则是汉代人生死观和宇宙观的体现。这里的宇宙观主要指，汉代人建立在"天圆地方"基础上对宇宙层次进行的不同划分。

首先我们可以在西汉时的画像中看到这种象征。如果找一幅典型的图像能代表汉代人的宇宙观的话，我们当推长沙马王堆1号汉墓出土的"T"形帛画。（图4-2）这幅非常著名的帛画，是1972年于长沙马王堆1号汉墓出土的，是长沙国相利仓妻子的"非衣"，属西汉前期（前175—前145）的绘画。战国时期有以死去人的上衣招魂的习俗，"T"形帛画因被认为是衣服外形的象征而被学术界称为"非衣"。

图4-2　湖南长沙马王堆1号汉墓"T"形帛画

　　把这幅画称为"非衣"也许是错误的，其"T"字形是神话宇宙观的象征表现。"T"形在甲骨文中是神示的"示"字，《说文解字》在"示"字下解释说："示，天垂象，见吉凶，所以示人也。从二；三垂，日月星也。观乎天文，以察时变。示，神事也。凡示之属皆从示。"段注："天悬象著明以示人，圣人因以神道设教。"古代的"示"为神圣的事物，凡与神灵有关的字，皆从"示"。其最早应是大石做成的祭坛，以后成为通神的象征物。"T"形帛画最上层，画日月相对，正是天象的象征表现。此帛画正应看作"天圆地方"宇宙观的表现。"T"形帛画上部比下部要宽得多，正是天庭的表现。

图4-3　长沙马王堆3号汉墓"T"形帛画

其左右两边有下垂的穗子,不正是"垂象""示人"的象征传达吗?这幅画的内容极其丰富,几乎涵盖了汉代早期人的宇宙信仰。

从这幅帛画发表以来,经过许多学者的大量研究,图像的内容已被基本搞清。"T"形帛画从上至下可以分为四个层次:最上一层画幅最宽,绘有日、月、星、辰和天上的诸神世界;第二层是死者死后灵魂已达到的昆仑山仙界,其以天门及守门神作为象征;第三层是画有祭祀死者场面的现实世界,画的是墓主生前的受谒图;第四层则画的是脚踏巨龟、双手托撑大地神怪的地下世界。长沙马王堆1号汉墓的"T"形帛画的宇宙象征图式并不是孤证,长沙马王堆3号汉墓也发现相同形状和内容的帛画。(图4-3)

这种"T"形帛画,民俗学中称为"幡",在为死者送葬时,由死者的儿子举着走在前面,与棺柩一起送入墓室,最后将它放在棺盖上,象征死者的灵魂沿此宇宙图式而升入仙界。

不仅"T"形帛画是宇宙图式的象征,放置尸体的棺材同样也是宇宙图式

第四章　墓室、祠堂与棺椁画像的宇宙象征主义

的象征。以马王堆1号汉墓出土的内外套合的四重漆棺为例,可以说明这种象征模式的存在,在第二重和第三重漆棺上绘有色彩艳丽、精美绝伦的漆画。第二重漆棺黑色的底漆上绘有极富流动感的仙禽神兽云气纹图像。第三重漆棺,在盖板处绘有左右对称的两组龙虎相对的图像,令人想起濮阳西水坡蚌塑龙虎图案;头部档板画着一幅由两只奔腾在云气中的神鹿所扶持的尖顶仙山,应是昆仑仙界的表现;足部档板画着一幅双龙穿璧图,与"T"形帛画中的二龙穿璧和其他的"二龙穿璧"进行比较可以看出,圆璧正是天的象征,双龙象征阴阳相交的神秘力量,龙是升天的神圣象征物,古籍中有许多记载乘两龙升天的神话传说。漆棺的右侧壁板上,整幅绘勾连云气纹;左侧壁板上,正中央是一座在云气中露出山顶的仙山,仙山左右两侧各有一条盘曲飞舞的巨龙,右侧的巨龙身上乘坐着一个裸身的怪神和一只形似孔雀的仙鸟,左侧的巨龙身上乘坐着一头似马非马、似虎非虎的神兽。根据汉画像的图像志研究,第三重漆棺的头档和左侧壁板上的漆画图像,描绘的都是昆仑仙界,画面正中的尖顶山就是当时人们憧憬的昆仑山。(图4-4)汉代人普遍存在的升仙模式采用了"神圣之山"的图式。[5]这座神圣之山是世界的轴心,是天堂、地界与地狱的会合之处。这座神圣之山是世界创造的地点,也往往被看作所有的庙宇宫殿以及城市和帝王居处的象征。[6]因此,帛画和漆棺画的内容集中表现了当时人们的生死观念。棺材是装尸体的,死去的人仍占据在宇宙的中心点上,就像生前每个人都把自己的立足点看成宇宙的中心一样。墓穴和棺材是活人为死人造的栖身之所,活人只能根据自己生时的体验和对死亡所建立起来的一套观念进行建造,因此,死去世界的幻境只是人生前世界的一个摹本。借灵魂的升入仙界而摆脱了肉体死

图4-4 长沙马王堆1号汉墓第三重木棺漆画线图
1.盖板；2.头部档板；3.足部档板；4.左侧壁板；5.右侧壁板。

亡给人带来的悲剧性，因而升入天堂的神秘观念，只是人为克服悲剧人生而产生的乌托邦的理想幻境。像所有的祭祀性艺术一样，汉画像的象征图式从内容到形式都有极强的稳定性。虽然时代的、地域的特征会有所变异，其内在的本质结构则是具有统一性的。

汉代的墓室及其图像尽管千差万别，形态各异，但总体上看都有着宇宙象征主义的文化内涵。1976年河南省洛阳市发掘的卜千秋墓，是重要的汉代早期壁画墓，它的结构与图像都体现了这种象征性。该墓由前室、后室和左右耳室构成，左、右耳室一侧各附有一长方形侧室。后室用空心砖构筑，平面呈长方形，顶部由左右两排斜坡砖支撑着一列脊顶砖，构成断面呈梯形的天井。壁画配置在后室天井的脊顶，室门上部与脊顶砖宽相同的门额砖以及后室壁上部的梯形壁面上。从形制上看，其用空心砖装配而成的上窄下宽的六边形主室天井，不仅能承受更大的压力，而且是天的象征表现。壁画的内容为墓主人升仙，在空中行进的境界。卜千秋墓与洛阳浅井头墓的壁画是绘于墓顶和山墙上，若互相连接起来，也作"T"字形，正与马王堆1号汉墓的"T"形帛画相仿佛。[7]其象征意义可以与"非衣"帛画相互印证。[8]

在卜千秋墓的图像天井的脊顶上，绘着天界的象征图式，有人首蛇身的伏羲女娲，有内画踆乌的日轮和内画蟾蜍的月轮，有表示天象的青龙、白虎以及一些神兽。其中心图像是画在脊顶右侧的墓主升仙场面，女墓主乘立在一只三头神鸟的背上，下边的男墓主乘立在一条巨蛇身上，他们正在云气、日轮、伏羲间飞驰，并有九尾狐与蟾蜍伴行，前有持巨大仙草的玉兔为先导，走在升仙行列的前方，戴胜的西王母正襟危坐在那儿，梯形后室外的后壁上部，画着熊形的傩神图

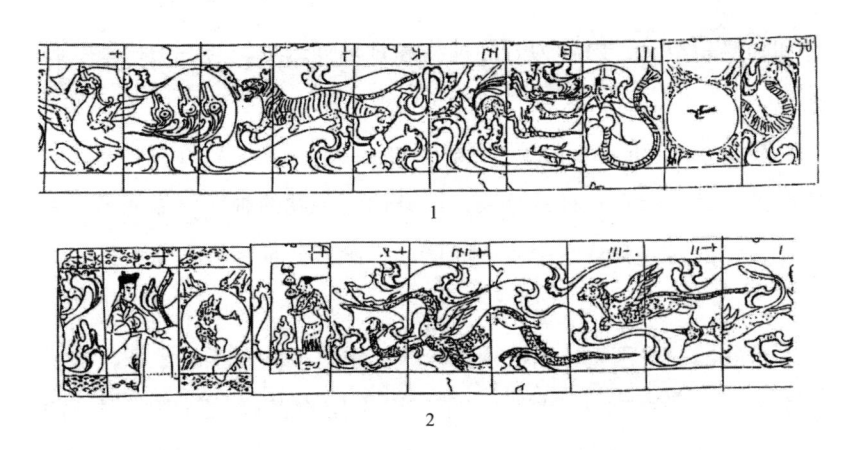

图 4-5　河南洛阳卜千秋墓主室顶部西段、东段壁画线图

像，被考证为方相氏。[9] 方形的门额砖上，画的是人首鸟身的句芒形象。句芒是东方之神，掌管人间寿命和祸福。古代打鬼与升仙是互为因果的，升仙是目的，打鬼则为升仙清道。（图 4-5）

卜千秋墓的三幅壁画，如果展开，也作"T"形的升仙图式，只是它拉开了长长的升仙队伍，显得气势雄大而壮观，创造的是一个"飞龙乘云、腾蛇游雾"的神幻世界。贾谊《惜誓》中曾描绘这种场面云："飞朱鸟使先驱兮，驾太一之象舆；苍龙蚴虬于左骖兮，白虎骋而为右騑。"

洛阳是历史文化名城，仅两汉壁画墓就发现十余座。从时代上看，最早的是卜千秋墓，约在西汉昭帝、宣帝间（前86—前49）；最晚的为朱村壁画墓，为东汉晚期至曹魏时期。虽跨越了300年的时间，其象征模式则是相同的。

浅井头壁画墓亦由墓道、墓室和耳室组成，且东耳室平面也作"T"字形，整体布局与卜千秋墓没有大的差异，壁画绘于墓顶平

第四章　墓室、祠堂与棺椁画像的宇宙象征主义　　127

脊和两侧斜坡上，内容为升仙神物和日月祥云等，与卜千秋墓壁画相似。

烧沟61号和"八里台"两座壁画墓，画面也主要分布在墓顶前后墙的上部，所画有日月星辰，以升仙为主题的画面更加突出，有时在墓室的后壁和墓室中间的隔梁上也画有升仙神怪、驱邪打鬼的画像。

金谷园的壁画墓，前堂为穹隆顶，也是作为盖天的象征，由于历史久远，室内壁画已脱落，尚能辨识的有穹隆顶部的太阳、月牙图及周围的彩云。后室壁画保存较好，共16幅。墓顶平脊四个方格内，两端绘日、月，中间绘"太一阴阳""后土制四方"。四壁除开门的一面之外，其余三壁在彩绘的柱、枋、斗拱之间，每面绘四幅星宿神祇，凡12幅。此墓为新莽时期（9—23），与早期比，打鬼驱傩、升仙的气氛减少了，相反"天人感应"、谶纬附说以及人格化、神圣化的星宿神祇成分增加了，是当时社会流行谶纬的表现。

洛阳东汉时期的壁画墓，宇宙象征主义的色彩更加浓重。《洛阳汉墓壁画》一书介绍的石油站壁画，是该时期此类壁画的典型代表。这是一座由前、中、后三室组成的穹隆顶多耳室小砖墓。中室，平面为正方形，穹隆顶呈半球状。壁与顶衔接处以一条5厘米宽的赭红色彩绘带相隔，把上、下分成两部分。《淮南子·天文训》云："天道曰圆，地道曰方。方者主幽，圆者主明。明者吐气者也，是故火曰外景；幽者含气者也，是故水曰内景。"中室建筑形制，很符合古人对天地宇宙的认识，穹隆顶象征苍穹，其壁画内容也显示了这个意象。四角用砖壁支撑，令人联想女娲补天的神话中，四柱撑天的说法。下半部为方形，即代表"地道曰方"的大地。[10]从此论述中可以看出，那时的人建造墓室，是在有意创造一个宇宙象征主义的空间，并图绘上人们对宇宙理解的图画。新莽时期以后的墓室，主墓室往往用小砖起券，呈圆形，以象征天穹，内壁用白膏泥抹平，以便于大面积作画。所绘无非是起伏的红云、日、月、星、辰以及各种天上的神灵异兽。这种升仙的图式，在一定程度上反映了当时人的宇宙观及阴阳五行的观念。

除了洛阳外，其他地方也发现这种宇宙象征主义的墓室图像。如1990年发现的河南永城芒砀山柿园的梁王墓，虽然是"凿山为室"的大型崖洞墓，其主室顶部的壁画却基本保存下来。壁画的主要内容为龙、白虎、朱雀、怪兽、灵芝及云气纹等。实际上，整个壁画描绘的也是宇宙仙界的图像。[11]青龙、白虎、朱雀、玄武，在东汉时称为四象，是古人根据四方的观念，对天象划分的象征表现。"地方"可划为四方，区分为"九州"；"天圆"可划为四宫，二十四宿分属之，由四象统领之。在玄武没形成之前，北宫可用鹿、麟、蛇、龟、鱼妇等表现。此图中的怪兽，有鸭嘴、长颈、长羽、鳞身、背刺、鱼尾，应为早期玄武形象是对的。实际上，从马王堆1号汉墓出土的"T"形帛画的最下端，已看到这种怪兽的形象。其处下，在水中，正是古人浑天说中，夜晚太阳从水中经过的象征表现。王孝廉认为"T"形帛画下端所绘是幽冥地狱[12]，巨人脚踏两条黑色大鱼，即《庄子》所言之鲲，也就是海中的大鲸。也有人认为这个形象当是鱼妇[13]，鱼妇乃蛇所化，位于北方，其生命的转化、灵魂的复苏，在原型意义上是一致的。《山海经·大荒西经》说："有鱼偏枯，名曰鱼妇，颛顼死即复苏。风道北来，天乃大水泉，蛇乃化为鱼，是谓鱼妇。"根据前述中国人的古宇宙观，大地的四周是水，太阳经过天庭后落入水中，夜晚从水中经过，第二天又从东方升起，这象征生命的转化及灵魂的再生。除了描绘了天象外，主室南壁和西壁画中的几座山峰是昆仑山或海上仙人的表现。这与马王堆四层漆棺画上的昆仑山又是相同的。

　　西安交通大学西汉墓，壁画分布于券顶及东、西、北壁上，中间的朱红色菱格宽带把全墓壁画分成上、下两部分，上部包括券顶和后壁上方，下部包括后壁下面和东西两壁，表现的都是天界和仙界的景象。券顶上绘有两个大小不等的同心圆，内圆里南北分绘日、月，日中有阳乌，月中有蟾、兔。两同心圆之间以青龙、白虎、朱雀、蛇四方神灵定位，绘出各种星宿，并用人物和许多动物填充其间，表现的是二十八宿天象图（图4-6），券顶圆圈内外绘满彩云和飞翔的仙鹤。后壁上部正中间画一手持灵芝引导墓主之魂升天的羽人，其下中

图4-6　陕西西安交通大学西汉墓星象图

130　汉画像的象征世界

间为一头卧鹿，两边有两只展翅飞翔的仙鹤。

汉代除了彩绘的壁墓之外，画像石墓就更多了。其形制，从文化意义上来探讨，也是宇宙象征主义的。汉墓无论怎样变化，主室上盖往往建造成穹隆形，以此来象征天，墓室往往作方形，以象征地。有的方形墓室用石头和砖砌成，上面的穹隆则用砖头砌成。在我国的陕北，多见这种形制的墓室。如1996—1998年，考古学者曾对陕西神木大保当的汉代墓址进行了考察，对包括14座画像石墓在内的26座汉墓进行了调查研究，结果发现，其中的主墓室都作上圆下方的样式，上部砌成拱形的穹隆，显然是天盖的象征。不过其画像石的最大特征不是刻在墓室里面，而是刻在门扉上。把天界的图像、升仙的图像刻在门扉图像的上部；而在门扉的左右两边，或刻人物、车马，或刻祥瑞、异兽、生命树等；门扉上则刻铺首衔环、朱雀、玄武、青龙、白虎等。

神木大保当三区编号为M16的墓门门楣上栏为升仙图，西王母戴胜端坐在悬圃之上，其左右有童仆、玉兔、三青鸟、灵芝等物，右边是一龙四凤引导的车舆，内有一男戴通天冠，着红衣。车有驭手一名，车后有一羽人。骑鹿执幛，他们正带领龙凤辂车驶向西王母。门楣上栏左右两端刻有月轮与日轮，左为月轮，内有蟾蜍；右为日轮，内有阳乌，与其他天象用日月象征天庭是一致的。下栏为"荆轲刺秦王"的故事，代表了当时人们的历史观念，表现形式是"图像叙事"式的连环画形式。在月、日的下方，为门扉的左右装饰图纹，分刻祥云纹（考古报告说明文字误认为是蔓草纹）[14]，其间有龙、虎、鹿、鸟等奇禽异兽。门扉左右内侧又刻悬圃神兽，牛首人身怪与鸟首人身怪坐于悬圃之上；其下为人物活动图像；再下左为玄武，右为骏马。中

部为两扇墓门画像，上为朱雀，中为铺首衔环，左图下为白虎，右图下为苍龙。（见图3-9）

　　这幅图像具有典型的意义，神木大保当的十几种门扉画像图式，均按此图式排列。其中的宇宙象征意义与汉壁画墓是一致的，它的特点就在于把这种宇宙图式，通过门扉艺术表现出来。墓室的门就是阴阳的交界处，是生的世界与死的世界的交会点，是现实世界与另一个不可知的世界的隔离带，生死在此相分，死者被葬入墓室，就是进入了另一个世界，也就踏上了升仙路。狰狞的铺首吓唬鬼魅，使其不可近前作祟，龙、虎、凤、鹿引导人的灵魂飞升，天上就是信仰中主管生死的西王母。这里是白天黑夜的交替、阴与阳的交感，是生与死的两分世界。门扇的上部就是砌成的苍穹，其象征天似盖笠，其大无涯，不可名状。

　　1973年，在河南省南阳市邓州西北6千米长冢店村，发现了一座砖石结构的画像石墓。该墓墓门东向，由前室、主室和南北两个侧室组成，主室和南北侧室又有石结构隔墙分为有门洞相通的并列二室，墓门、前室四壁、主室及南北侧隔墙满刻画像，凡73幅。主室顶部用小砖券筑，为穹隆形，显然是天盖的象征表现。其图像便围绕天盖的象征意象而展开。如二主室门楣刻驱魔逐疫，北立柱刻女娲，南立柱刻伏羲，中柱刻执扇门吏，四扇门扉刻白虎铺首衔环。南门槛刻二兕斗兽，北门槛刻二兕相斗。二主室北门南扉内侧刻捧奁侍者，等等。其画像内容十分丰富，驱鬼辟邪题材繁多。[15]

　　徐州地区是汉文化的发祥地，以刘邦为代表的皇亲贵族，名声显赫，财力雄厚。两汉400余年，徐州延续了18代楚王和彭城王，因而留下了众多的豪华墓葬。目前徐州已发现了8处共18座汉代楚王墓，一处3座彭城王以及王后的陵墓。有的陵墓，"因山为陵"，如楚王山汉墓、狮子山汉墓、龟山汉墓等。其陵墓的形制仿生前的宫殿，结构严谨，雕刻精细。其主要墓室，也是宇宙象征主义的表现。如大量存在的墓室，顶起券作穹隆顶的样式。第一代楚元王刘交（前201—前179在位）的陵墓室（此墓是否为刘交墓，尚存在争议），就出现了石砌拱券顶，明显继承了汉以前宇宙象征主义的丧葬观念。此墓位于徐州市西10千米的楚王山北侧。对这一墓葬群，史籍多有记载。《水经注》说："获水又东，径同孝山北，山阴有楚元王冢，上圆下方，累石为之，高十余丈，广百许步，经十余坟，悉结石也。"此记载与楚元王刘交下葬仅三四百年的时间，所述应有相当的可信度。1997年该墓被盗，考古人员曾去调查，发现该墓为大型"甲"字形凿山为藏的石室墓。该墓的主墓室，面积较大，顶为石砌穹隆顶。[16]过去有学者认为，穹拱的砌筑技术在西汉中叶才盛行起来，而从楚元王陵墓的主墓室顶为石砌穹拱式来看，西汉初期，此种结构形式已相当成熟了。这种形制的出现，并且广为流行，不仅是技术的产物，而且是信仰的产物，是当时人们宇宙观的符号性表现。

我们从龟山汉墓也可以看到这一象征形式。龟山位于徐州市西北约7千米，是一座海拔73.5米的石灰岩质山丘。第6位楚王刘注（前128—前117在位）的夫妻合葬墓就坐东朝西，开凿于西山脚下。在龟山汉墓的四个主要墓室的顶部，饰有巨大的星座，这是代表天象的，象征天界与仙界。但过去一些研究者把星座称为"乳钉"，并声言"用途不明"。实际上，这些被称为"乳钉"的是"星座"，的确没有什么实用的意义，但在雕刻墓穴时为什么还要费时留下这些凸起物呢？显然是另有所图的，这是取其宇宙象征的意义。

从以上分析的众多汉墓中我们可以看到，汉墓中的主室，往往象征宇宙的中心。人生前在此类主室中处理政务，死后也要生活在另一个世界的宇宙中心。汉代人认为，死后的灵魂是要升入仙界的，因此墓室就成了天地的象征表现。埃利亚德说："传统的中国房屋也同样是用一种宇宙符号表现出来的。其房屋顶部的开口，称为'天窗'，保证了人与天之间的联系。……换言之，在日常住宅的特定结构中都可以看到宇宙的象征符号，房屋就是世界的成象。"[17]

在中国文化中，存在着一种葬仪起源的宇宙象征主义，人的死亡是精神与肉体的一次分离，伴随的是一次宇宙结构的变化。人被创造出来时，上天赋予他灵魂，而大地给他以肉体，死亡的时候，这两种要素便回到各自的本源那里，肉体回到大地，灵魂则回到上天。在夸父追日的神话中，死后的夸父，尸体化为了山、河、草、木等，就是人回归大地的象征。埋葬是一个仪式的过程，是引导其到新的居所，并仪式性地与冥界成员的灵魂结合在一起。《礼记·郊特牲》说："魂气归于天，形魄归于地。"按这种说法，人有魂有魄，人死后，魂会升入天界，而魄则归于大地。古代风俗向天招魂即此观念的反映。《礼记·礼运》说："及其死也，升屋而号，告曰：'皋，某复！'然后饭腥而苴孰。故天望而地藏也。体魄则降，知气在上。"从汉代的墓室象征主义中，我们可以看到这种信仰已演化成一种普通的民俗。墓室中再现圆形的天，或在上刻画出星官或天上的神灵世界，就是灵魂升天的象征性表现。

徐州地区的汉墓，除了几代楚王、彭城王的陵墓作此上圆下方的宇宙图式外，已发现的其他汉墓，往往也作此图式。如徐州十里铺汉墓的中室，茅村汉墓的中室，洪楼汉墓的主室，白集汉墓的中室、前室与后室，邳州燕子埠汉墓的前室与中室等，都作穹拱形。这不仅是建筑的需要，更重要的是神圣的信仰所致。

从汉画像石的布局上，我们也可以看到其象征主义的表现。过去的许多研究，仅把汉画像作为单幅图画来研究，进行了许多细致的考订，取得了不少成绩，但从画像石的整体结构上来分析的就鲜见了。1973年5月，在山东省苍山县（现兰陵县）西城前村北发掘了一座汉画像石墓，在墓前室西横额画像石下支柱上发现了一条长篇题记，分刻于二石上，共15行，328字。这是画像石题记中较长的一则，详细记录了画像石墓中各件画像石的刻绘内容及所在位置。这则题记有重要的价值，从中可以看到汉代人设置画像的象征意义。

该题记发现以来，已有几种释文，由于铭文部分残泐，加上古今字体的变化，释读中存在不同意见，给我们的研究带来一定的困难。这不仅是一篇题记，而且是一篇美文，含有汉赋的艺术特征。其中的对仗、押韵的句子不少，从此线索出发，我们对题记做了重新断句。题记全文如下（图4-7）：

　　元嘉元年八月廿四日，立廊（椁）毕成，以送贵亲，魂灵有知，柃（怜）哀子孙，治生兴政，寿皆万年。薄疏郭中，画观后当，朱雀对游罘扗（仙）人，中行白虎，后凤皇。中直柱，双结龙，主守中霤辟邪［殃］。夹室上㼚，五子舆，僮女随后驾鲤鱼；前有白虎青龙车，后即被轮雷公君；从者推车，平桓冤厨。上卫桥，尉车马，前者功曹后主簿，亭长骑佐胡使弩，下有深水多鱼者，从儿刺舟渡诸母。使坐上，小车軿，驱驰相随到都亭，游徼候见谢自便，后有羊车橡其□。上即圣鸟乘浮云。

第四章　墓室、祠堂与棺椁画像的宇宙象征主义

图4-7 山东苍山元嘉元年（151）墓题记

其中画像，蒙亲玉女执尊、杯、桉、桮、局秋（拘束），稳枕好弱貌。堂硖外，君出游，车马道从，骑吏，留都督在前，后贱（贼）曹。上有虎龙衔利来，百鸟共持至钱财。其硖内，有倡家生汙（舞），相和他（比）吹，庐龙雀，除硖鱐（鹤）啄鱼。堂三柱，中□□龙□非详，左有玉女与仙人，右柱□□请丞卿，新妇主侍给水将（浆）。堂盖恣好，中（瓜？）叶，上□包，末有盱，其当饮食就天仓，饮江海。学者高迁宜印绶，治生日进钱万倍。长就幽冥则决绝，闭圹（圹）之后不复发。

《中国画像石全集》第3卷收入此墓画像石，结合题记可以看到一一对应的图像。我们可以把此图像命名为：龙虎出游图、车船渡卫桥图、軿车羊车圣鸟浮云图、龙凤进酒馈辎车图、龙虎鹤啄鱼图、舞乐百戏图、结龙玉女仙人给水浆图、双结龙图、白虎图、龙虎图。（图4-8）

图4-8 山东苍山元嘉元年（151）墓画像
1.后室室顶画像；2.前室北中立柱正面画像；3.墓门中立柱正面画像；4.前室东壁画像；5.前室西壁门楣正面画像；6.前室东壁门楣正面画像；7.墓门楣背面画像；8.墓门楣正面画像；9.墓门中立柱背面画像；10.墓门左立柱正面画像；11.墓门右立柱正面画像。

仔细研究这些汉代墓室画像的图像志排列顺序，会看到其与汉代帛画及其他图像的排列是一致的。我们可以把这些图像内容分成四大类：

第一，由神仙、怪异、灵瑞等形象构筑的宇宙空间，它是天界与仙界的象征。它与墓室的圆拱形顶一起形成天空的象征图式，与四方的墓室或棺椁形成四方的大地和空间的象征。

第二，由历史人物故事构成的宇宙间时间流逝的历史空间，它组成了人的历史存在的人文环境。历史故事中存在着的伦理、法律、礼制、道德、文化、教育的意识形态，通过记录的一个个历史故事画面而象征性地表达出来了。人不仅生存在自然的环境中，还生存在一个由历史、文化、传统组成的人文环境中。

第三，墓主及有关人物组成的日常生活的现实图景。这种现实图景，有日常的劳作场面，有家庭的宴乐、休闲时的歌舞，还有死者生前的可以被记忆的事件等。

第四，对死后世界的幻想宇宙的描绘，以及活着的人与死去的亲人的一种仪式交通的方式等。如许多墓室中的墓主受祭、拜谒等，众多汉墓中的"车马出行图"，也被认为是表现了死者从地下的墓室，到地上的祠堂接受祭祀的象征，是死者的灵魂升入天堂的交通工具。

以上分析，带有结构、模式的性质。结构、模式是一种简约化的图式，人要把握无限繁杂的世界，必须把它简约化。简约化并不是简单化，相反，简约化的结构可以增加细节性从而使其复杂化。我们可以将以上的结构分析，推广到其他经科学发掘的汉代画像墓中，虽然有的墓室繁多，图像复杂，有的墓则单一简单，图像集中，但它们都毫不例外地存在着相同的分布规律。如《沂南古画像石墓发掘报告》介绍的大型汉画像石墓，在墓室上方的支柱、散斗、角落处，均刻画有表示天界和仙界的灵物，如龙、虎、凤鸟、羽人等。在前、中、后室的四壁与横额上，则刻拜谒、车马等。前室面向墓门的北横额、北壁及东西壁，均刻神怪、羽人、四象、奇禽异兽等。墓门内的前室南壁，左右刻有持彗侍立的门吏和建鼓，南壁正中有兵器武库及侍卫官员，表示严密守卫宫室大门，使前室成为一个充满奇幻色彩的神仙世界。中室四壁的横额上，刻有乐舞百戏、丰收宴飨、迎候仪仗、车马出行等。这些画像再现了死者生前的政治活动、人际往来、经济能力和享乐生活等社会画面。四壁上则刻有仓颉、周公、齐桓伐卫、晋灵公杀赵盾、孔子见老子等历史人物故事，形成一种浓厚的人文历史氛围。后室中，则完全表现为庄园内院的情景，有家具、侍婢、厕所、衣架以及武库，等等。[18]

徐州茅村汉墓画像石的图像排列，也遵循这一象征模式。此墓1952年清理，墓用青石砌成，有前、中、后三室，前室北壁有"熹平四年四月十三□己酉"题记。此墓其中室南壁刻西王母、东王公及其侍从，有凤鸟、朱鸟、二神人捣药，下行刻各种姿态的行龙和异兽。中室西壁刻行龙异兽，腾跃交错，中有一神人，在指挥呼唤。中室南壁刻有拜谒、歌舞。中室东壁门北有二人对饮、上有龙虎飞翔，在方形边饰之左，刻女娲、铺首衔环和一只小鸟。中室西壁刻行龙异兽，中有羽人。中室北壁刻有祥瑞图，屋脊上有猴子，其上有交颈鸟与鲤鱼，屋内有二人对饮。前室北壁也刻有祥瑞图，有朱鸟、羽人、翼兽、九头兽、驭象者、骑驼者、连理木等。中室北壁则有一些人物故事图像。[19]徐州茅村汉墓的画像石，因发现以后便就地保存，不存在散乱的现象，其图像分布的意义是确实可信的。

从科学发掘的大量汉代画像墓可知，其画像大都是按宇宙象征主义的方式排列的。天界、仙界、人间及阴间是主要表现的内容，这几个时空的转换，是图像排列要表现的另一内容。其一般图式为主室往往作上圆下方式，是天圆地方的象征。图像上方更多表现天界与仙界，再往下则更多表现历史的画面，再往下则表现现实生活。在东、西、南、北的四个方向上，表现按宇宙空间排列的神异象征物，如天上的"四灵"等。

当然，这只是一般模式，也有些在细节处有变化，如把整个前室刻画成天界、仙界，而用中室表现日常生活、人文历史等，后室则表现燕寝及后园。也有些形制较小、装饰画较少的墓，不具备如此完整的象征部分，有的仅用符号或抽象的图案加以象征性地表现。如：河南唐河冯孺人墓，侧重表现神幻的天界；山东肥城汉画像墓，侧重表现人间生活的场景。如果把汉中晚期的彩绘壁画墓与汉画像石墓进行比较研究的话，也会得出相同的结论。它们大都按宇宙象征主义观念来安排图像，描写神话、天象和祥瑞的内容都在墓室顶部和墓门，表现现实生活与经史故事的内容绘于前、中、后室及耳室的壁上。

二、祠堂画像的象征意义

汉画像中的宇宙象征主义，除了通过帛画、壁画、画像石墓的形制体现出来以外，还可以从汉代独特的祠堂的形制与图像中看到这种象征。

汉代的祠堂建造在墓地旁，是对地下墓主进行祭祀的建筑。关于汉代墓上祠堂的起源，有不同的看法。有人认为墓上祠堂先秦就有了，屈原放逐途中，所见楚先王庙及公卿祠堂，图画山川神灵，即此表现。考古工作者在河南安阳殷墟的妇好墓、河北平山战国中期的中山王墓、河南辉县固围村战国中期的魏王陵封土堆上都发现有建筑的遗址。从这些墓出土的青铜器纹饰上，也可以看到这种建筑的图样。（见图2-3）也有人根据先秦文献中没有"祠堂"这一名称，认为"古不墓祭"，先秦时的祭祖活动都是在都邑中的宗庙里进行的。墓上祠堂产生于西汉时期。[20]

"祠堂"一名，见于《汉书·文翁传》。文翁在汉景帝时为蜀郡太守，由于政绩突出，受到民众爱戴，死后"吏民为立祠堂，岁时祭祀不绝"。《盐铁论·散不足》也记载："今富者积土成山，列树成林，台榭连阁，集观增楼；中者祠堂屏阁，垣阙罘罳。"因此可以认为，西汉早期就有了墓上祠堂建筑。

汉代墓地祠堂，有多种名称，如庙祠、食堂、斋祠、食斋祠、石室等。这些不同的名称，反映了祠堂的历史及其中所包含的象征意义。

"庙祠"一名，见于东汉时的石刻。1964年在北京市石景山区上庄村发现的一批东汉时期的两根墓表石柱和方形阙石上有铭文147字，记载孝子秦仙于东汉和帝永元十七年（105）为其死去的父母建造祠堂的事。其中说"欲广祠庙，尚无时日。呜呼。非爱力财，迫于制度"，由此可以推断，当时在秦仙父母的墓前曾有小祠堂，这种小祠堂当时称为"祠庙"。

"食堂"一名，在山东地区汉画像的铭文中多见。如汶上县所发现的路公祠堂画像石上就刻有"天凤三年立食堂"的铭文；微山县发现的两块祠堂画像石上刻有："永和四年四月丙申朔廿七日壬戌，桓子终亡,二弟文山、淑山悲哀,治此食堂。"又有"思念父母,弟兄悲哀,乃治冢作小食堂"。

祠堂是从古代宗庙祭祀演变而来的。《易·系辞传下》说:"古之葬者,厚衣之以薪,葬之中野,不封不树",这当然不会有墓地祠堂。先秦对祖先的祭祀往往是在宗庙中进行的。宗庙设在邑中,与墓地是分离的。据《汉书·韦玄成传》,汉高祖至宣帝时,"各自居陵旁立庙……又园中各有寝、便殿。日祭于寝,月祭于庙,时祭(四季之祭)于便殿。寝,日四上食;庙,岁二十五祠;便殿,岁四祠。又月一游衣冠"。汉人相信人死后是有灵魂的,灵魂像生前一样要有居室,要有"饮食",故有"寝庙"制度,并相信"鬼犹求食"。"食堂"这一名称与在宗庙祭祀时在祖先像前的供案上摆食物的功能有关。人活着需要吃饭,便设想死去后也要吃喝,所以在向祖先及神献祭时,便要摆设供品,甚至"日四上食"。《礼记·礼运》曰:"礼之初始诸饮食。"凡祭祀都要陈供牺牲等供品,"黍稷馨香"才能"神必据我"。"民以食为天",推己及神,人们相信神亦如此,所以,古代牺牲是宗教诸礼中最重要的供品,如祭礼的"太牢""少牢",前者即指使用"牛、羊、豕"三牲,后者指使用"羊、豕"二牲。

对汉代墓地祠堂的形制研究后发现,在祠堂的正对门的后墙上往往刻拜谒图或祠主受祭图,图前往往设有祭台,有的则直接在祭台的案桌上刻出祭品。如江苏徐州市青山泉发现的一块画像石,画面刻"十字穿环"纹为底纹,上面并列刻三个盘子,每盘中盛一鱼,此石显然为祠堂中的祭台桌面。1986年山东枣庄市台儿庄区邳庄镇邳庄村出土一汉画像石,中间刻一壶,壶中插三支香,壶两侧各一盘,盘中有鱼,也是向祖先献祭的象征。(图4-9)汉画像中有许多狩猎图与庖厨图，与这种观念也是密切联系的。祠堂画像一般是中下层的人所建，礼制和经济力量不允许他们享用过高的牺牲用品，仅用属于笾豆制品的鱼等作为祭品。有时干脆用在石台上刻出祭品来加以象征性地表现。由此可知，所谓的"食堂"也是象征性的，并不是每天都上真的祭品。

祠堂的"祠"字，有祭祀的意义。《说文解字》曰："春祭曰

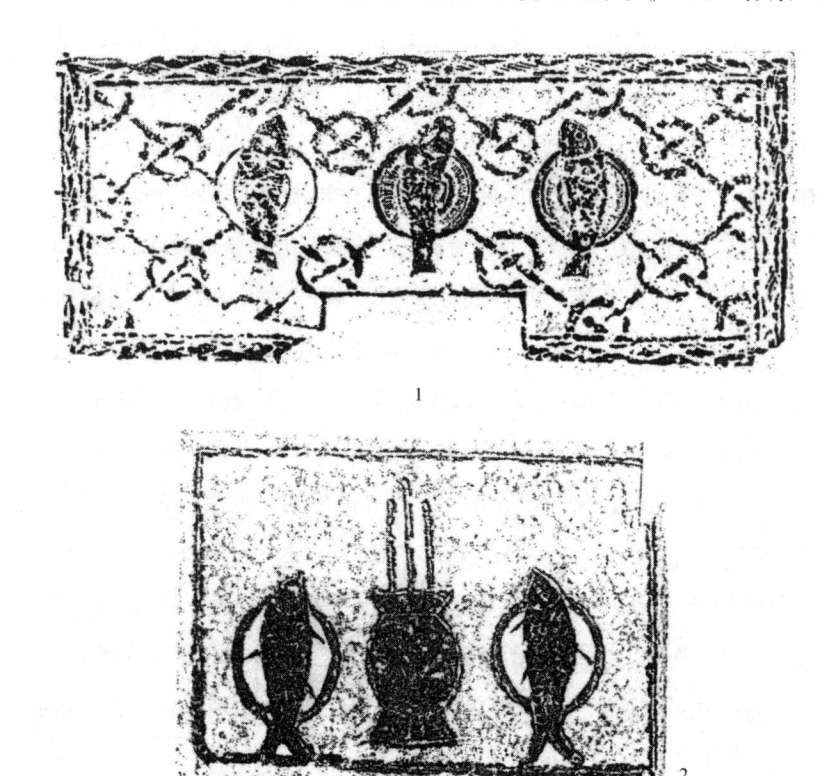

图4-9 祠堂中的祭台
1.江苏徐州青山泉出土；2.山东枣庄台儿庄出土。

祠。"段注："祠犹食也，犹继嗣也。春物始生，孝子思亲，继嗣而食之，故曰祠。"[21]祠堂又释"庙祠"，说明祠堂的前身是宗庙。司马光《文潞公家庙碑》说："先王之制，自天子至于官师皆有庙。……（秦）尊君卑臣，于是天子之外，无敢营宗庙者，汉世公卿贵人多建祠堂于墓所。"可见汉时墓地祠堂仍可称庙。庙最重要的就是按节气和时日向祖先供食。1980年，山东嘉祥宋山出土了东汉永寿三年（157）的许安国祠堂，祠堂顶石所刻的长篇题记，记载了许安国的父母兄弟修建祠堂的目的就是向其灵魂献食祭祀（"甘珍滋味兼设，随时进纳，省定若生时"）。山东东阿发现的芗他君祠堂石柱铭曰："财立小堂，示有子道，差于路食。"由此可见，"食堂"是祠主灵魂享用祭食的地方。

祠堂又被称为"斋祠""食斋祠"，是源于宗庙祭祀活动时的"斋戒"仪式。"食斋祠园"见于山东邹城发现的一块画像石。敬祖时，为了表示恭敬，祭祀典礼前沐浴、静思，才能达到沟通神灵的目的。《礼记·曲礼》说："斋戒以告鬼神。"宗庙建筑旁，往往有"斋宫""斋室"以供斋戒使用，如内蒙古和林格尔发现的东汉晚期壁画墓中室东室下部的宁城图上，在护乌桓校尉墓府的右侧就有题记为"斋室"的房舍。在汉高祖刘邦的长陵也发现有"斋园""斋园宫当"的瓦当。由于"斋室"是与墓上祠堂相互依存的祭祀性建筑，"斋""祠"连称，就成了"斋祠"。由于建庙、立祠、祭祖在汉代成了一种时代的风尚，立祠者的政治地位、经济能力又有所不同，故祠堂有不同称谓是很正常的。

"石室"一名见于徐州的一些汉代墓地祠堂。1980年，在徐州汉王东沿村发现10块汉画像石，考证为小祠堂的构件。五号祠堂右壁左上角有阴刻铭文："元和三年三月七日三十示大人子（侯）世子豪

(高)行三年如礼治冢石室直□万五千。"1994年，在徐州大庙发现一祠堂，有铭文："此□室中人马皆食太仓。""起石室立坟直万二千，孝经曰：卜其宅兆而安措之，为家庙以鬼神飨之。"

汉代的祠堂有两种，一种是木结构祠堂，一种是石结构的祠堂。木结构的祠堂因材料的易朽而已荡然无存，只有坚固耐久的石祠堂及其构件才偶尔能保存下来，但历经千余年的沧桑巨变，保存完好的石祠堂也是凤毛麟角了。从考古学看，汉代的石结构的祠堂主要分布在鲁西南、苏北和皖北地区，这一地区基本上是汉代楚王的领地。据文献记载，汉司隶校尉鲁峻冢，"冢前有石祠、石庙"。汉荆州刺史李刚墓"有石阙、祠堂、石室三间"。《鲁灵光殿赋》则详细描绘了灵光殿的壁画内容。山东嘉祥的武氏祠、山东长清的孝堂山石祠，都是久负盛名，得到广泛研究，产生国际性影响。[22]20世纪80年代以来，在山东嘉祥宋山又发现了好几个小祠堂的画像石。[23]安徽宿州褚兰镇发现了两座石结构的祠堂[24]，特别是江苏徐州已发现60余块石祠堂画像石，其中除了白集汉墓祠堂、洪楼祠堂有所研究外，其余的资料还没得到很好的研究。[25]

目前发现的汉代石结构祠堂，大体有五种类型。

第一种，单开间平顶房屋式建筑的小祠堂，以嘉祥宋山四座小祠堂为典型代表。这种小祠堂是由基石、后壁石、左右侧壁石、顶石和屋脊石构成的。（图4-10）山东微山两城镇带有"小食堂"题记的即指这种祠堂。

第二种，单开间悬山顶房屋式建筑，以嘉祥武梁祠为代表。（图4-11）此外，徐州白集汉墓上祠堂，安徽宿州褚兰1号、2号汉墓上的石祠堂，也是这种形制。

图4-10　山东嘉祥宋山4号小祠堂画像
1．东壁画像；2．后壁画像；3．西壁画像。

图4-11　山东嘉祥武梁祠画像
1．东壁画像；2．后壁画像；3．西壁画像。

第三种，双开间悬山顶房屋式建筑，以山东长清孝堂山石祠为代表。（图4-12）此外，江苏徐州洪楼发现的一座东汉晚期石祠堂亦属此类建筑，山东金乡朱鲔石室的形制也与此类石祠相类似。

第四种，双开间悬山顶后壁有龛的祠堂。以复原的武氏祠前石室为代表。此祠堂的内墙壁、屋顶和山龛内都刻满画像。[26]（图4-13）

第五种，石鼓形小祠堂，以徐州睢宁双沟镇发现的一块画像石

图4-12 山东长清孝堂山石祠堂画像
1.东壁画像；2.西壁画像。

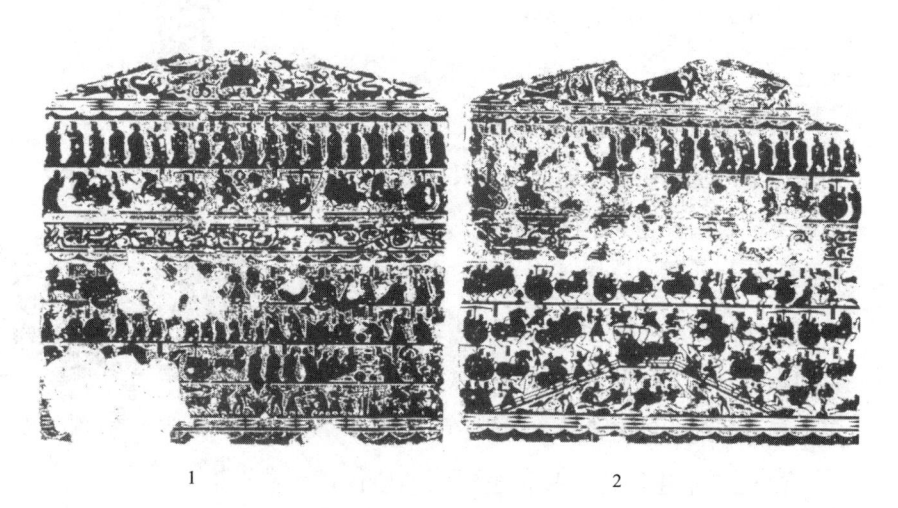

图4-13 山东嘉祥武氏祠（武荣祠）前石室画像
1.东壁画像；2.西壁画像。

第四章 墓室、祠堂与棺椁画像的宇宙象征主义 147

为代表。此类小祠堂还不为学术界所了解，故多介绍一下。20世纪30年代，著名收藏家张伯英先生在睢宁双沟镇发现一块这样的画像石。（图4-14）石高0.68米，宽0.57米，石鼓的正面刻青龙与圆壁，侧面刻人首蛇身像和车马。当时并不清楚此种形制画像石的用途。1993年，在徐州和皖北交界处又发现同类型的画像石多块，雕刻内容与形式大体相同。1997年，徐州博物馆又征集到一对完整的"抱鼓石"，根据现场调查，这种"抱鼓石"就是摆放在墓前的小祠堂。但由于没有发现后壁与顶盖，这种石鼓形的小祠堂的宽度和顶式还不好确定。[27]

从祠堂的不同名称所反映的内容上，我们知道了祠堂的功能，即祭祀祖灵；从祠堂的形制上，我们看到其不同的形制，有的简单一些，有的复杂一些。从时代上看，祠堂画像最早可追溯到西汉中晚期，到东汉达到极盛。可以根据其年代和形制进行分类研究，但首先要对其作整体的象征图式的分析。

汉代祠堂建筑是一种神圣空间的建构过程，祠堂作为阳界与阴界的转折处所，作为生者和死者交流的地方，必然带有一种神圣性。它是按人们当时对宇宙的理解来建构的神圣空

图4-14 江苏徐州睢宁双沟石鼓形小祠堂及画像

间。对其象征内容的了解，要通过图像学的阐释才有可能，这要求我们从汉代人对图像的理解和认识出发，从其形制和图像的排列中来分析其中所表现的汉代人的宇宙观和生死观。前面我们已分析了汉代的墓室壁画和画像石以及汉代帛画所反映的汉代人的宇宙观，汉代人把整个宇宙，从形态上分为四个部分，这四个部分从高向低排列，首先是天上世界，这是日月运行，众星官居住的场所，在信仰中是天帝和自然神居住的世界；其次是由西王母所代表的昆仑山仙人世界；再往下则是现实的人间世界和死者灵魂居住的地下世界。祠堂作为向祖先"上食"为祭祀方式的地面建筑，又是沟通天、地、人、神的神圣场所，有许多图像就是为了达到这一目的。因此，石祠堂画像往往将诸天世界、神人世界与鬼神世界，以及举行祭祀时人的直觉的幻想世界统一在一个大的图式中。

对诸多石祠堂的画像进行考察分析，并与汉墓壁画、画像石图像进行比较研究后发现，作为一种带有宗教祭祀性的艺术，汉画图式是相对稳定的，民俗的传承性在发挥着重要的作用。汉代人的宇宙观，儒家的礼制观念和道家的自然观念，不仅在墓室、祠堂和墓阙的图像中反映出来，也在帛画、漆棺画、铜镜等图像中反映出来。墓上祠堂画像与这种传统有着内在的联系。

今鲁南、苏北、皖北在汉代是楚国（彭城）的封地，汉代的楚王所辖的疆域是祠堂画像石发现最多的地方。从这些画像石图像配置的研究可以看出，汉代人是有意识地将小小的祠堂建造成一个完整的宇宙空间，古往今来、天地四方、六合之内、生死两界等，都按其高低位置，井然有序地配置在祠堂的各个位置上。

祠堂是为死去的人建造的，却是为活着的人服务的，它是活着

第四章 墓室、祠堂与棺椁画像的宇宙象征主义

的人与死去的人沟通的场所。祖先去世了，通过所立祠堂的祭祀，把其转化为一个不断回忆的事件，以强化宗法社会的礼制与教化，以抗拒死亡的虚无带给人的"无"，与生相对的死亡世界便转化成了"有"。由此出发来组织图像的排列，前提是先验地设想人在祭祀祖先时要在祭桌前献祭，即使有些小祠堂因过于矮小，人不能进入其内，但这个先验性的预设是存在的。这样，面对祠堂入口处的后壁图像就成了最引人注目的位置，作为祠堂最主要的画像——表现死去的祖先的"祠主受祭图"，毫无例外地都配置在这里。人如果走进祠堂进行祭祠，首先面对的就是眼前的这个图像，因此，这个图像从内容的安排，到其大小的尺寸，都有重要的意义。"祠主受祭图"一般占后壁面积的一半以上。嘉祥宋山四座小祠堂的后壁画像，是这一图式的典型代表。

以宋山1号石祠堂为例。（图4-15）其面宽1.9米，深0.88米，高约1.65米。其后壁的整幅的"祠主受祭图"，为平面浅浮雕。画面分两层，第一层左方有一栋两层楼房，楼下一人头戴进贤冠，面向右，手前伸，坐在绣花墩上，当为"祠主"。他面前有二人向其跪拜。男主人身后一仆人，一手持板，一手抱锦囊。楼上，女主人正面端坐，其两边各有两个侍女手拿铜镜、毛巾之类的东西面向女主人。楼外左右各一阙，左阙下二人，右阙下一人，均举板似欲谒见。左阙上有一人手执三珠树果。右阙上有三人，一人面向楼，二人手执弓箭拉弓射鸟。楼和阙顶上面还刻着一些凤凰、水鸟、猴及长发仙人。楼右方一株大树，树上及空中有九只鸟和一只凤凰。树下左方一马、一鹅，右方停放一辆有四帷的轩车。第二层为车骑出行图。右方是系四帷的主车，上乘两人，一人手执便面，一马拉，向左驶。车前二步卒

图4-15 山东嘉祥宋山1号石祠堂后壁画像

前导,均一手执便面,一手抱锦囊。步卒前有二导骑,骑者肩上均扛棨戟。导骑前有两辆单马拉的辎车作前导,均乘二人。[28]其他三个祠堂的"祠主受祭图"与此图大同小异,也都分为上下两层,上层为受祠图,下为车马图。受祠图有楼、阙、树等。有的树在左边,有的树在右边,但其图像的"符号"因素是相等的。[29]

山东嘉祥武氏祠左右石室龛室后壁(第九石)画像与此相似,雕刻手法也一样,应为一个时期的作品。规模较大一点的祠堂,图像也按此模式排列,只是增加了一些内容。如增加一些祠主夫妇观看音乐歌舞的图像,或者增加一些劳动(如纺织、收获)的场景,在形式上采用分格的布局方式,每格表现不同的内容。如有的增加了庖厨,有的增加了歌舞图,还有的出现了历史故事。如徐州洪楼墓祠堂,是一座双开间的祠堂,两块后壁石上,一块描写的是祠主夫妇分坐在左、右厅堂中接受子孙拜谒的场面,另一块描绘的是他们坐在厅堂上观赏乐舞的场面。安徽宿州的胡元壬墓祠堂的后壁图像，则把这两个场景结合在一起。此石图像分为四层，第二层占整个画面的一半，是主要图像，刻了高耸的亭阙，中央是一座两层楼，男女祠主分坐在楼阁上、下层，正接受祭拜。第三、四层则刻宴饮和乐舞百戏的场面。其他著名的祠堂，如山东长清的孝堂山祠堂、山东嘉祥的武氏祠堂的后壁画像，都按这一模式排列，几乎没有什么太大的变化，说明在当时已形成了一种带有传承性的固定模式。

对祠堂后壁的"祠主受祭图"的认识有一个过程，现在证明，英国学者布歇尔的"穆天子会见西王母"说、日本学者土居淑子的"礼拜天帝使者图"说、日本学者长广敏雄"礼拜齐王图"说都是错误的。[30]山东嘉祥焦城村出土祠堂后壁画像上，祠主受拜的楼柱上便刻有"此斋主也"四字题记；1981年山东嘉祥五老洼发现的一块"楼阁拜谒图"中，被拜谒者身上刻有"故太守"三字。因此，在汉代人的心目中，此类图像中的受祭主人就是"祠主"，而跪拜祠主者当然是其子孙后代。这正是宗法制度下祖先崇拜观念的直接产物。

即使如此，如果把"祠主受祭图"看作生活的直接反映也不准确。它描绘的不是生活的场景，而是幻想中的场景。祠主既然已经去世，他活时的样子便不复存在，图中的祠主只是根据他生前的样子描绘出来的，把他想象为另一个世界的样子。所以在这些图像的上部，往往描绘一些神异的神物，如凤鸟、应龙、猿猴、朱雀、羽人等。如嘉祥宋山的四块"祠主受祭图"上，在男、女祠主受拜谒的二层楼的顶上都刻画有此类灵物。在幻想的图像中，也存在一个天地人的世界，越往上，则越是神灵的世界，以神鸟、羽人等作为象征。

在"祠主受祭图"的下部，即后壁石的最下方，往往都刻有车马出行图，其长度往往横贯左右壁的最下层。如山东嘉祥武梁祠后壁最下方便是祠主车马出行图，可以延伸到两壁最下方的车骑图。武氏祠堂石室的小龛三壁展开图的下方，也是声势浩大的车骑出行图。徐州洪楼祠堂出土有四块"车马出行图"，出土时已散乱，看不出如何排列，按此祠堂画像配置的原则来看，也应是贯穿在祠堂后壁左右。胡元壬祠堂三壁最下部的车马出行图中，刻着自右向左进行的九辆马车，前有伍伯和导骑的两辆骖驾轩车，正位于祠堂后壁的最下层，无疑是祠主乘坐的主车。信立祥认为，将祠主车马出行图配置在"祠主受祭图"之下，显然是表示祠主的车马行列是从位置较低的地下世界而来，目的是至墓地祠堂去接受子孙的祭祀。[31]

从考古发现看，汉代的墓上祠堂的方向与皇帝陵园建筑不同，几乎都是南北向，而以坐北朝南的居多，如山东长清的孝堂山祠堂、安徽宿州的胡元壬祠堂、山东嘉祥武氏祠等。这种固定的建筑方向有特定的象征性，与祠堂画像的配置规律有着密不可分的关系。对于坐北朝南的祠堂，便出现左右壁，左右壁便与东西方向相属。在祠堂的左右侧壁下部，一般都配有狩猎图与庖厨图，这两种图像过去一般认为是表现现实生活的[32]，或表现统治阶级生活的[33]，他们忽视了这些图像的宗教意义。古代祭祀崇尚"血食"，即重视用牺牲祭祀。狩猎图表现的不纯是一种统治阶级的娱乐活动，其神圣性在于祠主的子孙要通过狩猎为自己的祖先准备祭品，庖厨图则是家庭为祭祀祠主而准备祭食的场面。把准备过程图像化，就含有一种象征性，图像就成了真实意图的一种幻象传达。通过围绕祭祀祠主这样一系列图像的描绘，汉代人建立在祖先崇拜上的宇宙观则被图像叙述出来了。万物本乎天，人本乎祖，人死后，将变成鬼魂，被子孙安葬在一个地下的世界，那个世界与现实世界一样有着一个类似的空间。人死后仍然与生者有血亲关系，活着的人要在阳间为其修祠堂，以便在特定的时日，使死去的人的灵魂到祠堂里来接受食物并受到子孙的拜谒，重温人间的欢乐。祠堂也是一个类似现实的世界，人鬼之间思想上的交流、伦理感情上的融汇，通过人造的一个艺术幻想的图像象征世界而得到实现与升华。它不仅使死去的祖先有个理想的去处，而且使活着的人与死去的人有了一个理想的交流场所。

在祠堂的左右（东西）壁上方，往往描述一个民俗信仰中的超验世界，这是一个布满神仙的神圣空间。在西壁的最上方，往往刻画西王母的形象，东壁的最上方，刻东王公的形象。西王母的形象，在汉以前是一位可怕的半兽半人的主管生死的刑罚之神，在西汉后期的造仙运动中，她被改造成一位在昆仑山上掌管不死之药的女性神仙，并给她造了一个配偶神"东王公"。这是汉代阴阳哲学在信仰上的一种反映。按照汉代人神话的宇宙观，高山是与天接近的，是人神沟通的场所，位于宇宙之中心的便是昆仑山[34]，西王母就住在"高万仞"的昆仑山上。祠堂本来就是宇宙的缩影，东西壁有的就作"屋山"形状，在上面刻画西王母与东王公，就成了仙界的象征。汉代的工匠在建造祠堂时，按这一基本观念去创造仙境，便有了不同的图像表现。但在长期的约定俗成中，西王母的随从也有了一些带有符号性质的图像。如为其取食的"三青鸟"，表示祥瑞的"九尾狐"，捣不死药的"玉兔"或"蟾蜍"等。昆仑仙界成了汉代人对死后世界的理想建构，是人人向往的极乐世界。据统计，山东嘉祥有45处以上的地方发现有画像石，数量在150块以上，几乎每组成套的画像石中都有西王母，到后期还有东王公。如武梁祠的西壁上，西王母有双翼，座两侧有龙首，坐于榻上；其左有羽人飞翔，有翼侍女，人首鸟身，其右有二兔捣药，蟾蜍及鸟，有翼侍女。其东壁上，东王公有双翼，戴山形冠，坐于榻上；其左有双头有翼龙，双头人面兽，羽人飞翔；其右有双头人面兽，双头鸟，人首蟾蜍。被称为左石室和前石室祠堂的西壁与东壁的图像配置，大体与武梁祠相当。其基本的符号有捣药玉兔、蟾蜍，较次一点的符号是羽人、人首鸟身者、龙。[35]宋山发现的四个小祠堂的西壁与东壁的图像，也是配置的西王母与东王公的图像，其图像志的表现与武梁祠大致一样。

在徐州白集祠堂的西壁最上方，刻有西王母，有玉兔捣药、仙人灵兽伴其左右；在东壁的最上方，刻有东王公，其旁有蟾蜍、玉兔、瑞鸟。在徐州洪楼祠堂的三角隔梁石的侧面，刻有一祠主升仙图。画面正中间是东王公，端坐在华盖之下，旁有羽人持嘉禾而立，并有仙禽异兽陪伴。画面右侧，祠主坐在一辆由羽人驾御的由三只仙鹿牵拉的云车上，正向东王公的仙界驶来。车前有一条虬龙为之作先导，车后有羽人骑鹿护行。整个画面充满升入仙界的欢乐气氛。

在祠堂图像的配置中，祠堂的顶盖一般都作为天的象征表现。祠堂作为宇宙象征的建筑，往往与天圆地方的观念是相吻合的。西王母与东王公被安排在西壁与东壁的方位性表现，已经明显地表现了这种方位观念。有的祠堂画面上，用表示方位的"四象"来表示宇宙时空的这种划分，青龙、白虎、朱雀、玄武，分别被配置在东西、南北的四个方向上。祠堂的顶盖，有的作方形，但上面却刻画表示天圆地方的象征符号。典型的代表是山东嘉祥宋山的四座小祠堂。这些祠堂较小，整个上盖是一块平板石，但在内部的上方、正中，却刻画着过去称为"莲纹"的图案。（图4-16）

安徽宿州褚兰镇墓山孜出土一块墓顶盖画像石，其中间有莲花图式，在莲花的周围，是人首蛇身、有鳞有爪的伏羲和女娲，围绕着盛开的莲花飘然而舞。从此图可以看到莲花中间的莲蓬形状。山东济南大观园也出土一块莲花日月画像石，画面中部为一朵八瓣莲花，一边是月亮，其中有蟾蜍，另一边是太阳，其中有金乌，左右有仙人起舞。（图4-17）

嘉祥宋山的莲花图案，在叶片上又有一方形纹，在四方的四个点上分别用线连在一起，在方形的中间，又有一中心点。笔者认为，这些正是汉代人宇宙观的符号性表现。莲花纹的中间为圆形，是天盖的象征，四瓣或八瓣的莲花纹，正是四方或八方的象征表现。如果说四个瓣代表了东、西、南、北，加上中间便成了"五行"的象征模式；如果说在八方的莲花瓣上的四方形纹代表八柱的话，正是《淮南子》中八柱撑天的象征表现；如果按河图洛书把莲花分为九格，则成了"九州"的表现。在莲

图4-16 莲花画像
1. 山东嘉祥宋山山东汉永寿三年（157）许安国祠堂顶石画像及题记；
2. 嘉祥宋山第二批画像第8石；
3. 嘉祥宋山第二批画像第9石。

图 4-17　莲花日月画像
1. 安徽宿州褚兰镇墓山孜出土；2. 山东济南大观园出土。

花纹外面的四个方向上，笔者注意到有的在四个方向上各刻两条相对的鱼，宋山的六块莲花石上，有五块在三个方向上各刻两条相对的鱼，在另一个方向上刻有带羽的鱼、鹿、鸟或人首蛇身的双翼神怪。古人的宇宙观认为天圆地方，八瓣莲花正是地方的象征表现。在大地之外，古人认为是"四海"，"四方"或"八方"。刻鱼，正是古宇宙论中"周接四海之表"（虞耸《穹天论》），大地四周是海洋观念的符号性表现；在另一方刻上鸟，或带翼的神异物，正是象征四海的上方是天界。有理由认为，这些图像都是古宇宙论中盖天说与浑天说在祠堂中的表现，正是通过这一莲花的象征意象，表达了汉代人的宇宙模式。褚兰镇墓盖的莲花纹周围，有伏羲、女娲相环绕而翩翩起舞，这象征阴阳交感，化育万物。济南大观园出土的莲花日月画像，在莲花的两个方向上刻画有日月，象征日月在天空运行的时空观。由此看来，宋山出土的永寿三年（157）莲花石中的两个人首蛇身的神灵，

第四章　墓室、祠堂与棺椁画像的宇宙象征主义　　157

也是伏羲、女娲，象征阴阳两种观念，因为伏羲、女娲在汉代的信仰中本是代表阴阳观念的神灵。

宋山等处的祠堂顶盖，用抽象的莲花图像来表示"盖天说"与"浑天说"的天地观，这是由于此类祠堂较小，困于经济力量或者礼制等级的限制，表现了一些地方性知识的特征。在有些较大的祠堂天顶盖上，则描绘了占星术的天象，也就是把一些星图按一定的图式描绘出来，并赋予它一定的象征意义。这种描绘往往把星官与诸自然神灵相结合，把自然力加以神灵化，是原始"万物有灵观"的图像呈现，并在汉代谶纬思想的影响下，赋予其祥瑞的观念。如武氏祠前石室顶部前坡的画像，便描绘了诸天的情况。该画共分四层，有风伯吐云、雷公击鼓、北斗帝车等。嘉祥武氏祠左石室顶部，刻画一幅祠主升仙图。石阙耸立，坟墓如山，云气升降，羽人导路，驷马侍乘，武士呼天，男女祠主灵魂仙去，奔向西王母与东王公。这里描绘的是升仙的具体过程，也即要凌空飞过天庭。

徐州洪楼祠堂残存的顶石上，刻有两幅天上诸神图像，风、雨、雷、电都被人格化为自然神灵。（图4-18）这两幅图出土时被描绘为"乐舞百戏"，以后沿袭了这一错误认识。从其图像刻画在祠堂的顶上，以及图中一上身裸露的神灵拉着星座，正在云气中狂奔可证明，此图描绘的是天象而非"百戏"。特别是对雷神的刻画，与王充《论衡》中的记载相符。雷神虎头人身，屹立在三龙或三虎牵拉的云车之上，双手挥桴，猛击车上树立的建鼓和车后玄武身上驮着的大鼓。王充《论衡·雷虚篇》谈到当时画工所画雷神的形象说："图画之工，图雷之状，累累如连鼓之形，又图一人若力士之容，谓之雷公，使之左手引连鼓，右手椎之，若击之状。其意以为，雷声隆隆者，连鼓

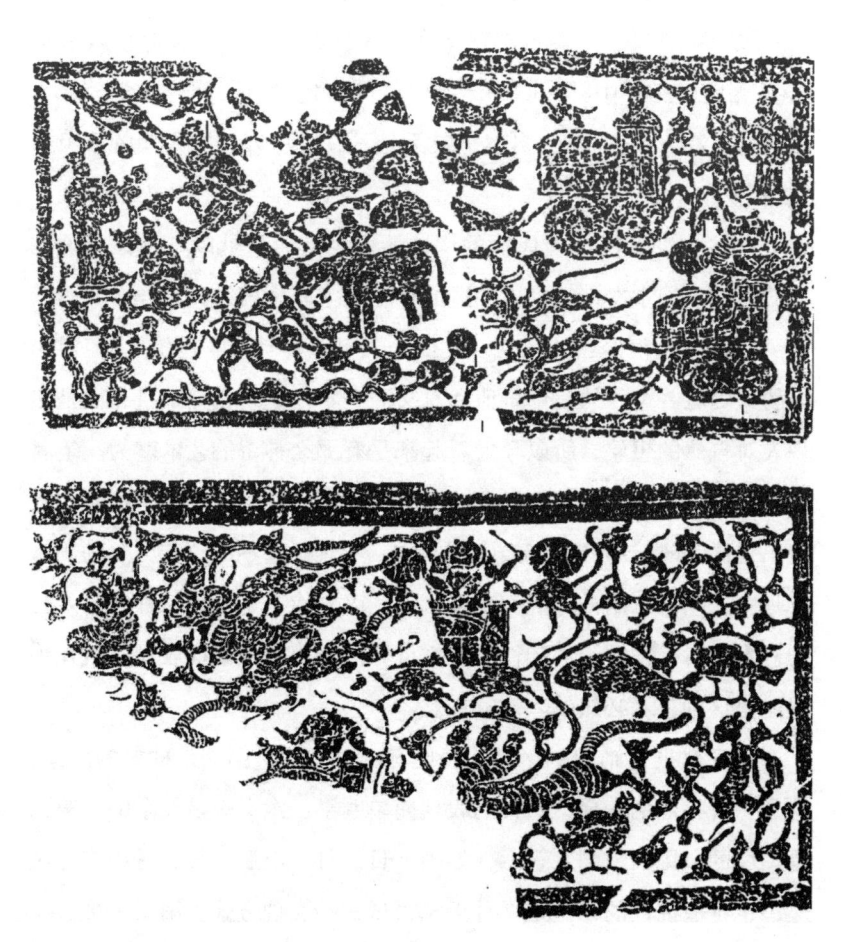

图4-18　江苏徐州铜山洪楼汉墓祠堂顶石画像

相扣击之音也。"据此可知，此两块祠堂顶部的画像为天象图，因为风、雨、雷、电等自然现象，在中国古代都是天的组成部分。

风、雨、雷、电等自然现象在古代的典籍如《文献通考》《五杂组》《渊鉴类函》中都被归为天部。中国古代没有一门气象学。古人相信"万物有灵"，认为自然神灵无处不在，所以用拟人化的形象来描绘自然。

自然在没有经过现代性的"祛魅"之前，总是以其神性出现在人的面前。祠堂本来就是人创造的神圣的空间，描绘其神异，刻画其神灵鬼怪就是很恰当的表现。我们今天可以称其为"迷信"，但对当时的人则有着重要的信仰价值和意义。它不是表现自然本身，而是表现人对自然的想象，所以今天看起来是有那么神奇的艺术魅力。笔者认为，从中仅看到"穷凶极恶的形象"是不对的，这些神灵形象，虽然不是优美的，却具有着崇高的本质，虽然我们不用"狞厉"的美来称呼它，却可以用神奇的美来欣赏它。汉画像本来就是一种装饰死亡的艺术，对宇宙的不可知性和死亡世界的神秘主义象征表现，就几乎只能是这种艺术必然的表现方式。

在汉代祠堂画像中，天的表现有四种方式：第一是抽象的图案，这是一种符号的表现，图案的表现简单明了，意义却是复杂的。第二是图像的，用天象图来表示，如画上日、月、星辰，日、月与一些星座，也是象征性的，这是一种天象再现式的表现方式。第三是拟人化的、幻想式的，把一切天象都想象为一种神灵，借神的形象来表示天的种种力量。第四是祥瑞图式的，汉代人认为天与人是相感通的，人的行为会影响到天的表征，天的表征显示了天对人的谴责与忠告。这与汉代的天文观念用于社会政治伦理的预警密切相关。《礼记·中庸》说:"国家将兴,必有祯祥。"祯祥的呈现是一种瑞应。汉人认为,如果帝王修德,政治清平,上天受到感动,就会降下祥瑞来赞许应答。《史记·礼书》:"或言古者太平,万民和喜,瑞应辨至,乃采风俗,定制作。"汉代大儒董仲舒建立了"天人感应"的神学政治观。加上哀平以降,谶纬泛滥,儒家的经纬合流,对民间的丧葬习俗产生了影响,有些祠堂中的天象图就演化成了祥瑞图。

在晚期祠堂中,用祥瑞图来表示天上世界以山东嘉祥武梁祠天井石图像最为著名。由于武梁祠早已倾圮,长期掩埋地下,清朝重新发现时图像已漫漶不清,好在根据文献记载和宋元旧拓,还可以大致了解这两块祥瑞图的内容。这两块祥瑞图上共刻40余个祥瑞,而且还有题榜。根据第二石,第一、二层的祥瑞图,从左至右刻有:银瓮、白鱼和比目鱼、比肩兽、比翼鸟、玉圭、玉璧、连理木、玉英、玉马等。据李发林先生考证,汉画像中常见的祥瑞有近40种。除了上述的几种,还有凤凰、龙、蓂荚、神鼎、浪井、六足兽、赤罴、泽马、白马、巨畅、麒麟、河精、三足乌、九尾狐、白鹿、甘露、白虎、玄武、白象、朱雀、玉女、金胜、芝英、白雉、白兔等。[36]汉画像中祥瑞图是极常见的,其数量与表现历史题材的画像不相上下,说明汉代人对此观念的重视。祥瑞的产生,与汉代人的宇宙观密切相关,如"蓂荚"就是作为包含宇宙日历的象征性而成为祥瑞的。武氏祠祥瑞图有蓂荚,题榜曰:"蓂荚,尧时(下漶漫不识)。"按《宋书·符瑞志》说:"蓂荚,一名历荚,夹阶而生,一日生一叶,从朔而生,望而止。十六日,日落一叶,若月小,则一叶萎而不落,尧时生阶。"《白虎通义》说:"日历得其分度,则蓂荚生于阶间。蓂荚,树名也。月一日生一荚,十五日毕。至十六日,去荚,故荚阶生,似日月也。"正史中尚没有发现蓂荚的记载,不知大自然是否会有这种与日历相合的树木,但作为一种祥瑞的象征物,却是因为其暗合日月之明、历法之序。其宇宙象征主义特征是极鲜明的。

祠堂画像中的宇宙象征主义,并不是自然性的而是人文性的,不仅祥瑞图表现了这种人文性,而且整个的祠堂画像也表现了这种人文性。天圆地方的宇宙形态,终于成了"天道圆、地道方"的精神象征。浑沌的天体被分为二十八宿,并分属"四灵"的区域,以与地上的"九州"相呼应;北斗成了天帝之车,风、雨、雷、电被幻化成为各种神灵,以呈现天地对人事的惩罚;高山峻岭被赋予升天的意象,想象中的仙界,不过是人文理想乐园的象征;死后的虚无被置放在一个虚构的不可知的神秘世界中,祖先被安放在图像正面最显赫的位置,死去的人成了活着的人心情的慰藉和保佑活着的人的神灵。在人文精神中,宗法的血亲又一次在起着重要的作用。

这种人文精神还表现在众多的历史故事的画像中。哲学人类学的研究表明,人不仅是自然的存在、生物的存在,而且是还是一个文化的存在、社会的存在、历史的存在和传统的存在。[37]汉画像中表现历史故事的画像,就代表了这种存在。选择什么样的故事画面安置在祠堂中,不是纯粹的个人的主观爱好,而是当时流行的意识形态一种表现。哲学家斯拉沃热·齐泽克认为:"意识形态并非单纯的'虚假意识',并非现实的幻觉性再现,而是现实本身。"[38]由于中国文化的伦理本体性的特征,这种历史故事就充满一种道德的内涵。《鲁灵光殿赋》说的"恶以诫世,善以示后",就是这种叙事性图画的人文意义。古代人在一定的仪式中,靠叙述的神话与故事,获得传统的知识和力量。中国从神的时代进入人的时代以后,历史便产生了,并被赋予崇高的价值。所以中国从古到今充满了种种的历史记载。实际上，历史早已消逝于不可复现的时间岁月中，留下的只是史官的有选择的记录。这种记录本身就是一个话语权力选择的结果，是史家制造出来的，历史的叙述方式是故事性的，只表现故事的实在性。祠堂画像中的故事，便是这种祭祀仪式中的传统呈现，它制造的是一种氛围，是死者先前的知识信仰，和为死者制造祠堂的祠主子孙的欲望，以及工匠们的艺术呈现的产物。图像叙述故事，只是符号性的，靠瞬间的一个画面来象征和隐喻故事中的道德"征兆"。汉代初始到汉武帝时，汉人推行黄老之学，因此道家与道教的求生、升仙观念成了汉画所表现的重要内容。汉武帝以后，儒家学说大行其道，以儒学的价值作为主要的道德规范便影响到了汉画像中历史故事的选择。特别是那些能建立起祠堂的人本身就是儒学之士，他参与营造的祠堂，就自然注入了自己理想的精神模式。

山东武梁祠中有历史故事43幅，这些故事因有题榜文字可考，经过众多学人的研究，除了个别的几幅故事原本不清外，内容大都是明确的。全部故事可分为四类：古代帝王、节妇烈女、孝子和义士侠客，是按照儒家的忠、孝、节、义原则排列的。它体现了武梁的人文理想，他希望统治者以三皇五帝为榜样，成为践行儒家"仁政"的圣贤之君；天下臣民都成为严守儒家忠、孝、节、义道德准则的忠臣孝子和节妇列女，实现儒家人文理想的太平盛世。武梁的这种"历史故事"观是他作为一个儒士的人生信条。《从事武梁碑》云：

　　□故从事武掾，掾讳梁，字绥宗。掾体德忠孝，岐嶷有异。治韩诗经，阙帻传讲，兼通河洛、诸子传记。广学甄彻，穷综典□，靡不□览。州郡请召，辞疾不就。安衡门之陋，乐朝闻之义。诲人以道，临川不倦。耻世雷同，不窥权门。年逾从心，执节抱介。始终不贰，弥弥盖固。大位不济，为众所伤。年七十四，元嘉元年季夏三日，遭疾陨灵。

从碑文可知，武梁是个很有性格的儒生，对韩诗经、河洛、文学、诸子传记等都很有研究，所以才能在自己的祠堂中留下儒家人文的理想图像。如果说武梁祠中的历史故事还是个例，甚至将其看成一个个案研究，那么，在其他的图像中我们也能看到这些故事。《后汉书·赵岐传》也载，当时的名儒赵岐于"建安六年卒，先自为寿藏，图季札、子产、晏婴、叔向四像居宾位，又自画其像居主位，皆为赞颂"。赵岐认为自己可以与古圣贤之士相媲美，故自图其像于其中。人死不能复生，尸解后化为虚无，对生人是残酷的。儒家主张"立德、立功、立言"而使自己转化为不朽。不死就是要在自己生前做出业绩，以留给后人永恒的纪念。赵岐自图其像便有不朽的欲望，以摆脱其对死亡后虚无的恐惧。

汉代往往以图像示教化，东汉晚期大臣阳球给灵帝的奏文中，强调了这一点。据《后汉书·阳球传》，他说："图象之设，以昭劝戒，欲令人君动鉴得失。未闻竖子小人，诈作文颂，而可妄窃天官，垂象图素者也。"这种观念，使汉代历史故事画像流行起来。除了武梁祠有那么多的历史故事画外，嘉祥宋山小祠堂、长清孝堂山石室、徐州洪楼祠堂、徐州白集祠堂都有许多历史故事画像。不仅祠堂画像，在一些墓室画像中也有这些历史故事。如沂南北寨村的汉画像石墓中，就刻了众多的历史人物故事；南阳和四川的汉画像中也常见孔子见老子、周公辅成王、荆轲刺秦王、二桃杀三士等故事画像。

《史记·礼书》曰："天地者，生之本也；先祖者，类之本也；君师者，治之本也。……故礼，上事天，下事地，尊先祖而隆君师，是礼之三本也。"中国本是一个礼教的国家，"天、地、君、亲、师"是汉代人崇拜祭献的对象，祠堂画像正是这种礼制的表现。

综上所述，汉代墓上祠堂的建构结构与图像的选择与配置，是严格按汉代人的宇宙观进行的。它是按地上世界的样子，结合对地下世界的幻想所创造的一个沟通生死两界的神圣空间，重现了幻想中的人文创造的一个完整的宇宙世界。这一切围绕着死去的祖先而展开，祖先被安放在最显赫的地方接受子孙的祭祀。祠堂图像按"天圆地方"、上下和四方等观念而排列。祠堂的天井是天象图或幻想中的天神居住的场所；在祠堂的天盖下方或左右屋山的顶部是天降祥瑞的呈现与西王母、东王公诸仙的昆仑山仙境。仙界以下则是由历史故事组成的人文世界，是传统文化的根基所在。祠堂的功能就在于祭祀祖先，引导其升入仙界。祠堂后壁的下方就是地下世界与地上世界的通道，祖先的灵魂又在子孙的祭祀中而升入仙界。车马图象征灵魂来往于两个世界的交通工具。狩猎、庖厨都是在准备献祭的食物，天地的沟通，人鬼的交流，自然与人文的结合，通过祭祀的仪式行为而得以实现。在这里，不可知的、神秘莫测的天转成了一个象征的符号，借神灵的图像而显示出了其令人恐惧的威力，又不断向人间显示祥瑞的征兆，使人不再惧怕天的惩罚。以西母王为代表的诸仙境界，是人类对"大母神"崇拜[39]，企图回归原始母体，把凶神恶煞又幻化为"美神"的形象化体观，是人类欲望升华的象征。死是恐惧神秘的，在这里借子孙的血食祭祀、阴阳两界的沟通而得以疏泄，幻想中的死亡幻境是审美的极乐世界,其可怕的悲剧性转化为一种驱魔的崇高,人类把自己灵魂深处的恐惧外化为一种凶神恶煞,并用丑怪的形象加以驱邪。因为人还有一个传统文化构成的人文领域,在这个领域,人的价值是由历史故事中所体现的伦理规范而实现的。在这里有统治者提倡的权力话语模式,却也含有"全球伦理"的道德形式。[40]普通百姓可能没有实力为自己建造这样一个祠堂,可所有的祠堂都是由当时的能工巧匠建造的,谁也不能剥夺他们制造祠堂时的欢乐,他们也会把自己的乌托邦幻想投射到这些图像的创造上。死亡对所有的人都是公正的,从掌握权力的帝王将相,到身外无物的一介草民,死亡是一条活人永远无法涉入的河流。进入仙境的路也不是通过"权力""金钱"与"贿赂"可以达到的。创造幸福的路还是要自己去寻找。

三、棺椁画像的象征意义

汉画像图像中的宇宙象征主义,除了从成熟时期的墓室画像可以看到,从墓上的祠堂画像可以看到以外,作为装殓死人器具的棺椁的图像排列,也是一种宇宙象征主义的表现。

在中国古代棺、椁往往并称,虽都是葬具,但还是有区别的。《说文·木部》:"棺,关也,所以掩尸。"《管子·立政》:"死则有棺椁、绞衾、圹垄之度。"《论语·先进》:"鲤也死,有棺而无椁。"简单地说,棺是装死者的,椁则是棺外的套棺。据记载,周代的棺椁制度就有严格的等级,即所谓"天子棺椁七重,诸侯五重,大夫三重,士再重"。考古学也发现了一些大型的墓在椁室内有双重棺。

汉代的丧葬制度,沿袭了一些先秦时的制度,又进行了一些变革。汉代普遍用横穴式的洞穴作墓圹，用砖和石料筑墓室，在形制上模仿现实生活中的房屋，其棺椁制度则沿袭周代的礼制，有严格的规定。有的汉墓还使用了"黄肠题凑"，还有的用"玉衣"敛尸，以求不朽，为升入仙境做好准备。

西汉中后期开始出现石室墓，到东汉时在一些地区曾盛极一时，其棺椁上刻画着许多画像，为我们研究其中的象征问题提供了图像志的资料。如在马王堆1号汉墓中，就发现了内外套合的四重漆棺，在第二重和第三重漆棺上都绘有色彩艳丽、精美绝伦的漆画。第二重漆棺在黑色的背景上，绘有极富流动感的仙禽神兽和云气纹。第三重漆棺的四壁和盖板上绘着宇宙中的仙界图式。前文我们已经分析了这些图像的象征意义。

两汉考古学的研究证明，以徐州为中心的苏北、鲁南和豫东等地，是汉画像石墓最早出现的地区。这一地区，本是汉高祖刘邦的故乡，汉代众多皇亲国戚居住在此，有权有势。汉初即在此地建诸侯国楚国，两汉时共传十八王。他们不仅以山为陵，开掘出庞大的石室墓葬，而且也创造了汉代最早的石椁画像。如徐州范山[41]、万寨[42]、沛县栖山[43]等地，都发现了两汉时期的画像石椁墓。河南夏邑吴庄[44]、山东临沂庆云山[45]和平阴新屯[46]等地也发现了这种画像石椁墓。到了东汉时期，这种棺椁在这一地区渐渐少见，已被更加成熟和完整的汉画像石墓代替。在四川的一些地方，则出现类似的石棺画像，这种石棺往往由一块大石头雕造而成，棺盖则用另外的石板充当。20世纪30年代以来，四川地区已发现汉代石棺50多具。这些石棺刻画许多图像，且图像内容有一定的规律性，其配置也是按宇宙象征主义的模式来排列的，棺椁都是宇宙的象征。人活着时，对每个人来说，都处在宇宙的中心，因为每个人都用自己的眼睛来观察，用自己的心来感觉，用自己的头脑来思考，人处在宇宙中心是一个经验的事实。人死后，被装进了棺椁，也按宇宙中心来设计。其表现特点为棺椁盖是天的象征，头部档板往往刻画天的象征符号或沟通天地的象征图式，有时刻画日月及其天神或仙界。足部档板往往刻画表示进入另一个世界的双阙，或生命树，其扎根于大地，上有灵魂之鸟导引魂魄向上飞升。左右壁上则刻画升仙的内容，或为西王母的仙境，或为有助于升仙的奇禽异兽。有时又在棺椁的四个方向上刻画表示方位的"四灵"，在棺盖上刻画表示天地四方的"柿蒂纹"。

石椁画像的象征模式

目前发现的汉代石椁画像墓，主要是在汉代楚国的领域内，今苏、鲁、豫、皖的交界处，以徐州为中心。我们选择汉代石椁墓为典型代表，作一个图像志的归纳分析。这些典型的石椁墓画像有山东临沂庆云山2号墓石椁画像、河南夏邑吴庄2号墓石椁画像、江苏徐州范山墓石椁画像、江苏徐州万寨墓石椁画像、山东平阴新屯2号墓石椁画像。

汉代人流行一种"人同天地"或"天人一致"的宇宙观。《淮南子·本经训》说："天地宇宙，一人之身也；六合之内，一人之制也。"这就是后人所谓的人身是小天地，天地是大人身的思想原型。承认人与天地同一，那么就可以根据其相类似的特点，来认识天人之间的关系。《吕氏春秋·有始》云："天地万物，一人之身也，此之谓大同……天斟万物，圣人覧焉，以观其类。"《吕氏春秋》认为，人的身体体现了天地万物的结构。所以它又说："人之与天地也同……

故古人治身与天下者，必法天地也。"到了董仲舒的《春秋繁露》中，则发展出一套"人副天数"的象征哲学体系。按董仲舒的观点，人与天地有对应一致的关系，人与天在结构上有数值的相同和形象的类同，人就是天地的缩影。因此，人必须顺天应时。

董仲舒在《春秋繁露·人副天数》卷十三说："天地之符，阴阳之副，常设于身。身犹天也，数与之相参，故命与之相连也。天以终岁之数，成人之身，故小节三百六十六，副日数也；大节十二分，副月数也；内有五藏，副五行数也；外有四肢，副四时数也；乍视乍瞑，副昼夜也；乍刚乍柔，副冬夏也；乍哀乍乐，副阴阳也；心有计虑，副度数也；行有伦理，副天地也……于其可数也，副数；不可数者，副类。皆当同而副天，一也。"人之所以要法天则地，是因为人与天地同一，遵循天地之道也就是遵循自身之道。

石椁墓的图像，往往按宇宙象征模式来安排，就是这种世界观的表现。邵雍《皇极经世书·观物外篇》认为：万物各有太极、两仪、四象、八卦之次，亦有古今之象。一粒粟中藏世界。天地是最大的物，人与天地同构。人头圆像天，足方像地。人死后，也要按这一宇宙模式安葬。石椁墓的头部档板图像往往按这一模式安排。（图4-19）

从图4-19的1至7中，我们选取了不同时期的石、木、漆棺椁上头部档板的画像，我们看到，其中心图像便是"璧"，有人把图4-19-1称为悬璧图。从文化人类学的角度看，璧起源极早，在原始文化的遗址中常有玉璧出土，是礼天的礼器。汉墓中出土玉璧也很多。璧是天圆的象征，表现的是天的形态。无论是盖天说还是浑天说都认为天是圆的。但如果我们从图4-19-1的圆形放置在一个方形

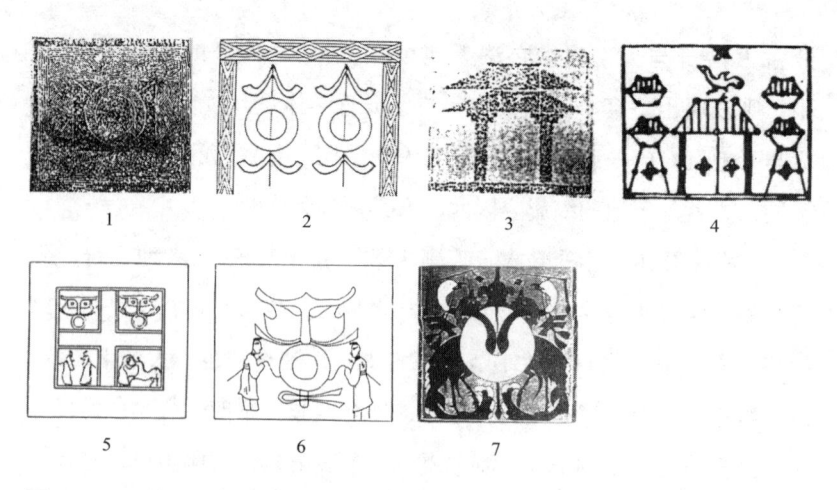

图4-19　汉棺椁头部档板画像

1.山东临沂庆云山2号墓；2.河南商丘夏邑吴庄2号墓；3.山东济南平阴新屯2号墓；4.山东临沂金雀山14号墓；5.江苏徐州沛县栖山1号墓；6.江苏徐州沛县栖山1号墓西椁；7.湖南长沙砂子塘1号墓外棺。

内，根据对原始文化符号的研究，这个图像便是天圆地方的象征。我们注意到在圆与方的接合处，四个方向有四条线相连，可以看成四方的象征。四方，既可以指大地上东、西、南、北四个不同的方向，也可以指天有四个区域。或者按古代的宇宙形态把它看成支撑天的四根柱子。前已述，汉代墓制建筑往往造成上圆下方的形制，这个图案是其最简易的一个宇宙的"格式塔"。根据格式塔心理学的研究，人心对外在世界的认识，总是遵循一个"简化"的原则，总要把复杂的事物转化为简单的格式塔，才好把握它。[47] 在棺椁的头部的档板上，刻画这一神圣的符号，无疑是代表天地观念的，象征死后所去的世界是一个完形的宇宙。我们在其他的几个头部档板的图像中，都看到这一圆形，这应是一个象征性的符号，不能仅仅认为是"悬璧图"。

图4-19-3是山东平阴新屯2号墓出土的头部档板，其刻画的是一个两层的楼。图4-19-4是山东临沂金雀山14号墓出土的头部档板，刻画的是中间有门，两边有双阙，层门上有飞鸟。在图4-19-3中的楼的上方中间，我们也看到刻画一圆。图4-19-5是沛县栖山1号汉墓石椁的头部档板外的画像，图4-19-6是同一墓的西椁画像。我们在其中也发现了璧的象征。在图4-19-5中，以圆为中心，按"十"字纹把图像分成四个区域，上有铺首衔环，下有人物与马。而图4-19-6则有铺首衔环，下有两人同手拉绳牵璧。从汉代的铺首衔环往往刻画在门上，成为进入另一个世界入口处的表现看，这是象征死后将进入另一个世界即天界。天与地的区分，就在"天门"处。四川简阳鬼头山崖墓3号石棺画像上，在双阙的上方刻着"天门"的题铭，给我们明确地指出了这种象征性。因此，我们根据以上的论述，可以把图4-19-3和图4-19-4看作"天门"。在图4-19-4中我们看到门上飞翔的鸟，那无疑是一对灵魂之鸟，在西汉帛画中多见这种导魂之鸟。图4-19-7便再现了这种神鸟通天地的象征图式。图中两只似孔雀的巨鸟将长颈穿过璧孔，隔着绶带互相对望，美丽的长尾从两侧向内卷曲成对称的弧形，神鸟嘴含玉珠，并衔挂一对玉璧，磬下有流苏下垂。图4-19-2是河南夏邑吴庄2号墓石椁的头部档板图像，其刻画左右对称排列的二璧，两个璧上下又有"人"字形的符号，信立祥把它看成璧下的"流苏"[48]，似不确。因为璧下面的可以看作流苏，但璧上端的"人"字形饰，断然不能是流苏。根据汉代人的宇宙观，璧上面的"人"字形，应该是"天盖"的象征。关于"盖天说"，《太平御览》卷二引："一云天如车盖，游乎八极之中；一云天形如笠，中央高而四边下。"《周髀算经》说："天象盖笠，地法覆

盘。"这里的"人"字符号，正是这一观念的表现。大部分石椁墓仅存四壁的图像，看不到上面的椁盖。在四川的石棺图像中，石棺盖上的图像往往表示天的象征图式，是极明了的，详细分析见后文。

根据以上图像志的探讨，我们可以对石椁头部档板的图像作图像学的概括。石椁头部档板的图像是天的象征表现，往往通过璧加以象征，死者的灵魂在奇禽异兽的导引下，进入祠堂接受礼拜，并最终升入仙界。

现在，我们把头部档板的图像放到整个石椁图像中来，再看这个问题。图4-19-1选自山东临沂庆云山2号墓石椁画像。（图4-20）这个墓于1984年被发现，是一座东西并列的土坑竖穴夫妻合葬墓。东侧2号墓的石椁长250厘米，宽100厘米，高96厘米，由盖板底板和四块侧板组成，但盖板上无图像。底板的正中央，刻有六博局盘纹。发掘报告将该墓年代定为西汉早期，日本的曾布川宽将其推到西汉初[49]，信立祥将其确定在西汉宣元年间（前73—前33）。[50]信立祥的结论应该是可信的。

庆云山2号墓石椁图像，是汉代所形成的宇宙观的一个典型的代表，值得加以研究。其头部档板，刻画的是一个典型的格式塔式的宇宙图式，即"天圆地方"的象征符号；其足部档板内面，刻画着两个腰佩长剑、相揖而立的冠服人物。参考其他几个石椁足部档板的图像（图4-21）可以看到，图4-21的1、3、6中都有两个人，图4-21-1的两人站在双门阙的外侧，脸相对。图4-21-3的两人，站在双阙的外侧，头相对，低头，手中拿着棒状物。图4-21-6在悬挂的玉磬上方左右各蹲一相对称的豹，豹上各有一人，两人相对。根据汉代人的建筑形制，双阙往往是门的入口处，汉代人往往在城、宫、

172　汉画像的象征世界

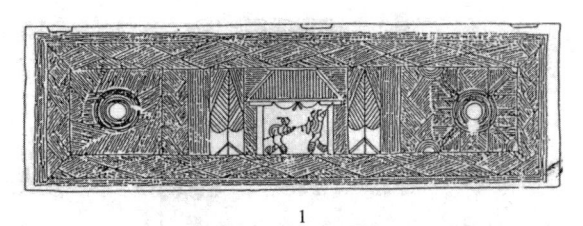

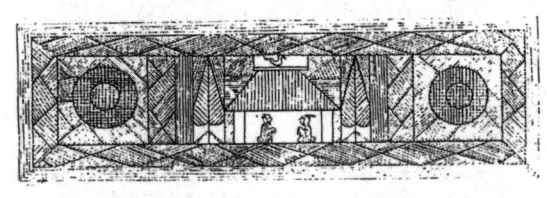

图4-20 山东临沂庆云山2号墓石椁画像线图
1. 右侧板内壁；
2. 左侧板内壁；
3. 头部档板内壁；
4. 足部档板内壁。

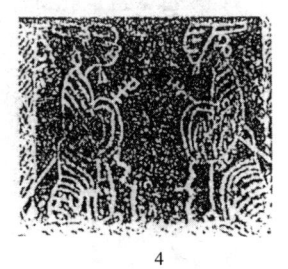

图4-21 汉代棺椁足部档板图像
1. 山东济南平阴新屯2号墓；
2. 江苏徐州沛县栖山1号墓；
3. 江苏沛县栖山1号墓西椁；
4. 山东临沂金雀山14号墓；
5. 湖南长沙马王堆1号墓三重棺；
6. 湖南长沙砂子塘1号墓。

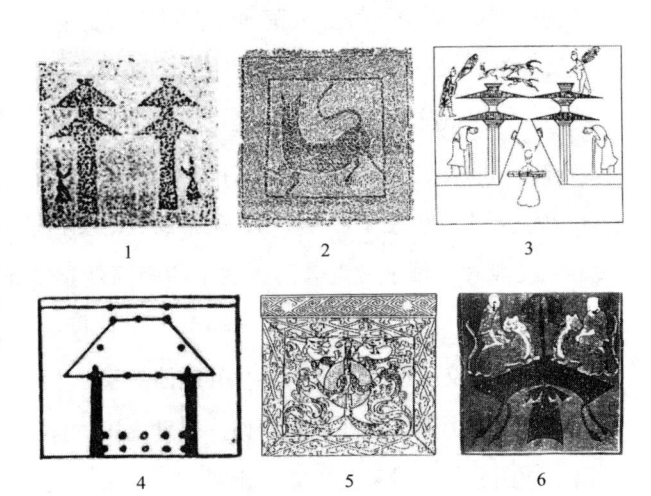

第四章 墓室、祠堂与棺椁画像的宇宙象征主义　173

宅、祠庙、墓前建阙。棺椁是敛死者用的，足部刻双阙，无疑是象征棺椁的内部是另一个宇宙，阙便是进入另一个世界的通道。在汉代的棺椁画像中，双阙图往往被刻画在头部或足部，而以足部为多，可见其空间的象征意义。长沙马王堆1号汉墓和3号汉墓出土的帛画，在天门处都有两人相揖而对，与上图意象相合。在图4-21-6中的双人乘豹，与长沙马王堆1号汉墓天门上的图像也类似，古人信仰虎豹可以保卫天门、地界，不让野鬼邪鬼侵入。图4-21-2是江苏沛县栖山1号墓出土的足部档板图像，其描绘的是一神怪，双眼圆睁，双耳耸翘，似虎非虎，似豹非豹，似狐非狐，《中国画像石全集》称其为"白虎"。

但在《徐州汉画象石》一书中则描述为"似虎形"[51]，可见其究竟画的是何图像还需要进一步研究。据萧兵考证，载人者为"文马"[52]。《山海经·海内北经》曰："犬戎国……有文马，缟身朱鬣，目若黄金，名曰吉量。乘之寿千岁。"在天门吏的后面有两个动物，被认为是豹或神虎。《山海经·大荒西经》说看守昆仑的九头开明兽，就是九头虎神。汉画中常见的"九头怪"即此神。图4-21-5中的二龙穿璧图，在汉画像中有极典型的意义：璧是天圆的象征，龙是沟通天地的灵物，两龙交于璧，象征宇宙间阴阳两种力量，在交互作用中化育万物。龙又是助人升天的灵物，是帮助人的灵魂进入天国的象征。

长沙马王堆1号汉墓帛画的主体画面就是二龙穿璧。我们从图像中可以看到在"T"形帛画下半部，左右两条龙穿过中间的悬璧，在璧中心相交后昂首升向天界，其尾伸入象征大地的海中，整个从阴间到阳间的道路都是在两龙相拥持中呈现的。长沙马王堆3号汉墓的帛画，图像与1号墓几乎完全相同。

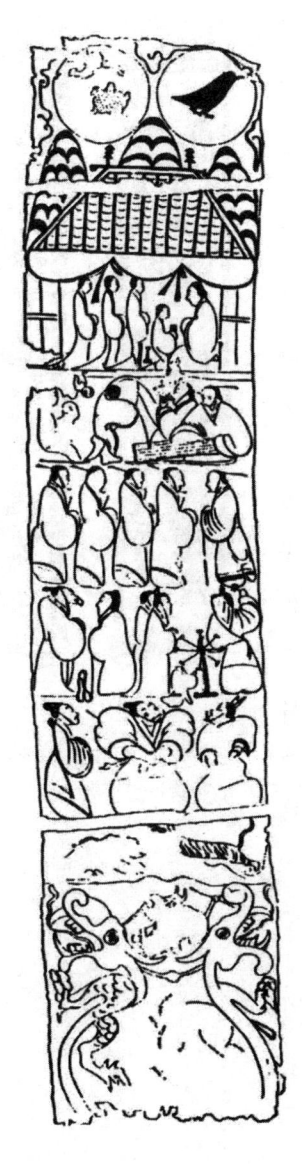

图4-22 山东临沂金雀山9号墓出土帛画线图

在山东临沂金雀山9号墓出土的另一件帛画上，我们也看到这种交龙。帛画下半部虽然残损，但相背的两龙头还是很清楚的。（图4-22）把这幅图像与马王堆汉墓的帛画相比较，可以看出两龙在图像志中的一致性。不过，山东临沂的这幅帛画把祠堂受祭与乐舞图、拜谒图、历史故事等，都画在了同一帛画上面。这些图，在其他的墓室与祠堂壁画中是常见的。山东苍山元嘉元年墓的长篇题记云："中直柱，双结龙，主守中雷辟邪。"我们在此墓北壁中柱即后室门的中门柱正面，看到两条互相缠绕的巨龙形象。（图4-23）前文我们已经分析了这个墓的图像是按天地的象征模式配置的，作为"中直柱"，正如撑天的巨柱，天地的沟通正是靠两龙相交而进行的。汉画像中有许多交龙图、二龙穿环或二龙穿璧，均应按这一理念来认识。

这样，我们对几种棺椁的足部档板的图像进行了图像志的研究，其图像学的意义便可以明显表现出来了。人的足部处在下部的位置，人的下部便是大地，是人死后要去的世界。人死后就是要在

第四章 墓室、祠堂与棺椁画像的宇宙象征主义 175

地下建立一座墓穴，入殓后便进入另一世界。另一世界是现实世界的一种摹本，又是人对死后世界幻想的呈现。阴间如阳间一样，也有门阙，也有祠堂，龙与虎仍然是沟通这不同世界的神物。

我们再看棺椁墓左右侧板的图像。图4-20-1、图4-20-2是山东临沂庆云山2号墓石椁画像。这一图像是汉初人们宇宙观的最简化的图式表现。阿恩海姆说："当某件艺术品被誉为具有简化性时，人们总是指这件作品把丰富的意义和多样化的形式组织在一个统一结构中。在这个结构中，所有细节不仅各得其所，而且各有分工。"[53] 图4-20-1是右侧板内壁画像，靠头部的方向是一十字穿环纹，在十字的四个方向上，各有一半圆，有线把这个半圆与中间的圆环相连。这个图像在汉画中很常见，是最基本的天圆地方的象征图式。如徐州黄山发现一块汉画像石，画面为十字穿环，中间的圆环中刻一只类似于瓦当图案中的白虎，虎身腾跃卷曲，虎口猛张，画面四周装饰连弧纹。徐州大泉征集到的一块画像石，上层刻十字穿环，下层刻一驾轺车，车有盖，上乘两人，一为驭手，一为车主人。结合商代祖庙和墓穴往往作"亚"

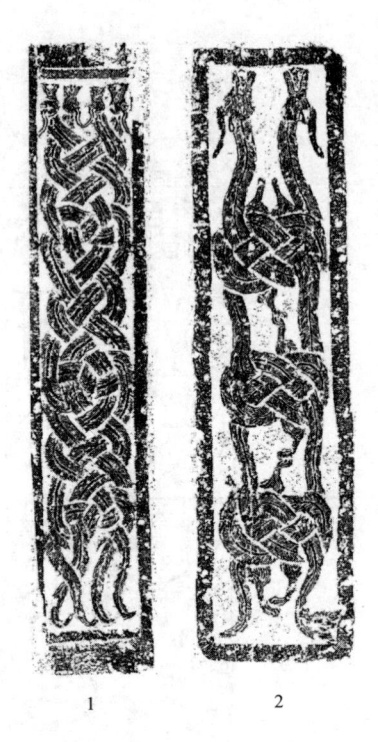

图4-23　山东苍山元嘉元年墓中的双结龙图像
1．墓门中立柱正面；
2．前室北中立柱正面。

176　汉画像的象征世界

字形，我们从此符号中，可以看到其历史的演变过程。长沙子弹库出土战国楚帛书十二月神的图像与文字的排列，也是按这种图式安排的。其整幅图是一个"亚"字形，在四个边上各有三个神，在四个角上各有一株植物，文字按右旋方位安排，正是天圆地方、天盖旋转的象征表现。这个符号与汉代的日晷是类似的。日晷在汉代又叫晷仪。《汉书·律历志上》称汉武帝太初元年（前104），"议造《汉历》，乃定东西，立晷仪，下漏刻，以追二十八宿相距于四方，举终以定朔晦分至，躔离弦望"。秦汉时的石制日晷，现存三具：一为光绪二十三年（1897）出土于托克托城（今内蒙古自治区呼和浩特市南），现藏中国国家博物馆[54]；一为1932年出土于河南洛阳金村南半里之古墓，后被加拿大传教士怀履光（W. C. White）带回加拿大，现藏多伦多皇家安大略博物馆；另一件为山西朔州右玉出土，残损过甚，仅存一角。[55]（图4-24）在战国到西汉的遗物中，我们经常看到一种"博局图"，它是在一个正方形的基础上刻画出二绳、四维和四钩，组成所谓的"TLV"图形。在金村晷仪上，我们可以清楚地看到这个图形。

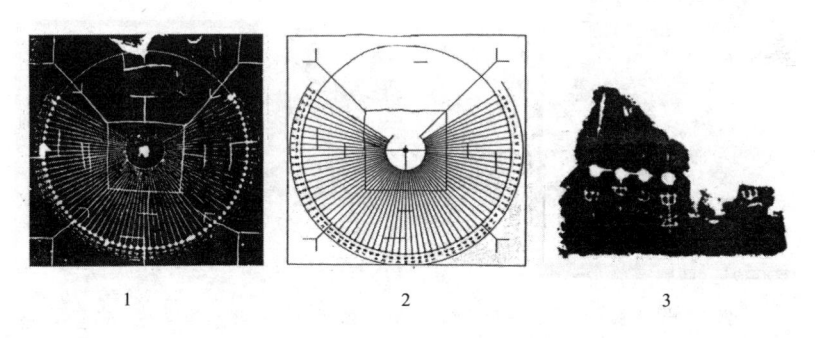

图4-24 秦汉日晷
1.内蒙古托克托城出土；2.河南洛阳金村出土；3.山西朔州右玉出土（残件）。

在汉代的图像中，常见有博局图，由于取象征的意义，所以一般都刻画草率。博局乃是战国秦汉时普遍流行的一种游戏，有人把式盘与博局看成同一个东西是不对的。与其说博局用于游戏，不如说用于占卜。秦汉时的六博游戏与占卜很难分清，那时人们将游戏看作体现神意的一种象征形式，博局体现了人在宇宙中了解自己命运的意图，实际上是人与神进行的一场较量。因此，六博局的游戏是人神相通相感，人与命运之神相抗争的文化象征。（图4-25）山东临沂庆云山2号墓石椁下部底板的正中间刻画博局的意义便可明白了。它不是为了

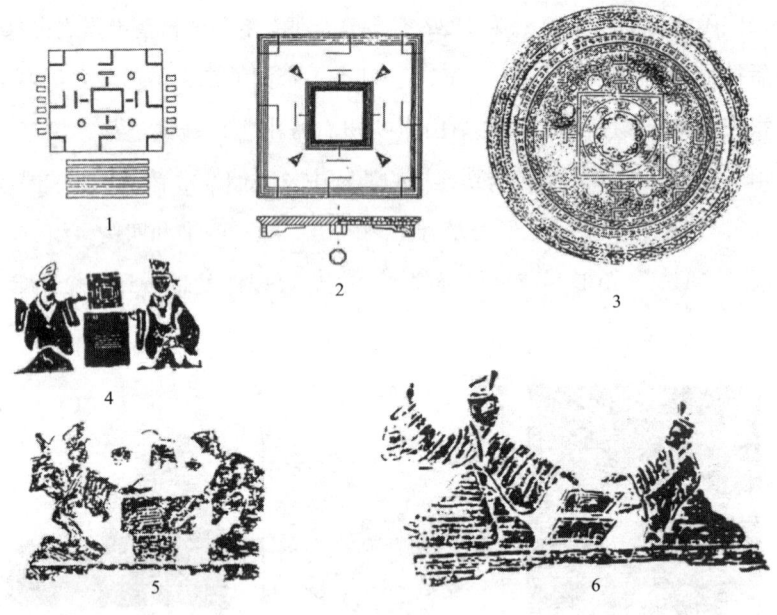

图4-25 博局图
1.湖北云梦睡虎地秦墓出土博具；2.山东临沂金雀山M31出土西汉六博棋盘；3.江苏东海尹湾M4出土西汉博局镜；4.山东微山东汉博戏画像；5-6.江苏徐州出土博局图像。

178　汉画像的象征世界

游戏，而是表现人在宇宙中的位置，有占卜择吉的象征意义。中国国家博物馆收藏的铜镜拓本中，一博局镜有如下铭文：

> 新有善铜出丹阳，和以银锡清且明，左龙右虎□为□，朱爵（雀）玄武顺阴阳，八子九孙治中央，刻具博局去不羊（祥），家常大富宜君王。[56]

由此可见，博局是"象征天地构造的图形"[57]，所以才有吉祥的象征意义。

我们再看庆云山2号墓石椁画像，左侧板图像的中间部分，刻画有一房屋，为单间悬山式建筑，内有两人相对坐作揖，房上有一鸟，房左右侧各有一树，从树的形状看似柏树；右侧板图像的中间部分，图像与左侧板图像有相似的地方，也有一房屋，房屋左右侧各有一柏树，屋中的人为二武士比武，但房上没有鸟。（见图4-20）这里的房屋与山东临沂金雀山9号墓出土的帛画最上层的房室相似。从帛画房屋里的拜谒图像可以看出，这个房屋应是祠堂。1982年，绍兴306号战国墓曾出土一件铜屋模型，屋"顶心立一图腾柱，柱高7厘米，断面作八角形，柱顶塑一大尾鸠"[58]。

这种铜屋应是祠堂，也有人称之为"祖屋""灵堂""魂屋"，与祭祀灵魂有极大关系。在秦汉以前的民俗信仰中，通俗的想象仍视灵魂为一只鸟[59]，这与先秦东夷人以鸟为图腾的信仰有关，甚至可以追溯到商代的四方风神的信仰中。汉代人相信人死后可以飞升入仙界，便以鸟作为飞升的象征。汉代帛画和画像石中，常见羽人和各种人首鸟身神怪，就是这种观念的象征表现形式。我们在文献中发现，楚怀王在传说中，就曾化为"楚魂鸟"。清代陈元龙《格致镜原》卷八十一引《古今注》曰："楚魂鸟，一名亡魂，或云楚怀王……死于秦，后于寒食月夜，人见于楚，化而为鸟，名楚魂。"临沂庆云山2号墓石椁侧板上鸟的图像，便是这种观念的简约表达。

实际上，汉画像中的凤凰、仙鹤、鸿鹭、观风鸟等，都有这种象征灵魂飞升的意义。当然，临沂庆云山2号墓石椁画像并不是孤证，在已发现的石椁画像中这种图式被极简洁地表现着，它已经具有一种结构的意义。按吉登斯结构二重性的理论来看，它是在知识的层面上对"解释图式"的一种呈现，这种解释图式，在社会结构的层面可以把社会互动与意义相"沟通"。[60]这种图式还见于徐州万寨墓的石椁画像（图4-26）、徐州沛县栖山1号墓中椁画像（图4-27）、徐州范山墓石椁画像（图4-28）。此外，在河南夏邑吴庄2号墓出土的石椁画像中，也看到这种简化图式。（图4-29）

从图4-26的图像我们可以看到，这里所强调的仅有两个图像，一为作为祭

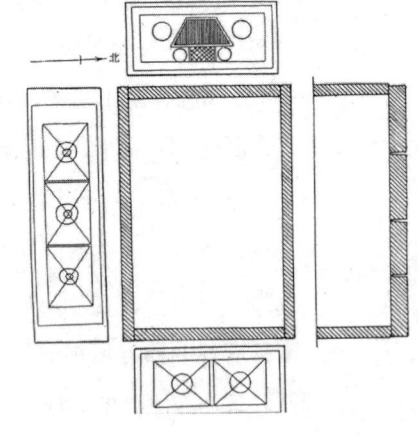

图4-26 江苏徐州万寨墓石椁画像线图

图4-27 江苏徐州沛县栖山1号墓中椁画像

1.头部档板外壁画像线图;2.足部档板外壁画像线图;3.头部档板内壁画像线图;
4.足部档板内壁画像线图;5.东侧壁板外壁画像线图;6.东侧壁板内壁画像线图;
7.西侧壁板外壁画像;8.西侧壁板内壁画像线图。

图4-28 江苏徐州范山墓石椁侧壁板画像线图

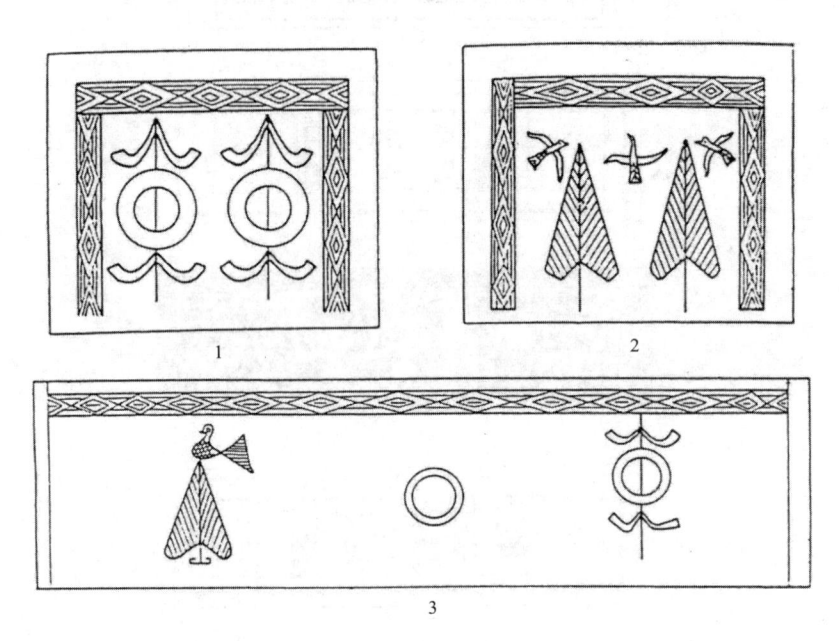

图4-29 河南夏邑吴庄2号墓石椁画像线图
1.头部档板画像；2.足部档板画像；3.侧壁板画像。

祀祖灵的祠堂，一为表示天地沟通的"十字穿环"。在祠堂画像的上方左右各有两个圆形，应该为日月的象征。我们在徐州范山墓石椁的侧壁板画像中同样看到这种图像，与临沂庆云山2号墓石椁画像的左右侧档板图像在图式上是一致的。范山墓石椁侧壁板画像主要有三个方面内容：一为祠堂，不过这里刻画的是一个二层楼的祠堂，祠堂中没有临沂庆云山2号墓画像中的人物；二为十字穿环；三为生命树。这里生命树位于档板的两头，而不是像图4–20那样处在祠堂的左右。

我们再看徐州沛县栖山1号墓中椁画像。这座墓于1977年发现，椁内发现有少量五铢钱，时代为新莽时期，最晚也在东汉初年。椁的内外都刻有图像，较此前西汉时期的石椁画像复杂多了，除了有以上分析的典型图式外，还增加了以仙界为主要表现对象的一系列图像。从构图看这些图像是混在一起的，但从图像分区域的构思看，我们仍可以从其图像的叙事层次中分离出东汉时期典型图像的一些模式，如朝谒西王母、射鸟、建鼓、比武、乐舞、六博、天门、车马出行、庖厨与狩猎等。复杂的汉画像石墓和祠堂画像石的主要图像志的内容，在这里都得到简约式浑沌的表达，其中有关西王母的图像是最令人注目的。山东滕州西户口、微山两城山均有带"西王母"题榜的画像。西王母头戴玉胜，端坐于二层仙阁上，有三青鸟、九尾狐、拥臼操杵的仙人围绕其右。又有面向左边仙阁的一列四名神怪，依序为人身蛇尾、马首人身、鸟首人身，最后一位为人的形象，均身佩长剑。此类神怪，在徐州汉王发现的元和三年画像石中也有发现[61]，在山东微山的石椁画像中也可见到[62]。到后期，此类神怪便消失不见了。在陕西神木大保当汉墓的门扉画像中，我们可以看到鸡头人身和牛头人身怪的图像，它们在日月与祥云中端坐在悬圃之上。

这种神怪的来源及文化象征意义，目前还没有能得到很好的解释。极有可能，西王母信仰是先秦到汉代的造仙运动中，从西域传来的。我们将其放在世界文化的象征比较背景中，才可揭示其象征的文化内涵。汉斯·比德曼谈到鸟的象征性时说：

> 这些凭翅膀与苍穹融为一体的动物比喻人希望摆脱地球重力之束缚，像天使一样奔向更高境界……脱离肉体的灵魂常被描绘成一只鸟，或一只长着人脑袋的鸟（古埃及神话中人头鸟身的灵魂），或像许多史前岩画所表现的那样长着鸟头的人（可以部分解释产生飞行的意识错觉）。鸟在古罗马占卜中起重要作用，牧师将它们的飞行状态解释为神意的表现。鸟和蛇（如印度的 Garuda）象征精神战胜本能。古印度的《奥义书》（*Upanishads*）中写道，有两只鸟坐在巨大的世界树的树枝上，一只在吃水果（象征积极的生活），另一只在看（在沉思中寻求知识。）[63]

詹姆斯·霍尔在论述东西方图形艺术的象征时认为："鸟被广泛地视为灵魂的象征，这特别是由于它在死后升向天空。埃及墓葬画中（新王国时期），一种叫埃及身魂的鸟盘旋于木乃伊之上，象征神与法老的神圣的力量。其后，它转而象征死者的灵魂，并被认同为希腊人所谓的心灵。古代许多民族把大鸟与太阳或天空之神联系起来。"[64]

中国古代的东夷人以鸟为图腾，河姆渡遗址出土的象牙制品中常见鸟形图案，沧源岩画、铜鼓花纹中都常见鸟形图案，在楚汉画像中，鸟是一个典型的图像，其主要作用在于引魂与导魂。我们从沛县栖山1号墓石椁画像的足部档板、东西侧壁板内壁画像，从河南夏邑吴庄2号石椁足部档板上还看到两棵树，上有三只鸟在飞翔，其左右两边的鸟向中间飞，中间的鸟则向上飞，其飞升的意象是极明显的。山东临沂庆云山2号墓石椁画像与徐州范山墓石椁画像中的树形状，与落鸟树的形状是一致的，在如此简约的图像中，突出刻画这种树，有重要的符号象征意义。这不是普通的树，而应该是神话象征中的生命树。苏联神话学者叶·莫·梅列金斯基在论述神话的宇宙模式时说："另有一种传布广泛的整体宇宙模式，可与类人形象相比拟或与之相混同。这便是'植物'模式，形为参天的宇宙之树……宇宙树则构成生于原初类人灵体的世界。……宇宙树与萨满的关联异常紧密，而且无比繁复。首先是仰赖宇宙树，萨满始可沟通人与神、地与天，履行其中介者、媒介者的职能。……同宇宙之树（桦树、橡树、落叶松等）相联属者，通常尚有种种拟禽兽灵体，而它们又成为宇宙垂直向标志的诸级次：顶端为鸟类。"[65]

在中国古代神话传说中，有宇宙树的模式，这就是扶桑若木与太阳树的神话。《楚辞·离骚》曰："饮余马于咸池兮，总余辔乎扶桑；折若木以拂日兮，聊逍遥以相羊。"王逸注："扶桑，日所拂木也。"《淮南子》曰："日出于旸谷，浴于咸池，拂于扶桑，是谓晨明；登于扶桑，爰始将行，是谓朏明。"扶桑是太阳所从出和太阳神鸟（三足乌）所栖息的神树。《山海经·大荒东经》曰："大荒之中有山，名曰孽摇頵羝，上有扶木，柱三百里，其叶如芥。有谷曰温源谷。汤谷，上有扶木，一日方至，一日方出，皆载于乌。"

马王堆1号汉墓"T"形帛画的右上方有"九阳"，在藤状的若木中飞动。汉画像中,日中有鸟和扶桑树上群鸟飞翔的图像是极典型的,而石椁画像中的独树、独鸟是这个图像的简约形式。

从石椁画像的树形看,这种树应是柏树。柏树是一种长青植物,冬天万物凋零,柏树则郁郁葱葱,孔子曰:"岁寒,然后知松柏之后凋也。"表示了对这种树的崇敬。在原始文化中,松柏是超越死亡的象征,具有永生的意义。中国人的这种观念,可以追溯到"社树"崇拜。按古代礼制,祭社之处必植树。《五礼通考》引《尚书·无逸》曰:"大社唯松,东社唯柏,南社唯梓,西社唯栗,北社唯槐。"《论语·八佾》曰:"哀公问社于宰我,宰我对曰:'夏后氏以松,殷人以柏,周人以栗。'"《汉书·郊祀志》曰:"及高祖祷丰枌榆社。"颜师古注:"以此树为社神,因立名也。"可见汉初仍称社为社神,说明这是一种象征生命的神树。《穆天子传》曰:"甲申,天子北升于大北之隥,而降休于两柏之下。"刘向《列仙传》曰:"赤松子好食柏实,齿落更生。"可见,柏树与仙界总是相关联的。

由于古代的墓葬与祠祀制度与祖先崇拜、生命崇拜有直接的关系,所以古代墓、祠旁总植柏树等。《文选》有"青青陵上柏""瞻彼陵上柏"之句。《水经注》曰:"山上有郑祭仲冢……际庙旧有一枯柏树……故株之上多生稚柏成林,列秀青青,望之奇可嘉矣。"《三辅黄图》曰:"汉文帝霸陵不起山陵,稠种柏。"《列士传》曰:"延陵季子解宝剑挂徐君墓柏树。"古代祠庙多种柏,《三齐略记》曰:"尧山……祠边有柏树,枯而复生,不知几代树也。"《封氏闻见记》曰:"兖州曲阜县文宣王庙门内,并殿西南,各有柏叶松身之树,各高五六丈,枯槁已久。相传夫子手植。永嘉三年(309),其树枯死。至仁寿元年(601),门内之树忽生枝叶。乾封二年(667),复枯。俗称千年木疗心痛，人多窃割削之，树身渐细。"《三辅旧事》说："汉诸陵皆属太常，不属郡县，其人盗柏者弃市。"这样严厉的处罚，是因为陵柏是神圣的象征，偷伐柏树无异于挖了祖坟。

汉斯·比德曼说："在现代，这种树总是和死亡及埋葬有关。……不过许多暗示说明甚至在希腊文明之前，柏树就已经成为一种宗教象征，随后又成为冥府仪式的一部分，所以人们在墓旁种植柏树。……柏树也出现在对天堂的描绘中，它被栽在基督徒墓畔或刻在精美石棺上，以代表对永生的渴望。"[66]汉代棺椁上的柏树也有这种象征意义。

石椁图像上的这种树，汉代人称之为灵木。在山东省微山县微山岛上发现的画像石椁上，形象地刻画着这种"灵木"。微山岛在汉代属楚国（都彭城）的疆界，它与栖山1号墓所在的江苏徐州沛县仅距10千米，隔湖相望。此石椁墓早年被盗，受到破坏，所以出土时已残缺不全。1987年发现了两块侧隔板，其描写了丧葬的送葬及坟前祭祀的场面。（图4-30）从图4-30-1墓地图上我们看到坟周围栽着的灵木，从形状看，应该是松柏之类的树。著名文学家张衡有《冢赋》一文，描述了自己理想中"幽墓既美"的形制，其中谈到"构大椁""树灵木""立庑堂""构玄室"等。《冢赋》曰：

　　载舆载步，地势是观。降此平土，陟彼景山。一升一降，乃心斯安。尔乃隳巍山，平险陆，刊蓁林，凿盘石，起峻垄，构大椁。高冈冠其南，平原承其北，列石限其坛，罗竹藩其域。系以修壖，洽以沟渎。曲折相连，逶靡相属。乃树灵木，灵木戎戎。繁霜峨峨，匪雕匪琢。周旋顾盼，亦各有行。乃相厥宇，

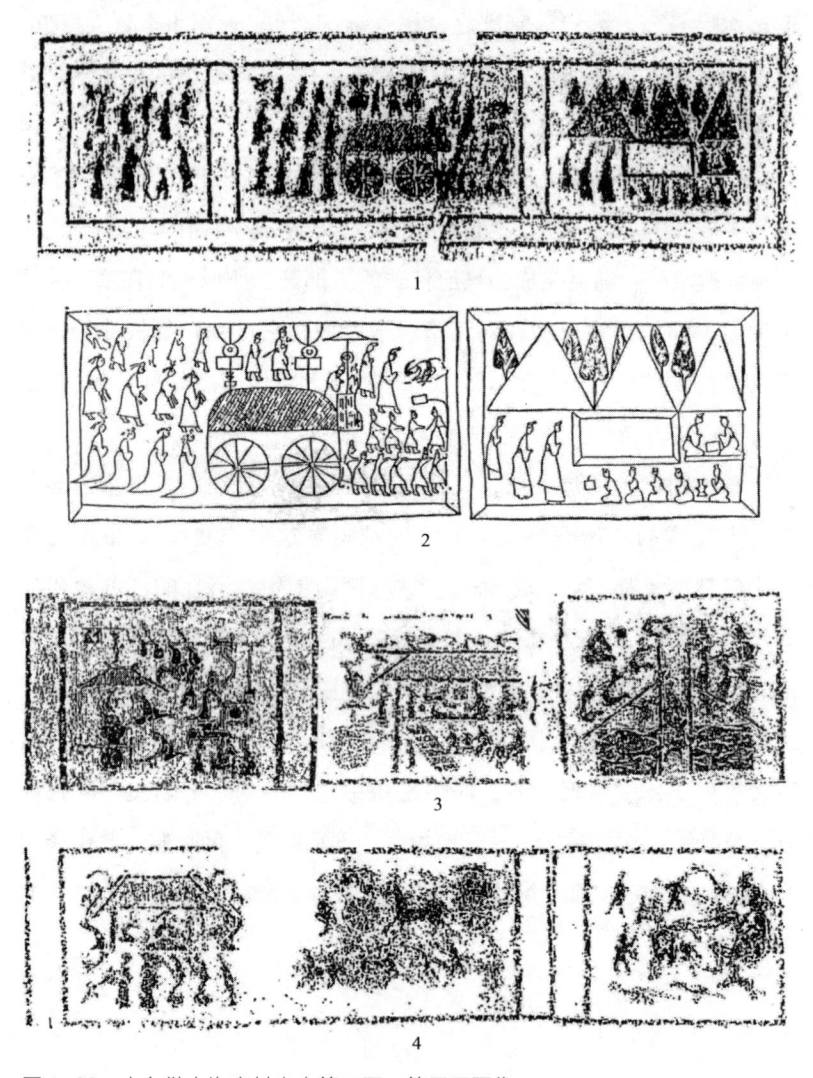

图4-30 山东微山沟南村出土第三石、第四石画像
1.第三石画像;2.第三石中、右格画像线图;3.第四石正面画像;4.第四石背面画像。

乃立厥堂。直之以绳，正之以日。有觉其材，以构玄室。奕奕将将，崇栋广宇。在冬不凉，在夏不暑。祭祀是居，神明是处。修墬之际，亦有掖门。掖门之西，十一余半，下有直渠，上有平岸。舟车之道，交通旧馆。寒渊虑弘，存不忘亡。恢厥广坛，祭我兮子孙，宅兆之形，规矩之制，希而望之方以丽，践而行之巧以广。幽墓既美，鬼神既宁，降之以福，于以之平。如春之卉，如日之升。[67]

其中的"乃树灵木，灵木戎戎"，说明汉代墓旁栽的树是一种神树，这种树因是灵魂的居所而象征了生命力。"灵木戎戎"便是子孙兴旺发达的"征兆"。我们在弗雷泽的《金枝》中可以看到世界上各民族的"树神崇拜"。[68]在《拾遗记》中记有一种"寿木"，可以和灵木对照起来看：

> 天汉二年，渠搜国之西，有祈沦之国，其俗淳和，人寿三百岁。有寿木之林，一树千寻，日月为之隐蔽。若经憩此木下，皆不死不病。或有泛海越山来会其国，归怀其叶者，则终身不老。

这里的"灵木""寿木"者是原始文化中"生命树"的象征体，在这种树的原始信仰中，是一种"世界树"的宇宙观在墓葬仪式中的表现。

图4-30-1刻画了送葬的场面，十人用绳索牵拉着一辆四轮的大篷车，车篷前的车舆中立有一柄高大的伞盖，伞盖柄上系着一面玉

璧，车篷顶部前后各立一面建鼓。车后有十二人排三列随行，车左方有两人，车左前方有四人，另有一人披发跪拜，似在迎接大篷车左前方的人。图中的大篷车形如龟甲，装饰奇特，巨大笨重，不同于汉代的轺车、辇车等。这是一种特殊的车，古代叫"辒"。《释名·释丧制》曰："舆棺之车曰辒。辒，耳也，悬于左右前后，铜鱼摇绞之属，耳耳然也。其盖曰柳。柳，聚也，众饰所聚，亦其形偻也。亦曰鳖甲，似鳖甲然也。"《说文》曰："辒，丧车也。"这种辒车，汉代又称广柳车或广辙车。从其形制看，车的造型也有一种宇宙象征主义的意义。据《释名》的记载，这种车称为"鳖甲"，从形象上看是模拟鳖甲的上盖而建造的，我们在含山凌家滩的玉龟玉版上已看到原始人把龟甲看成具有宇宙之象的灵物，也分析了商代用龟甲占卜的象征，汉代人把装棺椁的车造成"鳖甲"形状，是取其宇宙象征之义。《汉书·季布传》载："乃髡钳（季）布，衣褐，置广柳车中。"服虔曰"东郡谓广辙车为广柳车。"李奇曰："广柳，大隆穹也。"这里的大隆穹，便是模拟"盖天说"的天象论。辒车是装棺椁送往墓地的，从灵堂到墓地的这一段距离，其转移也有重要的文化内涵，即要再现宇宙的象征空间，这是其神圣性的一部分。篷车顶部有建鼓，鼓上挂的饰件就是铜鱼摇绞。

从辒车上立建鼓，我们可以推想建鼓的作用与意义。在汉画像中，建鼓是极常见的，汉代人在乐舞百戏时，常置建鼓。建鼓虽然是乐器，其使用却有象征的意义。建鼓的形制也作宇宙之象，是天地上下沟通的象征表现。

竿上贯鼓，谓之建鼓，其名可追溯到《国语·吴语》中："载常建鼓，挟经秉枹。"《仪礼·大射仪》曰："建鼓在阼阶西。"郑玄注：

"建犹树也。以木贯而载之，树之跗也。"《礼记·明堂位》载："夏后氏之鼓足，殷楹鼓，周县鼓。"郑玄注："足，谓四足也。楹，谓之柱贯中上出也。"《太平御览》曰："建鼓，大鼓也，少昊氏作焉，为众乐之节。夏加四足，谓之节鼓；商人挂而贯之，谓之盈鼓；周人悬而击之，谓之悬鼓。近代相承，植而建之，谓之建鼓，本出商制也。"从考古学上看，1934年河南安阳发现了殷商的蟒皮鼓。湖北崇阳出土有仿蒙皮木鼓之铜鼓，日本住友氏收藏有双鸟饕餮纹仿蒙皮木鼓之铜鼓，鉴定为商代晚期至西周早期作品。湖北随州擂鼓墩曾侯乙墓出土战国时期彩绘鸳鸯盒，其一侧有击建鼓图像。此墓也出土一建鼓的实物，木制蒙皮，面径80厘米，木柱置贯鼓身，立于青龙缠绕攀结的青铜底座之上。

两汉时期，建鼓舞十分流行，不仅有世俗的娱乐意义，而且有神圣的宗教意义。这种神圣的观念在商代就存在了。《礼记·郊特牲》说："殷人尚声，臭味未成，涤荡其声，乐三阕，然后出迎牲，声音之号，所以诏告于天地之间也。"在举行仪式时，首先以呼声乐曲诏告神灵，用声音把自身与祭祀对象沟通。《商颂》中《那》是祭祀列祖的歌诗，描绘了歌舞通神的场面：

  猗与那与，置我鞉鼓。
  奏鼓简简，衎我烈祖。
  汤孙奏假，绥我思成。
  鞉鼓渊渊，嘒嘒管声。
  既和且平，依我磬声。
  於赫汤孙，穆穆厥声。

庸鼓有斁，万舞有奕。

　　这里的歌舞，主要用于取悦神灵，在奉献祭品以前，先奏乐。[69]《后汉书·东夷传》说辰韩："诸国邑各以一人主祭天神，号为'天君'。又立苏涂，建大木以悬铃鼓，事鬼神。"在汉代，鼓有促进"天地之和"的重要意义。《易》与《礼》说："鼓之以雷霆。"《说文解字》曰："鼓，郭也。春分之音。万物郭皮甲而出，故谓之鼓。从壴，支象其手击之也。"据今人的研究："鼓，至迟在战国，已升华为一种礼器。同时这种礼器开始起着沟通神灵的重要作用。""日食用牲于社用鼓，时灾用鼓，大水用鼓，敬神、敬鬼皆用鼓。可见这种鼓的内涵，主要起着沟通人神之间情感，求福免灾的作用。"[70]萧兵认为："'鼓'是一种交通天人、神民的神圣乐器，本身就是一种中介体。"[71]建鼓怎样来象征表现其神圣的意义呢？一是通过"立中"的形式，也就是说，建鼓中竖立的柱子，是天地之中的象征体，其来源于古代立杆测影的历法制度。我们从汉代建鼓舞图像中可见建鼓中"垂旒"或"彩帛"，其上往往有一飞鸟。这种鸟，有人称为"鸠"，有人认为是翔鹭，《诗经·陈风·宛丘》曰："坎其击鼓，宛丘之下。无冬无夏，值其鹭羽。"前文已分析，这种鸟是一种来源于图腾崇拜的"灵魂之鸟"，其上下交通，象征祖灵飞升的观念。宋朝罗愿《尔雅翼》曰："说者以鹭为鼓精者，《古今乐录》言，吴王夫差时，有双白鹭飞出鼓中而入云，故有是名。"笔者认为，汉画像中的建鼓图，有歌舞娱神、使祖先的灵魂升仙的象征意义。（图4-31）

　　从图4-31中可见，在建鼓图中以建鼓为中心来组织图像，在建鼓的左右有乐舞百戏，或吹或唱或舞；建鼓的中间往上有玉璧、垂

图4-31　山东汉画像石中所见建鼓舞图像
1.沂南汉画像石墓；2、3.微山出土汉画像石。

旒，垂旒的上面和中间的左下方有鸟在飞舞，就是飘去的垂旒的下方，也作鸟头状。由此可见，其是作为飞翔的鸟的象征，含有灵魂飞升的意义。在图4-31-2、图4-31-3，建鼓中柱的最上方有一天盖，是盖天的象征表现。在山东微山的几块建鼓图像的天盖上，都端坐正面而立的神人，那是祖先升天的象征表现。从图像志上看，此人画得都比较小，是天高远的图像表现，是透视表现的结果。在天盖上，要么是鸟，要么是神人，因此，鸟与人是可以互换的，至少在隐喻的意义上是一致的。在有些图像中，这一建鼓正是地下与地上相连的一个通道，其中柱贯通天上与人间。有些图像，在建鼓之上，刻画的正是西王母或东王公的画像。在徐州沛县栖山1号墓石椁画像的右侧内壁图像的右边也可看到这一建鼓图像，羽葆华盖上端立三鸟，二人持桴击鼓，西王母的图像就在整个画像的左部。

1990年，山东枣庄冯卯镇欧峪村出土的一块画像石上，正中间有一建鼓，二人击鼓，二人倒立。整幅图分为七层，建鼓贯穿了下面的四层。在建鼓之上，有神仙世界，东王公端坐中央，左右有伏羲女娲、神兽捣药，其下有历史人物，再下有一列牛。神仙是天界的象征，历史人物是人文历史的象征，牛是大地与自然的象征。由此可见，建鼓的图像内涵，有沟通天地、达到天人合一的大和之美的意义。（图4-32）

图4-32　山东枣庄冯卯镇欧峪村出土建鼓图

山东滕州岗头镇西古村出土的一块画像石上，画面正中竖一建鼓，羽葆在两侧飘扬，二人执枹击鼓；鼓左侧一人抚琴，一人倒立，一人弄丸，一人观看。右侧树上仙人饲凤，树下二羽人打斗，建鼓上方一蛇缠五首人面兽，另一双身共头兽。[72]从原型意义上看，这个图像与枣庄的建鼓图像是一致的，正中的建鼓与整个画面的中心位置，描绘的均是幻想中的神仙世界。可见，建鼓的象征意义在当时是比较流行的，我们在其他的一些画像石中也可以看到这种结构的图式。

四川石棺画像的象征模式

当东汉时期汉楚之地的石椁画像渐渐衰落以后，它却在四川盆地得到发扬光大。一个世纪以来，对四川的石棺及其画像的研究已积累了不少的资料。这些石棺多数出自崖墓，所谓崖墓是开凿于山崖或岩层的隧道式洞室墓。石棺就放在洞室内，有的崖墓中刻有图像，但一般都比较少，或因年代久远，风化侵蚀，不易看到全貌，有些资料则没有公开发表。

四川的石棺与中原的早期石棺画像有很大的不同，棺体不是由头足档板、左右侧壁板和底板拼合而成，而是用一块大石料雕造而成，棺盖则用另外的石板充当。这样的石棺已发现50多具，上面刻有画像的有30多具。其中有图像学意义的石棺有：郫都新胜2、3号石棺，简阳鬼头山崖墓3号石棺，彭山双河崖墓石棺，南溪县长顺坡砖室墓3号石棺，重庆市一中墓石棺[73]，泸州市大驿坝1、2号墓石棺，芦山县石羊上村王晖砖室墓石棺，江安县桂花村1号石室墓1号石棺，新津5号崖棺等。

与前面分析的早期中原的石椁画像一样，四川石棺画像在内容的配置上，与石椁画像一致，表现了相当强的规律性，也是一种宇宙象征主义的图式。尽管各个石棺的画像配置有所不同，但放在宇宙象征主义的理论下来看，表现的则是同一宇宙图式。石棺即宇宙的象征。许多石棺盖板上没有图像，有几个石棺有图像，均是象征天界的。天的符号表现有两种形式：一是抽象符号的、图案化了的天；一是物象象征的，比纯抽象的符号具象一些，但仍然是符号化了的。

抽象符号表现典型的便是"柿蒂纹"。我们在南溪县长顺坡3号石棺的盖顶上看到这种图案（图4-33），在泸州市大驿坝1号墓石棺的盖顶（图4-34），泸州市麻柳湾崖墓石棺盖顶和江安县桂花村1号石室墓1号石棺的盖顶也看到大体相同的"柿蒂纹"图案（图4-35）。"柿蒂纹"符号的命名，大概是根据其具体的形状像柿子的

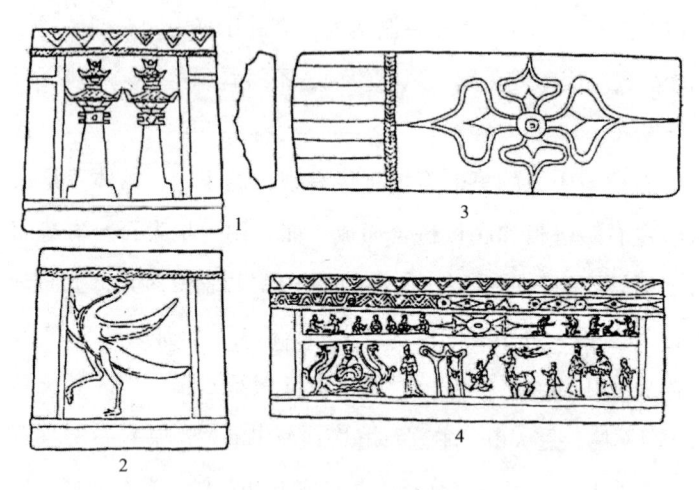

图4-33 四川宜宾南溪长顺坡砖室墓3号石棺画像
1．天门（棺身前端）；2．凤鸟（棺身后端）；3．柿蒂纹（石棺盖顶）；4．升仙与西王母仙境（棺身右侧）。

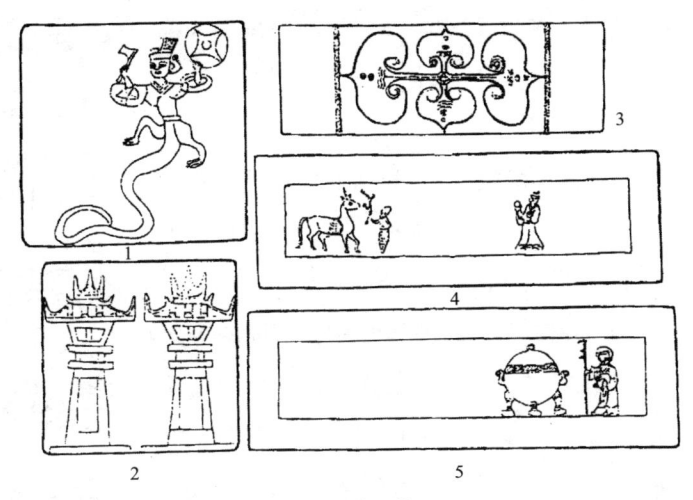

图4-34 四川泸州大驿坝1号墓石棺画像
1.女娲（棺身后端）；2.双阙（棺身前端）；3.柿蒂纹（石棺盖顶）；
4.仙人天禄与持丹人物（棺身右侧）；5.鼎与方士（棺身左侧）。

图4-35 四川宜宾江安桂花村1号石室墓1号石棺画像线图
1.凤阙（棺身前端）；
2.伏羲女娲（棺身后端）；
3.柿蒂云气纹（石棺盖顶）；
4.宴饮百戏（棺身右侧）；
5.荆轲刺秦王与奔龙人物（棺身左侧）。

第四章 墓室、祠堂与棺椁画像的宇宙象征主义 197

蒂。然而，关于它的象征意义却很少有人谈及。实际上，这是一个极典型的图案，是宇宙的象征符号。

泸州市大驿坝 1 号墓石棺画像是极有图像学的意义的。我们看到，棺的盖顶是一个巨大的柿蒂纹，它是宇宙的象征。

在墓室画像、祠堂画像中，上面的盖顶有宇宙图像的意义，我们在绥德的穹隆墓顶的顶盖石上已看到这种图案，在山东嘉祥宋山小祠堂的顶盖石上也看到这种图案。不过，在山东和苏北以及皖北的一些地方，则用莲花纹来象征宇宙。柿蒂纹实际上是一个有着中心的十字纹，十字把空间分为四个方位，每个方位有尖头指向远方，表示四方是无限延伸的。前文我们讨论大宇宙论时，看到中国古代人认为"宇之表无极，宙之端无穷"（张衡《灵宪》）。泸州市大驿坝 1 号墓的柿蒂纹的四个方向上有波浪纹，大概是表示四海的意象符号。我们在图 3-5-1 安徽宿州出土的莲花纹的四周看到有八条鱼，当然也是象征四海的。古宇宙论认为，大陆就漂浮在四海之上。在南溪县长顺坡砖室墓 3 号石棺的盖顶上，我们也看到柿蒂纹，其中心也是一个同心圆。

图 4-36　四川汉画像砖上的柿蒂纹

在江安县桂花村1号石室墓1号石棺顶盖上的柿蒂纹在四川出土的汉代画像砖上也很常见（图4-36），可见这种纹饰在当时是极普遍的。它是以十字为中心符号，立足于一个圆点而向外扩展，以展示自我中心。实际上，在日常生活中，每个人对宇宙的观察都是以这种图式存在的。这种观察世界的方法被符号化了，从而创造出这种含义丰富的图像。谈到十字形的象征时，汉斯·比德曼说："在造型简单的象征物中，它流传最广，但其重要性绝不仅囿于基督教世界。首先，它代表空间上的核心，是竖轴和横轴的交汇点，将诸种二元性合为单一的整体，而且它伸出的双臂代表人。它的诸端点暗示四位一体，或把交汇点包括进去（人的立足点），就成了梅花形或五位一体。"[74]石棺是装死者的，死的世界要再现宇宙的图式是一个根本性的问题，一切象征，均从此而来。

宇宙的第二种象征的表达法是图像式的，说是图像式的，其实只是具象一些罢了，具象的图像也是符号式的。（图4-37）

郫都新胜出土2号石棺盖顶画像是天象的象征表现。这是一幅龙虎系璧图。画面上，左有青龙，右有白虎，分别用一只前足牵着玉

图4-37　四川成都郫都新胜2号石棺盖顶画像

璧上的绶带，玉璧下面有一裸露神怪正面跪伏于地上驮着这块玉璧。画的上部有牛郎织女，其方向与龙虎的方向相反，牛郎回首牵牛向右赶去，右边的织女右手拿绕线板，正焦急地望着牛郎。从这幅图的龙虎、圆璧及牛郎织女的形象看，其作为天的象征是没有问题的。如果说圆璧象征圆的天，青龙白虎主要象征东西方的话，这个具象的图式和柿蒂纹表现的抽象的天也是一致的。驮璧的神怪大概是神话传说中的禹疆，我们在长沙马王堆1号汉墓"T"形帛画的下方看到类似的形象。他与牛郎相背，表明他的方位是在下，圆璧象征天上，天是附在地上的，把其画在一个图像上，是艺术在二维平面上表现三维空间的技法造成的。

明确了顶盖作为天的象征后，其他的图像就好理解了。其模式为在棺材的上方，往往表示神仙的世界。神仙居住在天上，故用阙象征天门，如南溪县长顺坡砖室墓3号石棺的前端刻天门，江安县桂花村1号石室墓1号石棺的前端也刻天门图，郫都新胜2号石棺棺身前端则刻西王母。此外，重庆市一中墓石棺画像的前端也刻有双阙。（图4-38）

双阙作为进入天界的象征表现在这儿就得到了证明。这个证明，有文字的根据。虽然图像的表现形象生动具体感人，给人以直觉的认识，但文字符号的表现却是概念性的，是可以得到确定的。在简阳鬼头山崖墓3号石棺画像上，便刻有各种图像的题铭，可以帮助我们认识图像的内容及意义。（图4-39）

3号石棺上不仅刻有图像，旁边还刻有隶书题铭，据考可以确定的字有："朱鸟""（伏）羲""女（娲）""兹（玄）武""先（仙）人博""先（仙）人骑"等。在石棺的右侧壁刻有三组图画。（图4-39-

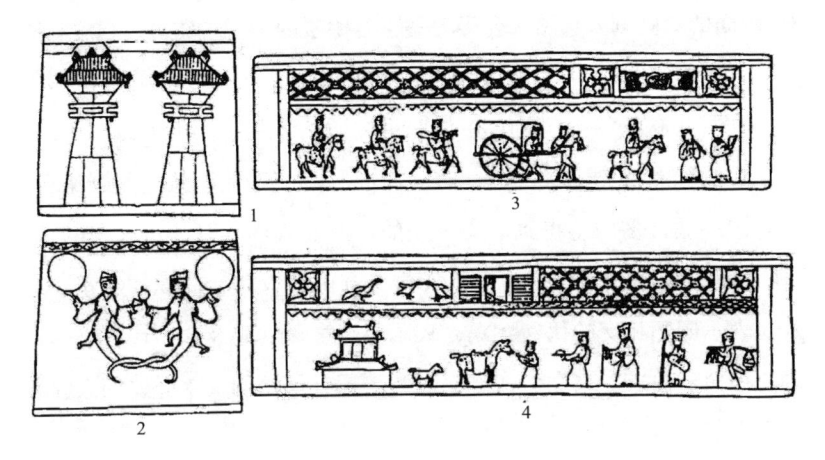

图4-38 重庆市一中墓石棺画像
1.双阙(棺身前端);2.伏羲女娲(棺身后端);3.车骑出行(棺身左侧);4.楼前迎宾仙人半开门(棺身右侧)。

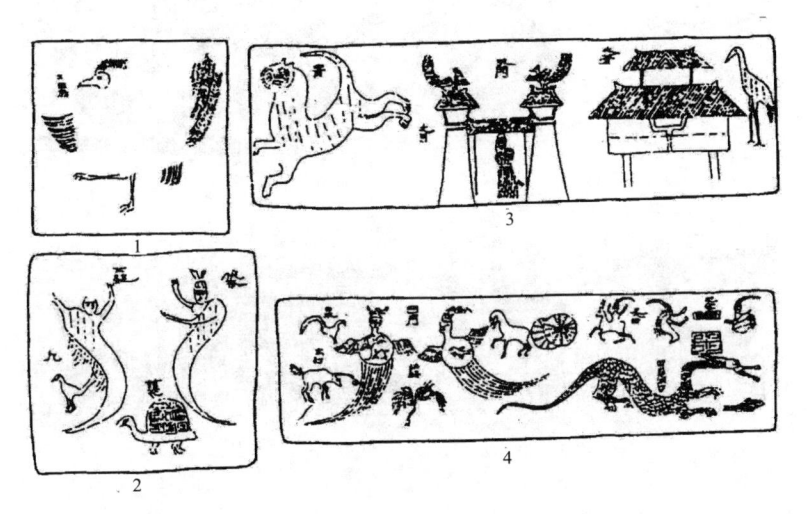

图4-39 四川成都简阳鬼头山崖墓3号石棺画像
1.凤鸟(棺身前端);2.伏羲女娲玄武(棺身后端);3.天门(棺身左侧);4.仙境(棺身右侧)。

第四章 墓室、祠堂与棺椁画像的宇宙象征主义

3）画面的右侧刻太仓图，仓房为一座有望楼的干栏式建筑，仓房右边立一只长腿鹤，仓房左上方刻有"大（太）仓"二字。画的中部刻"天门图"，高耸的阙门前立一位双手捧盾的人物，阙上方刻"天门"二字。画面左侧刻一头巨虎，有"白虎"二字题铭。从这些题铭看，汉画像中的许多内容得到了文字上的证明。其内容是表示天象的日、月，表示天界的"天门"，表示天象与方位的青龙、白虎、朱雀、玄武，表示阴阳相交的伏羲女娲，表示灵魂之鸟的鸠及鹤，还有表示祥瑞的神树、白雉、离利、柱铢，以及表示升仙的仙人六博、仙人骑鹿等内容。

我们再看郫都新胜1号石棺画像（图4-40），其头部档板刻人首

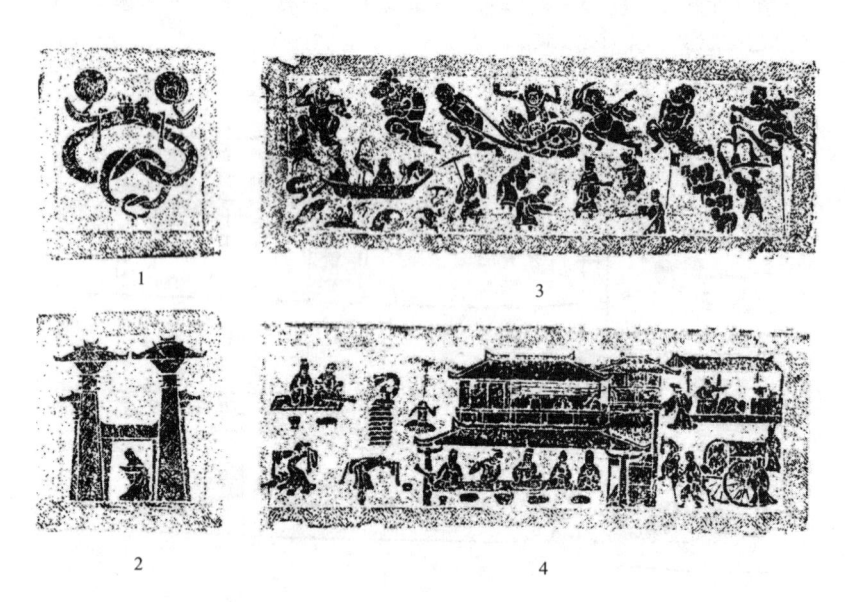

图4-40　四川成都郫都新胜1号石棺画像
1.伏羲女娲交尾（棺身头部档板）；2.门阙（棺身足部档板）；
3.曼衍角抵水嬉（右侧板）；4.宴客、乐舞、杂技（左侧板）。

蛇身的伏羲和女娲，二神的蛇尾相交。右边的伏羲左手持日，日中有三足乌；左边的女娲右手举月，月轮中有蟾蜍。这无疑是日月为易、阴阳观念的象征，其拥抱交尾的符号象征着阴阳交合、化育万物的宇宙创生过程。另外，有的石棺上把伏羲女娲的图像放在足部档板上。但其图像学的意义是一样的。如四川眉山彭山区双河崖墓石棺画像，仅棺身两侧有画像。一侧为西王母仙境图（图4-41），西王母端生于龙虎座上，旁有三足乌、九尾狐、蟾蜍起舞、仙人吹箫等；另一侧为仙境图，表现墓主已升入仙境，大司（门亭长）在阙前迎谒，又有凤鸟、天禄、翼兽等相伴，墓主在他人的陪伴下在仙境漫步。[75]

图4-41　四川眉山彭山区双河崖墓石棺画像
1.西王母仙境（棺身一侧）；2.仙境（棺身一侧）。

南溪县长顺坡砖室墓3号石棺画像，右侧刻升仙图，可分为四个场面，分别为夫妻惜别、乘鹿升仙、仙人半开门与跪拜方士，墓主到达仙境并拜谒西王母；右侧上方则为仙境图，有仙人六博、蟾蜍嬉戏、人物畅谈、云气纹、胜纹与倒山纹等。

泸州市大驿坝2号墓石棺，棺身前端为天门，后端为凤鸟衔珠，左侧为虎鸟衔鼎，周围饰有云气纹、菱形纹和胜纹，右侧为鸟鱼图，周围饰有菱形联璧纹和胜纹等。（图4-42）

汉代的鼎是用来炼丹的，此图表现的是修炼升仙的内涵。此图没有具象的西王母图像，而是用"玉胜"加以符号的象征。因为从图像学分析，西王母是戴胜的，戴胜成了西王母的符号象征。所以此画像仍是升天图式的抽象表达。

图4-42　四川泸州大驿坝2号墓石棺画像
1．双阙（棺身前端）；2．衔珠凤鸟（棺身后端）；3．虎鸟衔鼎（棺身左侧）；4．鸟鱼（棺身右侧）

最后谈一下石棺画像中的驱傩图。图4-40是郫都新胜1号石棺图像，画像刻在棺体四壁的外侧，每壁配一幅图像。头部刻伏羲女娲交尾图（见图4-40-1），足部档板刻双阙（见图4-40-2）；侧板右侧的画像分上下两组内容，上面刻神怪出行图，下面刻墓主渡河图。（见图4-40-3）

先看神怪出行图。这幅图共刻七个上身裸露、下身短裤、面目狰狞的赤足神怪。最左侧的先导是一名手持长柄钩兵器的兽头神怪；第二位是一位背负一罐的兽头神怪；第三位神怪奋力用双手拖拉着龙虎的尾巴，拖着一辆龙虎云车前行，云龙的车舆由盘曲的龙虎构成，立乘在车舆中的熊头神怪巨口怒张，露出满口獠牙，奋力挥着两臂，胸前有斧头，斧头下为一人面图案盾牌；龙虎云车后，是一位右手执盾、左手持剑的兽头神怪；其后是一个双手用力搬着一个大釜的兽头神怪；最后一位神怪头戴平顶冠，手握一瓶。日本学者曾布川宽认为，这幅图表现的是汉代的曼衍角抵戏，实际上是不对的。汉代的曼衍角抵戏与杂技表演、献祭歌舞、建鼓舞图像是汉画中常见的图像，但乐舞、杂技、角抵戏往往都与宴饮相结合，表现墓主及宾客的奢华生活。而在这幅图中，却没有观看的人，只有怪异的兽面神怪。信立祥认为这当是汉代的"傩神"。[76]在这七位神怪中，立在龙虎云气车上的熊头神怪就是"方相氏"。我们在武氏祠画像上也看到类似的神怪，手足均拿兵器；在沂南汉画像石墓中也有这种形象。《后汉书·礼仪志》说："先腊一日，大傩，谓之逐疫。其仪：选中黄门子弟年十岁以上，十二以下，百二十人为侲子，皆赤帻皂製，执大鼗。方相氏黄金四目，蒙熊皮，玄衣朱裳，执戈扬盾。"《周礼·夏官》提到修墓时也要举行方相氏驱疫的仪式，说："方相氏，掌蒙熊皮，黄金四目，玄衣朱裳，执戈扬盾，帅百隶而时傩，以索室驱疫；大丧先柩，及墓，入圹，以戈击四隅，驱方良。"郑玄注："方相，犹言放想可畏怖之貌。"汉代墓室、祠堂和石棺上的驱傩图，目的是驱除邪魔，保护墓主的灵魂免遭恶鬼的侵害。

再看墓主渡河图。画面左侧是一条河流，那儿长着莲荷，水里有游动着的鱼、蛙，一条小船停在河的右岸，有两个船夫一前一后在撑着船，船中间坐着女墓主，两只鹳鸟一只站在河中觅食，一只停落在船头。河的右岸上，男墓主人正欲登船，他头戴进贤冠，怀抱一横陈器物，气宇轩昂地走向小船的方向。他的前面有两位正面相迎的躬身侍人，后面有两人左向躬身向男墓主，怀中抱有盆状物。河边另有一人，手撑伞持盾立在那儿。《中国画像石全集》认为这描写的是水嬉题材是不对的。根据石棺画像的模式，石棺画像上的内容都带有神圣性，表现的是宇宙象征主义的图式，"水嬉"仅是这幅图像的表面的、浅层次的意义。实际上，这幅图描绘的是墓主从地下世界乘船越过"黄泉"路，奔赴地上的祠庙接受子孙家人祭祀的场面，画像中的河流是幽明两界的分界线。四川地区水路发达，所以墓主赶赴祠庙的交通工具没有使用车马，而是选择了当地人熟悉的船只。画面描写了男墓主即将登船的一个瞬间，左侧的景色和在众人簇拥下的高贵的身份象征，都把主题表达得十分鲜明。

石棺左侧壁板上所刻的是建筑乐舞图。画面中间是一座二层楼阁，楼下是墓主人的宴饮场面，有正面坐的五人，面前摆有杯盘，楼上坐着一排妇女。楼的左边是杂技、乐舞的场面，有戴竿、叠案等表演；楼的右边是高耸的阙观，阙上有屋室。崔豹《古今注》曰："阙，观也。古每门树两观于其前，所以标表宫门也。其上可居，登之则可远观，故谓之观。"阙观的上部是庖厨，下部有车马，一辆卷篷马车正向阙观行进。这样的图像表现在墓地和祠堂画像中常见，表现的是墓主从地下来到地上的祠庙接受祭祀的场面。图中的阙观是进入地上祠堂的大门，图中的二层楼台就是地上的祠堂，马车是墓主从船上下来后乘车到祠堂的交通工具，庖厨场面表现子孙后代为墓主操办祭食供品而忙碌的场面。

我们看到，四川石棺画像反映了汉代人把石棺作为一个完整的宇宙的观念。棺盖板位置在上，往往配置象征天穹的星座和抽象符号，或画上各种天神。石棺四壁配置有关幽明两界的图像内容，从地下来到祠堂接受拜谒仍然是要表现的主要内容。这一点与墓室、祠堂画像是一致的。

这一章主要对汉代的墓室、祠堂和棺椁画像的象征内容进行了考察。通过考察可以看出，汉代画像的选择和配置，是严格按照当时人们的宇宙观进行的。我们把这种观念称之为宇宙象征主义。既然称其为象征主义，说明它在当时人的思想意识中占有极重要的地位，是思考问题的出发点和归宿。在这种观念的指导下，人们把墓室造成宇宙象征的，主要墓室往往造成上圆下方，以象征宇宙的形态，以穹隆顶来象征天穹。从图像志分析，墓室的上方多布置天象的图像和天神的形象。表现墓主升仙愿望和刻画各种祭祀墓主活动的画像也占一定的比例。不同题材内容的画像，按当时的宇宙方位，有规律地配置在墓室内。表示生命力的云气，弥漫在墓室的顶部，有的从地下一直贯通到天际。门柱上分配仙人世界和沟通天地的奇禽异兽，横梁和门额上则配置祭祀墓主的活动，表现日常生活的画像则被配在后室。

祠堂的画像，也按宇宙象征主义排列。祠堂是子孙为祖先营造的一个神圣的空间,被想象为一个沟通幽明两界的神圣场所。祠堂的天井和左右侧壁的最上部分是天上诸神的世界,和以西王母为代表的众仙人的世界。有的图式是以昆仑山作为天地的交界处,群仙生活在昆仑悬圃之上。其下是由文化英雄构成的人文世界。祠堂的后壁往往安排墓主的日常生活或描写其受祭祀的各种场景。

棺椁是装死人的,其画像也是按宇宙的模式来安排的。棺椁盖往往是天象的象征表现,有的是具象的,刻青龙、白虎等,有的是抽象图案和符号性的再现。在周边档板上,往往描绘的是升天的主题,或是西王母,或是伏羲、女娲手擎日月,或是天门,或以炼丹食药加以象征。

总之,从墓室祠堂到棺椁画像,都形象生动地表现了汉代人的宇宙观和生死观。在汉画像中,死亡的恐惧已转化成向往神仙界的崇高。死亡不是生命的终结,它仍然与人的世界紧密相连。从这个角度来审视汉画像艺术,它是汉代生命不息精神的永恒丰碑。

注　释

[1] 参见刘玉建《中国古代龟卜文化》,广西师范大学出版社1992年版,第32页。

[2] 英国汉学家艾兰认为:"龟有圆圆的穹拱形的背甲和宽平的腹甲,这与古代中国人认为天是圆穹拱形的、地是平的这个想法有所联系。起码在汉代文献里的女娲神话里,女娲断鳌足以立四极,龟就与宇宙联在一起了。"[英]艾兰:《龟之谜——商代神话、祭祀、艺术和宇宙观研究》,汪涛译,四川人民出版社1992年版,第118页。

[3] 参见丁山《中国古代宗教与神话考》,上海文艺出版社1988年版,第78页。

[4] 冯时:《中国天文考古学》,社会科学文献出版社2001年版,第295页。

[5] 参见[苏联]叶·莫·梅列金斯基《神话的诗学》,魏庆征译,商务印书馆1990年版,第242页。

[6] 参见[英]艾兰《龟之谜——商代神话、祭祀艺术和宇宙观研究》,汪涛译,四川人民出版社1992年版,第108页。

[7] 参见洛阳市第二文物工作队、黄明兰、郭引强编著《洛阳汉墓壁画》,文物出版社1996年版,第12页。

[8] 信立祥也指出了这一点:"如果将卜千秋墓后室的三处壁画连起来展开,并将后壁上部的梯形画面置于上部的话,则整个画面的形状略成T字形,与……马王堆1号汉墓、3号汉墓的非衣帛画的形状非常接近。它们与墓室即椁室的位置关系也基本相同,都是位于椁室盖板(即墓顶)之下、棺的盖板之上。从三者的图像内容看,也都是将表现天上世界和墓主升仙的题材作为主要内容。"(信立祥:《汉代画像石综合研究》,文物出版社2000年版,第195页)

[9] 参见洛阳市第二文物工作队、黄明兰、郭引强编著《洛阳汉墓壁画》,文物出版社1996年版,第61页。

[10] 参见洛阳市第二文物工作队、黄明兰、郭引强编著《洛阳汉墓壁画》,文物出版社1996年版,第14页。

[11] 参见河南省商丘市文物管理委员会等编著:《芒砀山西汉梁王墓地》,

文物出版社2001年版，第115页。

[12] 参见王孝廉《中国的神话世界》，作家出版社1991年版，第248页。

[13] 参见贺西林《古墓丹青：汉代墓室壁画的发现与研究》，陕西人民美术出版社2001年版，第16页。

[14] 参见陕西省考古研究所、榆林市文物管理委员会办公室编著《神木大保当：汉代城址与墓葬考古报告》，科学出版社2001年版，第61页。

[15] 参见王建中《汉代画像石通论》，紫禁城出版社2001年版，第205页。

[16] 参见周学鹰《徐州汉墓建筑——中国汉代楚（彭城）国墓葬建筑考》，中国建筑工业出版社2001年版，第57页。

[17] 米尔希·埃利亚德又说："他们的神圣棚屋，即要在那里举行入会仪式的地方，就是代表着宇宙的。屋顶象征着天盖，地极象征着陆地，四壁象征着宇宙空间的四方。其神圣场所的仪式建筑是用三重象征符号突出体现出来的：四扇门，四扇窗户以及四种颜色都表示着东、西、南、北四方。其神圣棚室的结构就这样重观出了宇宙起源论，因为它们那间圣棚所代表的是整个世界。"（[美]米尔希·埃利亚德：《神秘主义、巫术与文化风尚》，宋立道、鲁奇译，光明日报出版社1990年版，第32—33页）

[18] 参见中国画像石全集编辑委员会编《中国画像石全集》第3卷《山东汉画像石》，山东美术出版社、河南美术出版社2000年版，图182—图228。

[19] 参见徐州市博物馆编《徐州汉画象石》，江苏美术出版社1985年版，图51—图69；江苏省文物管理委员会编著《江苏徐州汉画象石》，科学出版社1959年版，图1—图18。

[20] 参见杨宽《中国古代陵寝制度史研究》，上海古籍出版社1985年版。

[21] （汉）许慎撰，（清）段玉裁注：《说文解字注》，上海古籍出版社1981年版，第5页。

[22] 1907年，日本人关野贞考察了孝堂山石祠，并将其实测图公布于世。他还调查了武氏祠汉画像石群，并发表了复原图。1941年，美国建筑学家费慰梅发表了《汉"武梁祠"建筑原形考》，企图复原武氏祠。

1981年，蒋英炬、吴文祺根据对画像的精密测量，复原了武氏祠的原样，发表了《武氏祠画像石建筑配置考》(《考古学报》1981年第2期)。

［23］ 蒋英炬：《汉代的小祠堂——嘉祥宋山汉画像石的建筑复原》，《考古》1983年第8期。

［24］ 王步毅：《安徽宿县褚兰汉画像石墓》，《考古学报》1993年第4期。

［25］ 参见武利华《徐州汉画像石祠堂和祠堂画像》，载中国楚汉文化研究会编印《楚汉文化学术论文研讨会专辑》第一集，2001年。

［26］ 对这四种祠堂的论述，参见信立祥《汉代画像石综合研究》(文物出版社2000年版，第76—80页)，蒋英炬、杨爱国《汉代画像石与画像砖》(文物出版社2001年版，第86—94页)。

［27］ 参见武利华《徐州汉画像石祠堂和祠堂画像》，载中国楚汉文化研究会编印《楚汉文化学术论文研讨会专辑》第一集，2001年，第198—199页。

［28］ 参见朱锡禄编著《嘉祥汉画像石》，山东美术出版社1992年版，第53页图65。

［29］ 参见朱锡禄编著《嘉祥汉画像石》，山东美术出版社1992年版，第53—54页图62、图64、图66。

［30］ 参见信立祥《汉代画像石综合研究》，文物出版社2000年版，第84页。

［31］ 参见信立祥《苏、皖、浙地区汉画像石综述》，载中国画像石全集编辑委员会编《中国画像石全集》第4卷《江苏、安徽、浙江汉画像石》，山东美术出版社、河南美术出版社2000年版，第6页。

［32］ 参见李发林《汉画考释和研究》，中国文联出版社2000年版，第45页。

［33］ 参见吴曾德《汉代画象石》，文物出版社1984年版，第155页。

［34］ 《山海经·海内西经》郭璞注："去嵩高五万里，盖天地之中也。"汉东方朔《海内十洲记》："昆仑……上通璇玑，元气流布五常，玉衡理九天而调阴阳。品物群生，希奇特出，皆在于此，天人济济，不可具记。"《河图括地象》："昆仑山为柱，气上通天。昆仑者，地之中也，下有八柱，柱广十万里……"道典《太上洞玄灵宝天关经》："昆仑山为天地之齐。"齐即指脐，比喻中央。

［35］ 参见李淞《论汉代艺术中的西王母图像》，湖南教育出版社2000年版，

第106—107页。

[36] 参见李发林《汉画考释和研究》，中国文联出版社2000年版，第225—235页。
[37] 参见[德]M.蓝德曼《哲学人类学》，彭富春译，工人出版社1988年版，第264—277页。
[38] [斯洛文尼亚]斯拉沃热·齐泽克：《意识形态的崇高客体》"译者前言"，季广茂译，中央编译出版社2002年版，第9页。
[39] 参见[德]埃利希·诺伊曼：《大母神——原型分析》，李以洪译，东方出版社1998年版。
[40] 参见[德]孔汉思、库舍尔编《全球伦理：世界宗教议会宣言》，何光沪译，四川人民出版社1997年版。
[41] 参见徐州市博物馆《徐州汉画象石》，江苏美术出版社1985年版，图4。
[42] 参见徐州市博物馆《徐州汉画象石》，江苏美术出版社1985年版，第6页附图。
[43] 参见徐州市博物馆、沛县文化馆《江苏沛县栖山汉画象石墓清理简报》，《考古学集刊》第2集，中国社会科学出版社1982年版，第106—112页。
[44] 参见商丘地区文化局《河南夏邑吴庄石椁墓》，《中原文物》1990年第1期。
[45] 参见临沂市博物馆《山东临沂金雀山周氏墓群发掘简报》，《文物》1984年第11期。
[46] 参见济南市文化局文物处、平阴县博物馆筹建处《山东平阴新屯汉画像石墓》，《考古》1988年第11期。
[47] 参见[美]鲁道夫·阿恩海姆《艺术与视知觉——视觉艺术心理学》，滕守尧、朱疆源译，中国社会科学出版社1984年版，第73页。
[48] 参见信立祥《汉代画像石综合研究》，文物出版社2000年版。
[49] 参见[日]曾布川宽《汉代画像石的升仙谱系研究》，日本《东方学报》第65册，1993年，第51—59页。
[50] 参见信立祥《汉代画像石综合研究》，文物出版社2000年版，第

200页。

[51] 参见徐州市博物馆《徐州汉画象石》，江苏美术出版社1985年版。

[52] 萧兵：《楚辞与神话》，江苏古籍出版社1987年版，第48页。

[53] [美]鲁道夫·阿恩海姆：《艺术与视知觉——视觉艺术心理学》，滕守尧、朱疆源译，中国社会科学出版社1984年版，第67页。

[54] 参见陈梦家《汉简年历表叙》，《汉简缀述》，中华书局1980年版。

[55] 参见周进《居贞草堂汉晋石景》，己巳年（1929）仲夏刊本。

[56] 周铮：《"规矩镜"应改称"博局镜"》，《考古》1987年第12期。

[57] 李学勤：《规矩镜、日晷、博局》，载《比较考古学随笔》，广西师范大学出版社1997年版，第26页。

[58] 浙江省文物管理委员会等：《绍兴306号战国墓发掘简报》，《文物》1984年第1期。

[59] 参见[英]柯克士《民俗学浅说》，郑振铎译，商务印书馆1934年版，第71—72页。

[60] Patrick Baert, *Social Theory in the Twentieth Century*, NYU Press, 1998, p. 103.

[61] 参见徐州博物馆《徐州发现东汉元和三年画像石》，《文物》1990年第9期。

[62] 参见王思礼、赖非、丁冲、万良《山东微山县汉代画像石调查报告》，《考古》1989年第8期。

[63] [德]汉斯·比德曼：《世界文化象征辞典》，刘玉红等译，漓江出版社2000年版，第240页。

[64] [美]詹姆斯·霍尔：《东西方图形艺术象征词典》，韩巍等译，中国青年出版社2000年版，第19页。

[65] [苏联]叶·莫·梅列金斯基：《神话的诗学》，魏庆征译，商务印书馆1990年版，第239—240页。

[66] [德]汉斯·比德曼：《世界文化象征辞典》，刘玉红等译，漓江出版社2000年版，第14页。

[67] 费振刚等辑校：《全汉赋》，北京大学出版社1993年版，第470页。

[68] 参见[英]詹·乔·弗雷泽《金枝》（上），徐育新等译，中国民间文艺

出版社1987年版，第166页。

[69] 参见李炳海《部族文化与先秦文学》，高等教育出版社1995年版，第288页。

[70] 祝建华：《楚俗探秘——鹿角立鹤悬鼓、鹿鼓、虎座鸟架鼓考》，《江汉考古》1991年第4期。

[71] 萧兵：《中庸的文化省察——一个字的思想史》，湖北人民出版社1997年版，第71页。

[72] 参见中国画像石全集编辑委员会编《中国画像石全集》第2卷《山东汉画像石》，山东美术出版社、河南美术出版社2000年版，图188。

[73] 因重庆位于四川盆地，故放到此部分进行考察。

[74] ［德］汉斯·比德曼：《世界文化象征辞典》，刘玉红等译，漓江出版社2000年版，第306页。

[75] 参见罗二虎《汉代画像石棺研究》，《考古学报》2000年第1期。

[76] 参见信立祥《汉代画像石综合研究》，文物出版社2000年版，第280页。

第五章 汉画像的符号分析

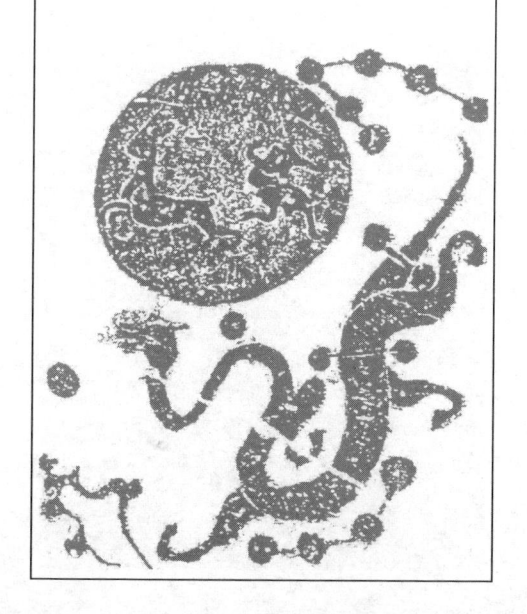

汉画像艺术营造了一个宇宙象征主义的时空,这一时空的表达是符号性的,因为宇宙的浩瀚和"无形式",只能在人的符号传达中才能得到象征性的表现。要进一步深入理解汉画像的象征世界,就要走一条符号分析的道路,才有可能真正揭示汉画像的象征世界。

20世纪60年代以来,虽然符号学形成一个独立的研究领域,然而在人类的历史上,符号已经长期地在不同的角度中被观察。符号作为指示、隐喻,涉及符号象征事物的过程,以及不同的诠解方式。[1]卡西尔将符号概念扩充到象征符号上,他认为象征符号与其相互的理解是文化生活的基础,也是文化科学的前提。卡西尔说:"这些象征符号之体系不要仅仅被理解为和解释为趋于多种不同方向,而且弥散于我们精神生活领域与人类心灵的简单表露。它们尽管有其差异,但都具有一种内在的统一性。当然,这种统一性不能以实体化形而上学的方式被看做简单的、不可分割的实体。它不能用纯属实体性的方式去描述。它必须用功能的方式去理解与界定。"[2]

符号的功能只有在符号本身、对象与意义的三重关系中才能得到合理的说明。

汉画像的许多图像和符号是有某种诱惑力和神秘性的,它们似乎隐喻着一个神秘的世界。人不仅有一个自然的实在世界，还有一个符号的世界。汉画像中的抽象图案和各种符号往往混杂在一起，一同叙述着一个个神秘的故事。破译这些符号的文化意义与审美意义就是我们的任务。

一、在天成象

康德在《实践理性批判》全书结论中有一句话："我头上的星空和我心中的道德律。"他解释道："使内心充满常新而日增的惊奇和敬畏。"[3]这句话已被镌刻在他的墓碑上。然而这不仅是个形式问题，也是我们一窥康德思想精华的不二法门。眼睛所见的外在世界引发人们向内反求自心，这是一切哲学家要探讨的秘密所在。

康德的目光与中国汉代人仰望满天星辰的目光是相同的。中国人从远古就开始观察天象，并由此产生了宇宙观。汉代人更注重思考这个问题，并在汉画像的图像中给予符号的表现。

大自然瞬息万变，气象万千，日月交替，四季轮回，群星闪耀，风云雷电。人们日出而作，日落而息。许多古老的民族，早就注意到天象的变化，世界上的许多民族认为自己是太阳之子。[4]

中国古代特别注重对天的思考，建立了"天人感应"与"天人合一"的哲学观，企图说明天与人的关系。它强调的是"天文"与"人文"的统一。中国人将天地并称，人居其中，即所谓天地人"三才"。《易·象传》说："观乎天文，以察时变；观乎人文，以化成天下。"圣人"仰则观象于天，俯则观法于地"的目的是"以通神明之德，以类万物之情"。天地虽然并称，可在古人的心目中，"天"是至尊的，是决定一切的。《易·系辞上》说："天尊地卑，乾坤定矣。卑高以陈，贵贱位矣。"《礼记》曰："诚者，天之道也；诚之者，人之道也。"到了汉代，天人关系被解释成"天人感应"，坠入了神秘主义。董仲舒认为，"天"能预感人事，人的行为也能感应上天。天对人事有"谴责"，也有"嘉奖"。因此，自然界不但有灾异，也会有"祥瑞"。从"河出图，洛出书"起，各代都有所谓的黄龙、凤凰、麒麟、嘉禾、甘露、蓂荚等出现。于是，附会其说，图绘其形，谶纬之说盛行。敬天而顺天意，就要认识"天道"，《易经》曰："天垂象，见吉凶，圣人象之。""在天成象，在地成形，变化见矣。"但天地之道，乃是"大象无形"（《老子》第四十一章）的，《老子》说："道之为物，惟恍惟惚。惚兮恍兮，其中有象；恍兮惚兮，其中有物。"（《老子》第二十一章）因此，天必须用符号的象征才能表现。《易传》曰："圣人有以见天下之赜，而拟诸其形容，象其物宜，是故谓之象。"又曰："书不尽言，言不尽意。然则圣人之意其不可见乎？子曰：圣人立象以尽意。""是故易者象也，象也者像也。""八卦以象告"，这说明天的表达只能是象征性的。

在汉代的画像中，表现天象的内容很多，从日月星辰到具体的星座。它不仅表现科学天文学的内容，更表现人文的内容。汉画像中的天象与当时的神话传说、民俗信仰密不可分，是象征的图形和符号。如在墓室、祠堂以及棺椁的上方画出复杂的天象或宇宙的抽象符号，是想再造一个宇宙的时空，以便为死后的人创造一个地下的"生活环境"。在我们前面所分析的墓室、祠堂和棺椁的画像中，天圆地方是主要的模式，在天象图中，往往刻上了汉代人对天象的种种符号。如山东嘉祥武氏祠的几幅祠堂上盖的北斗帝车等天象图，江苏徐州铜山洪楼祠堂上盖的云师、雨伯与雷公天象图，陕西绥德、神木大保当墓室和门扉画像上的日中阳乌天象图，四川棺椁上的伏羲擎日、女娲持月天象图，河南洛阳壁画墓中的二十四宿天象图与南阳汉画中的飞鸟载日等天象图。我们在前一章分析了这些天象图在整个宇宙图式中的象征意义，下面我们对一些图像作符号的探讨，以确定其象征内容。

太阳的符号及象征

在汉代的画像中，太阳的符号具有典型意义，在一些最著名的汉画像天象图中，都有太阳的形象。从图像来看，太阳总是被刻画在象征天穹的图式中。如长沙马王堆1号汉墓和3号汉墓的帛画，在画上部的左边，都有被涂成红色的太阳，太阳中并有阳乌。在洛阳卜千秋墓主室顶部的壁画上右边也有太阳的图像，太阳中也有鸟在向左飞行。西安交通大学西汉墓顶天象图、陕西绥德和神木大保当等地的汉墓画像中均有太阳鸟的形象。在河南南阳已发现50多幅天象图，其中有太阳的有十几幅。南阳汉画中的太阳符号与其他地方的有所不同，主要表现在其他地区的阳乌大都画在太阳的里边，而南阳的则是鸟载太阳在天空飞行。徐州、南阳和四川石棺画像上也有伏羲女娲手擎日月的图像。

1996—1998年，考古工作者对陕西北部神木大保当汉墓进行了综合勘察，在编号M11的汉墓门上，发现了另一种形式的日月图像。（图5-1）考古报告写道：

图 5-1　陕西神木大保当墓门扉画像中的日月神线描图

　　画面左侧为一人面、人身、鸟足、兽尾的神像。神头戴冠，冠上插三根羽毛，羽毛涂墨彩，向后飘扬；冠红色，似为红色织物缠于头顶，两根黑色冠缨翘于颈后；方脸，面涂粉彩，五官以墨线勾绘，红唇，长须。其右臂前伸，手持曲尺形矩，胸前以墨线勾绘日轮，日轮中间涂红彩，红彩中央墨绘一只三足乌。神上身着红色宽袖衣，下身着鸟羽裙，裙上有红、墨彩绘成的椭圆形羽毛，下端及两侧羽毛较长；一条似蛇的长尾自身经胯下绕至左腿前端；双腿直立，三趾。神像背后刻绘一升龙，弓身展翅，作腾空状，执一曲尺形物。龙身以红、墨彩相同绘

第五章　汉画像的符号分析　　221

鳞甲。画面下部刻一走龙，昂首张口，展翅飞奔，身涂墨彩，唇、翼涂红彩，以红彩绘鳞甲。[5]

这种把日月画在神身前的画像，在汉画像中不常见。1972年，山东临沂白庄出土的画像中，我们看到大体相同的图像。（图5-2）画面为伏羲执规，伏羲身部刻日轮，内有三足乌和九尾狐，旁有羽人和玉兔捣药。根据山东临沂的画像，可知神木大保当墓中的抱日者也为伏羲。太阳符号在汉墓中广泛出现，是有其深刻的象征性的。在天象中，太阳与人的关系是最密切的，它给人们带来光明和温暖，它主宰着生死存亡。古人仰观天象，首先注意到的就是太阳。"悬象著明，莫大乎日月。"太阳成了光明的象征和生命的源泉。

欧洲自然神话学派的代表人物麦克斯·缪勒在《宗教的起源与发展》一书中认为，世界上最早的崇拜形式就是太阳崇拜，太阳神话是一切神话的核心。因此太阳与关于太阳的神话，已经引起研究者的极大兴趣。[6]

在汉代人的太阳图像中，我们看到汉代人还不能把太阳的形象从古老的神话传说中解放出来，汉代人心中的太阳，仍然是与神话思维分不开的。太阳的文化意义就存在于它的符号与图式

图5-2　山东临沂白庄出土伏羲抱日、斗拱图

的象征形式中，如伏羲日轮、阳乌载日、日中三足乌等。

伏羲日轮图中，伏羲作人首蛇身，或人首龙身，手擎日轮（图5-3），这种图像见于山东、徐州、四川、南阳等地的画像中。有人认为这个图像是"羲和主日"[7]，但根据四川简阳鬼头山崖墓3号石棺上把人首蛇身的神灵题铭为"伏羲""女娲"，可知至少在汉代人的心目中，为伏羲日轮更合适。根据古代文献，羲和本是主管天文的官，在上古负责观测天象、制定历法。《尚书·尧典》："乃命羲和，钦若昊天，历象日月星辰，敬授人时。"

图5-3　江苏徐州汉画像石伏羲日轮图

《史记·历书》索隐引《系本》说："黄帝使羲和占日。"也可证明羲和是天文官。正因为古代有主管观测天象的羲和之官，所以有关其神话传说便产生了。《山海经·大荒南经》有"羲和者，帝俊之妻，生十日"的神话传说。但羲和是天文官，其在神话传说中生十日，应是母性神，而在汉代的持日月的神是阴阳两性神，所以持日者不应是羲和。这个神话故事，到了汉代，产生了变异，伏羲成了太阳神。[8]

伏羲在创造文化时，是从观象于天开始的，而天象中，最著名者当然是日月。伏羲为三皇之首，中华始祖，他画八卦，作历度，定节气，立九部，造书契，制嫁娶，尝百草，制琴瑟，说明他是中华民族早期历史中的英雄。伏羲擎日，象征伏羲就像太阳一样，是光辉伟大的。太阳给我们以光明，英雄给我们创造文化，文化的创造就是从观象画卦开始。卡西尔说，人的本质就是符号的动物。中国文化的符号象征正是从八卦开始形成了汉民族文化的系统。

阳乌载日见于河南南阳英庄墓。（图5-4）其图像为一个大鸟，背负着日轮在天上飞，有的与月亮相望，中间刻许多星座。见于山东、江苏徐州、陕西北部等地的阳乌载日图多为日轮中有飞鸟。两种图式虽然有别，但只反映地方性的特征，在文化原型上是一致的。

载日飞行的鸟，可以考证出来是乌。《山海经·大荒东经》："汤谷，上有扶木，一日方至，一日方出，皆载于乌。"据《广雅》云："朱明，一名耀灵，一名东君，一名大明，亦名阳乌。"从自然性上看，日载于乌的神话，是太阳自然运行的象征。其思维形式是原始思维的"相似律"在起作用。我们的先民认为，鸟可以在天上飞行。太阳也在天上行走，因此，

图5-4 河南南阳英庄墓阳乌载日图

太阳像鸟一样飞，太阳就是阳鸟。《淮南子·精神训》云："日中有踆乌。"张衡《灵宪》："日者，阳精之宗，积而成乌。"在他看来，日中的乌又成了太阳的精气凝聚而成的灵魂之鸟。《论衡·说日》亦载："日中有三足乌。"我们在江苏徐州、河南南阳、陕西北部、山东等地的太阳图像中都可以看到这种三足乌。

把太阳与鸟联系在一起的神话，还可以追溯到东夷人的图腾崇拜。东夷人把太阳与鸟看成自己的图腾。到汉代，这一观念已经演化成了符号的象征。《淮南子·天文训》曰："积阳之热气生火，火气之精者为日。"日为火气之精，太阳本来就是一团永恒的火。《易·说卦》云："离为雉。""离为火，为日。"雉，鸟类。在汉代人的观念中，鸟是阳物。《淮南子·天文训》："火上荨，水下流，故鸟飞而高，鱼动而下。"火属阳上燃，鸟属阳故上飞，火与鸟以阳相属。《春秋元命苞》云："火流为乌。""日中有三足乌，阳精。"《尚书中候》亦称："有火自天止于王屋，流为赤乌。"

由此看来，汉画像中的阳乌载日，有着文化史的根源，在汉代阴阳五行哲学的指引下，又有了发展。太阳与鸟的结合形成了太阳神话的主要情节。炎帝与黄帝都是以太阳作为崇拜的对象，火就是太阳与光、热的象征。鸟本是东夷人的图腾，鸟日神话的结合，实际上隐喻着上古中原文明与东部沿海文明结合的历史事实。从宇宙生成论看，宇宙中的阴阳两气相交，阳气凝聚成太阳。乌又是太阳之精，因为鸟在上天飞行，所以鸟又是灵魂的象征。前文我们已分析汉画中表示灵魂升天时，往往用鸟加以象征。

月亮的符号及象征

在汉代的画像中,月亮的符号与太阳的符号一样,也是很常见的。月亮往往与太阳同时出现,成为天象图式中的两个最具象征性的图像。长沙马王堆 1 号汉墓和 3 号汉墓帛画上右边是日,左边是月。在神木大保当墓门扉上,凡有日的图像,相对的另一方就是月。四川汉代石棺画像上,有伏羲擎日图像的地方,往往都有女娲持月的图像与之相对。

在远古时代,人类还没有发明灯烛的时候,太阳落山后,黑夜降临,月亮像美丽的明灯,把大地照得通亮,月亮便在人的心目中占有极重要的地位。月亮不像太阳那样永远明亮,它有圆缺明暗的变化,于是人类在神话思维的条件下创造了许多关于月亮的神话,使月亮具有了神秘的象征意义。

在中国古代,月神为常羲,汉画像中常见有"常羲主月"的图像。河南南阳唐河湖阳汉墓出土一画像,画面刻二人,皆人首蛇躯双尾相交。下边手捧日轮者为日神羲和,上边手捧月轮者为月神常羲。(图 5-5)

《山海经·大荒南经》载:"东南海之外,甘水之间,有羲和

图 5-5 河南南阳唐河湖阳汉墓出土羲和捧日、常羲捧月图

之国。有女子名曰羲和，方浴日于甘渊。羲和者，帝俊之妻，生十日。"《山海经·大荒西经》载："有女子方浴月。帝俊妻常羲，生月十有二……"

在《山海经》的时代，神话解释了日与月是由羲和与常羲所生的。说羲和生了十个太阳，常羲生了十二个月亮，神话的真实性可能隐喻着一个古老的历法系统，就是把一年分成十二个月，把一天分成十个时辰。在古人看来，月亮由缺变圆，一年中反复十二次，就是月亮的生和死的过程。十二个月亮的说法，也可能是十二地支的来源。在汉代的画像上，羲和与常羲往往刻在一块石头上，头相反，各占一头，而尾巴又相交一处，形成阴阳二分而又相交通的状态。它们象征白天与黑夜的交替，阴与阳两种力量的互为矛盾与统一的关系，以及男女两性的对立与统一。

但对"常羲主月"图像的解释也存在着分歧，有些研究者认为，与"伏羲主日"相对的图像应该是"女娲月轮"。从汉代人的阴阳哲学看，主日者如果是伏羲，主月者就应是女娲。如果说是羲和主日、常羲主月，根据《山海经》，此两神皆为女神，不应"交尾"。古老的常羲生月、羲和生日的神话，到了汉代与阴阳五行的哲学观相结合，在象征的意义上产生了变异。伏羲、女娲在先秦的典籍中本也属两个神话系统，但到了汉代，受阴阳哲学的影响，两人则成为夫妻，并以"交尾"的形象出现在汉画像的象征图式中。女娲在文献里最重要的业绩就是重整天地和造人。因此，由擎日的伏羲与持日的女娲来象征阴阳相合、化育万物的主题是很恰当的。

再看月中蟾蜍与玉兔。月亮的图像中，有两个动物符号是汉画像中最常见的，反映了汉代关于月神的传说。兔为月精的观点，在西汉前期就已形成,《楚辞·天问》曰:"夜光何德,死则又育?厥利维何,而顾、菟在腹?"其中"顾"是"蛄"的假借字,即蟾蜍的异名,"菟"即兔子。

马王堆1号汉墓帛画月上便置蟾蜍与兔。这个墓的年代在公元前186年,正值西汉初期。秦汉时,人们把兔子看成阴物,是女性的象征。《尔雅·释兽》:"兔子曰娩。"《说文·兔部》:"娩,兔子也。"女人生孩子为"娩",可见兔为女性的象征来源是极古老的。刘向《五经通义》用阴阳相合的观点解释月中的兔子与蟾蜍:"月中有兔与蟾蜍何?月,阴也,蟾蜍,阳也,而与兔并明,阴系于阳也。"《春秋元命苞》亦曰:"月之为言阙也,两设以蟾蜍与兔者,阴阳双居,明阳之制阴,阴之倚阳。"汉代人把月亮看成与太阳相偶的天体,月中的动物也是阴阳偶合而成,实际上仍然具有宇宙象征主义的特征。因为月亮是有阴阳变化的,阴阳变化的象征就是兔与蟾蜍。这在汉代人的观念中是比较牢固的。只是到了东汉时期,阴阳五行的思想逐渐被发展的时代精神所解构,月中有兔和蟾蜍的图像也产生变化。我们在西汉昭宣时期的河南洛阳卜千秋墓壁画月的图像上,只能看到蟾蜍和桂树。从此以后,汉代的画像中,月中或绘蟾蜍,或绘兔,而绘蟾蜍者多,绘兔者少。最后月亮神话转化成了仙话。在《淮南子》中,有"姮娥盗食之(不死之药),得仙,奔入月中为月精"的说法。

神话转化为仙话,月精蟾蜍与兔的仙化也不可避免,在大量东汉时期的西王母成仙的图式中,往往有蟾蜍与玉兔捣药,它们旁边或有羽人相伴,或者它们也身长羽翼,已经成了西王母仙境的一个不死药的象征符号。如徐州铜山白集汉墓祠堂东壁画像上层,中间端坐西王母,其左侧有玉兔与蟾蜍相对在捣药。[9] 山东嘉祥宋山的东汉画像石中亦有蟾蜍与兔的形象，它们在西王母或东王公的旁边或捣药，或捧盒，或抬筐。山东嘉祥洪山出土画像石的图像上，蟾蜍与兔作捣药状，旁有三人跪捧灵芝。四川郫都石棺画像中，蟾蜍与兔作人形，蟾蜍在前，向左前行，兔在后，双手捧灵芝一朵。山东临沂白庄汉墓的图像中，在上层有西王母图像，西王母身边有玉兔捣药，中部有人跳舞。[10]

这些图像表现了汉代盛行外丹法，流行药食成仙的文化信仰。灵芝作为仙药，是神仙家的普遍认识。武氏祠祥瑞图中有"□英"的题榜。根据《宋书·符瑞志》所说，可能是"芝英"："芝英者，王者亲近耆老，养有道，则生。"枣庄滕州西户口画像石上，有两个蟾蜍共抬一株灵芝草。在南阳出土的汉画像上，有伏羲、女娲合抱一株灵芝草，相向交尾而立的形像。[11]《汉武帝内传》记载了一种"太真红芝草"的不死药。据西方学者研究，灵芝可能是一种致幻性的药物。美国学者W.爱伯哈德说："灵芝作为一种用于更大的象征以及炼丹术意义上的幻觉剂，与粉末状的'寒石'和'五石'有时相当不同，这些矿物质从后汉时代起就已得到应用。灵芝作为一种兴奋剂是经过慎重考虑的。在发现它的药性的人中，有个人（皇甫谧，215—282）记下了自己服食灵芝后的反应，说它立即使自己沉湎于音乐与性中。与此相较，'五石散'却没有这种宗教的或人生观的意义，它的迅速传播，完全是由于它的药效。"[12]

与升仙主题相关的是嫦娥奔月图。河南南阳西关出土的嫦娥奔月画像中，嫦娥被刻画成人首龙身，后拖着一条长长的尾巴，左上方一轮明月，嫦娥正飞升到月亮上去。（图5-6）嫦娥又叫姮娥，《淮南子·览冥训》说："羿请不死之药于西王母，姮娥窃以奔月。"高

图5-6 河南南阳西关出土嫦娥奔月图

诱注:"姮娥,羿妻。羿请不死之药于西王母,未及服之,姮娥盗食之,得仙,奔入月中为月精也。"月精是什么呢?据张衡《灵宪》,羿请不死之药于西王母,羿妻姮娥窃之以奔月,托身于月,是为蟾蜍。在马王堆1号汉墓出土的"T"形帛画的左上方,绘有蟾蜍与兔并置月上的画面。月下是一长袖作飞奔状的"女子",有人认为即嫦娥。在嫦娥的传说中,"不死之药"是最重要的符号,它是嫦娥由人而仙、由仙而成为月精蟾蜍的媒介物。西王母在汉代上升为一位主宰生死的大神,不死之药的传说便与西王母有关。西王母成了不死药的拥有者。由大量西王母左右有玉兔与蟾蜍的图像可知,玉兔和蟾蜍正是为西王母在制造"不死药"。山东嘉祥发现的东汉画像石上,可以看到蟾蜍、玉兔在捣药,或者玉兔捣药、蟾蜍捧盒,或者三人跪捧灵芝。它们显然是西王母的侍者。神话中嫦娥是羿的妻子,窃药成仙,嫦娥通过不死药与西王母发生了联系。嫦娥奔入月中成为月精蟾蜍,以蟾蜍的形式象征了生命的永恒。

嫦娥奔月象征了嫦娥生命形式的一种"蜕变"过程，体现了汉代人对生命的忧患意识。中国古代的生命观认为，人的生命有两种存在形式，一是生命的繁殖，另一种是生命的转化。《荀子·正名篇》称："状变而实无别而为异者，谓之化。"生命的繁殖是数量上的增加，而生命的转变是质上的飞跃。汉代人羽化成仙的观念，就是希望生命能摆脱肉体的束缚而获得生命内在本质的新生与永恒。汉代人求仙活动的实质就是企求摆脱生命在时间中的有限性而进入一个永恒性的时空，从而获得生命的永恒。月亮按规律的圆缺，正好象征了人的这种永恒转变的理念，所以便幻化出嫦娥窃不死药升入月宫的神话。月亮的阴影，刺激人幻化出月中的玉兔、蟾蜍与桂树的形象。

河南洛阳卜千秋墓顶脊上，描绘着一幅月宫图。红色的树干、紫色的树叶、绿色的月光、黑色的月线和墨色的蟾蜍，给人一种凄凉而又神秘的视觉效果。月宫的描绘只是人的不死欲念的一种符号性象征，展现的是人对彼岸世界的幻想，寄托的是对生命永恒性的追求。[13]但人的现实性又决定人是要死亡的，所以不死仍然只是幻想性的，是人摆脱死亡意识的抗争物，所以对这种幻想世界的描绘又是凄凉怪异与神秘的，体现了人对死亡的焦虑心理特征。

存在主义哲学家克尔凯郭尔分析了人的死亡恐惧，对我们理解中国文化中不死升仙的信仰有一定的帮助。他认为：如果人纯然是天使，就不会恐惧死亡；如果人纯然是动物，就不懂得死亡。但人既非天使又非动物，天地万物之间，人与其他生命不同，人既是生理性的肉体，又拥有自我意识，因文化而生成符号性的自我，因而命中注定要直面死亡，恐惧死亡。有了自我意识，人的存在困境和悖论本性就尖锐地凸显出来，一方面人是君临万物的灵长，是自然界中小小的神祇，是文化体系符号的创造者；另一方面，人最终是被造物，是必有一死的高等动物。如此彻底的二元性分裂，是人独有的荒诞命运，人拼命利用种种文化规范和关系，去营造某种"神化工程"，以求出类拔萃，力争不朽。[14]

在南阳汉画像石中，有不少图像刻在长条形的石头上，石头一端刻阳乌载日，一端刻蟾蜍月宫，星斗则出没其间。在现实生活中，有时太阳已经从东方升起，而月亮还恋恋不舍地挂在西边的天际。有时太阳还未落入西山，而月亮已悄悄地从东方爬上了天空。人们把天地间的这种现象称作"日月同辉"，又称日月相望。《释名》云："朔，苏也。月死复苏生也。弦，月半之名也。其形一旁曲，一旁直，若张弓施弦也。望，月满之名也。月大十六日，小十五日。日在东，月在西，遥相望也。"

日月同辉在陕北的汉墓墓门画像中也是常见的题材。1996—1998年，对陕北26座汉墓进行了考古发掘，日中金乌和月中蟾蜍多见于墓门楣画像石的两端，只发现一例刻于"顶心石"上。这是几乎每个画像石墓都有的题材。据《神木大保当：汉代城址与墓葬考古报告》："从保存较好的M16、M18、M23、M24等几例情况看：日轮为红色，其中金乌或直接用墨彩绘染，或先用阴线刻就再涂墨彩；月轮则为白色，保留下来的蟾蜍先用阴线刻就，再以墨线勾勒，其间涂蓝色或绿色。"[15]

"日月同辉"在陕北绥德汉画像中也常见，形式同神木大保当的图式，也刻在墓门楣上。如四十里铺汉墓（田鲂墓）后墓室门口横额上左右角刻日月轮，内分别刻有金乌与玉兔、蟾蜍；中间刻有倒立、抛丸、吹笙、弹筝、歌舞等场景；左边刻西王母，右边一人坐三鸟云车，在两乘鹿羽人的导引下向左行进。[16]

在山东长清孝堂山祠堂三角隔梁石底面所刻的天象图中，左边有月轮，月中有玉兔、蟾蜍；右边有日轮，日中有阳乌。这里，日与月被置于整个天象之中。我们看到，整个图的左半部分有北斗七星、月亮、牛郎星，右半部分有南斗六星、太阳、织女星。

北斗帝车图

山东嘉祥武氏祠后石室画像中有北斗帝车图。（见图5-15第四层画像）北斗七星中的斗杓四星变成了车舆，中间坐着一位天帝神灵，正驾着北斗帝车在天上巡视。车舆下是酷似车轮的云气纹，斗柄三星连线变成车辕。车后有三个神人持板送行。车辕下有四个神人或躬身，或跪着迎接天帝。他们的上空有龙，还有似阳乌的飞鸟。在第七颗星上，站着一个羽人，正用右手摸取与第六颗星相接的小星。

北斗星在西方叫大熊星座，在中国古代叫北斗，因其像斗而居于北而得名。古人根据它辨别方向，并依据斗柄所在的方向来定季节。《史记·天官书》曰："北斗七星，所谓璇玑玉衡，以齐七政。"为了观察的方便，古人给七颗星各自起了名字：第一颗叫"天枢"，第二颗叫"天璇"，第三颗叫"天玑"，第四颗叫"天权"，第五颗叫"玉衡"，第六颗叫"开阳"，第七颗叫"瑶光"。前四颗星又称为"魁"，就是勺子。第五至第七颗星称之为"杓"，即勺柄。

古人崇拜北斗星，是因为经过观察发现，北斗星只围绕北极星而回转，它不像其他星辰一样没入地下。它居于天体的中央。汉代人认为，那是天神太一帝常居住的地方，它位居群星之王，可以控制整个天庭，就像地上的君主控制国家一样。于是，人们把北斗神圣化，成了天帝的象征。《史记·天官书》说："斗为帝车，运于中央。"《星经》说："北斗星，谓之七政，天之诸侯，亦为帝车。"《晋书·天文志》说："北斗七星在太微北，七政之枢机，阴阳之元本也，故运乎天中，而临制四方，以建四时，而均五行也。魁四星为璇玑，杓三星为玉衡。又曰，斗为人君之象，号令之主也。又为帝车，取乎运动之义也。"

在汉代画像中，由于北斗居帝车之位，所以常画其形，除了武氏祠那样细致的形象描绘的图式外，更多的是以星图的形式出现。由于北斗居天中央，汉墓中常画北斗以象征墓中天的中心。

牛郎织女图

四川郫都新胜出土 2 号石棺盖顶画像有龙虎衔璧与牛郎织女画像，这里的牛郎织女是天象的人格化。我们看到，牛郎正手牵一牛，用力往前拉，回头望着正随自己往前奔跑的牛。在牛郎的前方是织女，她手执绕线板，正在焦急地等待牛郎的到来。（见图 4-37）

在南阳白滩出土的汉画像上，也有一幅牛郎织女图（图 5-7）[17]。画像左上方有七星相连，呈圆形，内有玉兔，象征月宫。其下四星连成梯形，内有一高髻女子拱手跽坐，应为织女，即女宿。画中部刻白虎星座。右上方三星为牵牛星，牵牛星下刻牛郎牵牛图。图间饰云气，象征天空。在山东长清的孝堂山祠堂的石刻天象图中，我们看到星座式的牛郎织女星图。其中织女星是以一架织机作为符号表征的。

关于牛郎织女的神话传说，在中国流传很广，它的原型可以追溯到秦汉以前的星辰崇拜。它由一个自然神话逐渐转变成一个体现爱情的人文故事，其象征意义便晦暗不明了。[18]

《史记·天官书》这样记载牵牛、织女四周星座："牵牛为牺牲，

图5-7 河南南阳白滩出土牛郎织女画像

其北河鼓。河鼓大星，上将；左右，左右将。婺女，其北织女。织女，天女孙也。"《诗经·小雅·大东》中有牵牛星和织女星的传说："维天有汉，监亦有光。跂彼织女，终日七襄。虽则七襄，不成报章。睆彼牵牛，不以服箱。"可见，至少在《诗经》的时代，牵牛与织女已经被中国人命名为两颗星的名字了。

牵牛星的传说，还与中国古代农耕信仰密切相连。《吕氏春秋》说"王亥服牛"，王亥是殷商初期的部落首领，可见殷商时中国人已使用牛马作为家畜了。在古代农耕信仰中，牛被认为是具有神秘力量的动物，可以作为供牺以祭祀大地。《史记》说："牵牛为牺牲，其北河鼓……"《礼记·曲礼》说："天子以牺牛，诸侯以肥牛。"注曰："牺，纯毛也。"由此可知，牵牛的原始是"牺牲"，也就是纯色的牛。古代在农耕的仪礼中以牛作为谷物神而祭祀大地。《史记·律书》说："东至牵牛，牵牛者，言阳气牵引万物出之也。"关于织女，《史记·天官书》说："织女，天女孙也。"《汉书·天文志》说："织女，天帝孙也。"《后汉书》说："织女，天之真女。"可见织女是根据古代男耕女织的生活比附列星上去的。

第五章 汉画像的符号分析　235

到了东汉以后，牛郎织女的形象逐渐世俗化、生活化、平民化，成了世间凡人，同时演化出牛郎织女七夕相会的爱情故事，表面上看这个故事是把神灵"情欲化"了，实际上则有神圣的象征意义。汉人阴阳哲学盛行，把宇宙的生成看成阴阳两气交感的结果，阴阳不相交，便会产生灾异。汉人把这种观念移情到牛郎织女星上，便让本来分属河汉两岸的牛郎织女在七夕相会。《淮南子》有"乌鹊填河成桥而渡织女"的说法，因此，牛郎与织女的相会便是一件神圣的事。

据《汉书·武帝纪》记载，汉武帝于元狩三年（前120）为攻伐西南夷而在长安西南"发谪吏穿昆明池"，并在昆明池中竖牵牛、织女石像。班固《西都赋》曰："集乎豫章之宇，临乎昆明之池。左牵牛而右织女，似云汉之无涯。"张衡《西京赋》曰："乃有昆明灵沼，黑水玄阯……牵牛立其左，织女处其右。日月于是乎出入，象扶桑与蒙汜。"《三辅黄图》卷四"汉昆明池"条引《关辅古语》云："昆明池中有二石人。立牵牛、织女于池之东西，以象天河。"

汉代所立的牵牛像与织女像，已在长安斗门镇附近被发现，系两座大型石刻圆雕[19]，像仍保存较好。从这一记载来看，汉武帝是把昆明池造成天地的象征模式，立牛郎与织女石是其象征天庭体系的一部分，武帝一生迷信升仙，大搞升仙活动，造昆明池以象征天象，是其求仙活动的一部分。所以，在汉画像石中的天象图中，我们常常看到牛郎织女图就不会感到意外。牛郎织女的相会，具有宇宙象征主义的符号特征，以此促进阴阳和谐，天地交泰，风调雨顺，这样对农耕有利，从而达到人们安居乐业的理想境界。《论衡·自然》云："天地合气，万物自生，犹夫妇合气，子自生矣。"《周易·咸卦》讲："天地感而万物化生。"《周易·乾卦》云："云行雨施，品物流形。"宋玉

《高唐赋》中"云雨巫山"的意象便从此观念中产生。西汉时,董仲舒认为男女相悦,可以诱发天地降雨。《春秋繁露·求雨》说:"四时皆以庚子之日,令吏民夫妇皆偶处。凡求雨之大体,丈夫欲藏匿,女子欲和而乐。"这虽然是汉代"天人感应"观的直接体现,却有着民俗信仰的深厚基础。

除了深层的隐喻象征的意义外,牛郎织女故事在汉代不断"祛魅"的大背景下,逐渐产生世俗的变化,成了无数平民爱情故事的象征形式。《古诗十九首》中有诗云:

> 迢迢牵牛星,皎皎河汉女。
> 纤纤擢素手,札札弄机杼,
> 终日不成章,泣涕零如雨。
> 河汉清且浅,相去复几许。
> 盈盈一水间,脉脉不得语。

诗里描写了牵牛与织女两情相悦而不能长相厮守的悲情,读起来令人荡气回肠。源于古代神圣信仰的自然崇拜的祭祀仪式,随着时代的发展、文化主题的变异,终于演化成人的情感的象征符号,使其产生无限的艺术魅力。

四象图

南阳汉画像石刻中,曾发现两幅四象图:一幅是唐河针织厂汉墓的主室顶部的四象图(图5-8),图中刻绘苍龙、朱雀、白虎、玄武四象;另一幅是南阳麒麟岗汉墓前室墓顶四象图(图5-9)。

图 5-8　南阳唐河针织厂汉墓出土四象图

图 5-9　南阳麟麟岗汉墓前室顶天象图

另外，前文曾介绍了芒砀山西汉梁王墓主室顶部四象图，在山东邹城金斗山也发现了四象画像石。如果不局限在一幅画像上，我们可以说绝大多数汉墓和祠堂及棺椁画像石上，都有四象的图像，因为汉代的墓室、祠堂、棺椁等都是按宇宙的图式安排的。汉代人用四象来象征天的四个区域，象征东西南北四个方向，而汉画像的方位布置，往往就带有四象的象征符号。只是有些图像所选的四象不全，仅用龙、虎，或仅用朱雀、玄武。

中国传统天文学体系将天赤道附近的星空划分为二十八宿，并分别由四象统辖。四象是后来四个赤道宫的象征，最后形成了由四种动物组成的四组灵物，分别代表四个不同的方向以及与之相连属的不同色彩，并与二十八宿形成固定配合的严整形式。四象的方位是东青龙、西白虎、南朱雀、北玄武。

用"四象"来表示天象，最能体现中国象征文化的特点。"象"是中国传统星官体系最基本的概念，是初民最早用象征思维来把握外在世界所见形象的认识手段。古人观测天象，首先感知的是它的形势，古人根据其形组成的图像像什么动物便以此动物命名之。如东宫星的形势像苍龙，便以苍龙来命名；西宫星的形势像白虎，便以白虎来命名。形象既定，便以此为根据来分配星体。我国四象的体系至迟在公元前2世纪已经形成。[20]《尚书·尧典》孔颖达正义："是天星有龙、虎、鸟、龟之形也，四方皆有七宿，各成一形，东方成龙形，西方成虎形，皆南首而北尾；南方成鸟形，北方成龟形，皆西首而东尾。"这是以一象通贯七宿。但早期的四象并不是这样的，只是到了后来才和二十四宿相结合。早期人们是根据简单的"格式塔"原理，把眼中所见到的天象，比附到心中所见到的动物形象上，然后对天象加以命名，整个的命名过程就是符号象征的过程。以什么样的符号来命名是有偶然性的，但从形状与色彩的外在感官效应上也能找到象征符号由来的事实基础。一旦命名被接受，就开始了知识的积累过程。对古人来说，天文就是天象，四象就是象征众多星象所构成天文的图像。

东宫苍龙　河南南阳蒲山店阮堂出土苍龙星座画像上,刻一满月,内雕玉兔蟾蜍。下刻东宫苍龙星座,由头到尾刻有十八颗星和神态生动的苍龙形象,其中包含了角、亢、氐、房、心、尾、箕七个主要星宿。十八颗星分布在龙头、龙身、龙尾的周围。(图5-10)吴曾德分析此图像说:

> 龙首的前后各有一星,根据星数和所在的位置可能是角宿。《史记·天官书》正义说,角宿是"天关";二星之间是"天门";门内是"天庭",乃"七曜"(日、月、金星、木星、水星、火星、土星)运行要经过的所在。龙身前后共分布了八颗星,龙腹下呈弧线状的四颗连星有可能是亢宿,或者是房宿。接近龙尾的两两相联的四颗星,按其形状当为氐宿。龙的尾端有连成椭圆形的八星,这是尾宿。龙头上面的一轮明月,说明月亮运行到了苍龙星座的附近,也许行将进入角宿,表示月亮的运行将从二十八宿的第一宿角宿开始。"月缠二十八宿"的说法在这幅石刻画中被形象化了。[21]

《说文·龙部》曰:"龙,鳞虫之长。能幽能明,能细能巨,能短能长。春分而登天,秋分而潜渊。"龙兼备天文与人文的诸多属性。中国人对龙的崇拜涉及众多的文化含义,龙的信仰几乎涉及汉民族神性精神的诸多方面。其象征领域的祥瑞、王权、生命、创造、变易等内涵广为人知,但龙为何物仍然是一个历史之谜。[22]有人想从现实世界的某种生物身上找到龙的起源和龙文化的原型,这是不可能的,因为龙是人幻想出的一个符号,其中蕴藏着原始的宗教观念,象

图5-10 河南南阳蒲山店阮堂出土苍龙星座画像

征着生生不息的民族精神。

龙的象征，来源于龙图腾崇拜，我们在原始彩陶、青铜器装饰图案、汉代的帛画、汉画像石中，都能看到龙的身影。特别在汉代的画像中，几乎所有的图像配置都少不了龙的符号。在汉代，龙主要被视为祥瑞而受到崇拜。"龙"的出现是盛世的表征或者是受天命的象征。例如，汉代史书记载，汉文帝十五年（前165），"黄龙见于成纪"，成帝鸿嘉元年（前20）"黄龙见真定"，东汉光武帝时，"黄龙见于东阿"，等等。敦煌所出《瑞应图》长卷中，所存瑞应物有龙、凤、龟等。"神龙"条下云"君子在位则神龙出"，"青龙"条下云"青龙者，水之精也，乘云雨而下，处渊泉之中，有仁主则见"。武氏祠有祥瑞图，其上有黄龙，题榜曰："黄龙，不漉池而鱼，则黄龙游于池。"《艺文类聚》引《瑞应图》曰："黄龙者，四龙之长，四方之正色，神灵之精也。能巨细，能幽明，能短能长，乍存乍亡。王者不漉池而渔则应和气而游于池沼。""不众行，不群处，必待风雨而游乎青气之中，游乎天外之野，出入应命，以时上下，有圣则见，无圣则处。"《宋

第五章 汉画像的符号分析 241

书·符瑞志》也有类似说法，并把赤龙、青龙、白龙、黑龙也列入祥瑞，实际上是古代四象以不同色彩的龙加以象征表现的结果。在汉代，龙也是升仙的象征。《山海经》多次提到神人乘两龙，如祝融、夏后启、蓐收、句芒等。据《史记·封禅书》，黄帝修炼成仙，有龙自天下降迎黄帝上天。汉画像中，升仙时多有翼龙拉车，当本于此种象征观念。

西宫白虎 四象以白虎配属西宫，所辖七宿依次为奎、娄、胃、昂、毕、觜、参。而这种完整的形式是东汉以后形成的，在司马迁的《史记·天官书》中，白虎只包括觜、参两宿，但由于这两个星宿在古代观象授时活动中的重要作用，因而被视为西宫的主要星象。《史记·天官书》载："参为白虎。三星直者，是为衡石。下有三星，兑，曰罚，为斩艾事。其外四星，左右肩股也。小三星隅置，曰觜觹，为虎首，主葆旅事。"张守节正义："觜三星，参三星，外四星为实沈……为白虎形也。"

司马迁的《天官书》带有浓厚的占星学的特征，白虎位于西，主罚，象征秋天，都是占星术的表现。中国古人以觜与参为白虎星象，至少在河南濮阳西水坡的蚌塑星象图以后的五千年中并没有根本的改变。河南南阳出土的虎星座图（图5-11）[23]仍然保持这个古老的观念。在这幅图中，参宿被表现为一只奔跃的猛虎，猛虎的前爪下有一颗星与头顶右上方的一颗星相对，应该表示的是"左右肩股"中的两星。虎首的前上方有三颗横连星是参宿中心的"三星直者"的"衡石"。而竖三连星则是参宿的辅星，被称为"罚星"。

白虎配属西方，西方代表了秋天，秋天象征万物枯零，故主残杀之气。白虎的象征在深层次上可以和西王母的神话相连。在《山

图 5-11　河南南阳出土白虎星宿

海经》等古籍中，西王母，是人兽合体的女神。《山海经·西山经》说："玉山，是西王母所居也。西王母，其状如人，豹尾虎齿而善啸，蓬发戴胜，是司天之厉及五残。"据此看，西王母的原型与虎有关系，其居西方玉山，"主知五刑残杀之气"，象征由暖变冷的秋冬季节的变化。所以西王母在《山海经》的时代是"秋天"的"刑杀之神"。到了汉代，西王母由主刑杀而转换成持有不死药的神仙。但从主刑杀到持有不死药的神仙其原型是一致的。秋天过去是冬天，冬天当然是万物凋零的季节，但冬天一到春天也就不远了。春天到来时，万物复苏、萌发，这是一个生命生生不息的过程。西王母便由"刑杀之神"转变成宇宙中主宰生命和生死的大神。汉代画像石中，西王母往往端坐在龙虎座上，龙虎座便是宇宙中东宫苍龙与西宫白虎的象征。西王母神格的上升，使白虎也具有了驱魔食魅的功能。《风俗通义》云："虎者，阳物，百兽之长也，能执搏挫锐，噬食鬼魅。"虎在汉代成了威震邪恶的神兽，受到普遍的崇拜。由于虎是天上的星象，故在白虎图像上，往往给白虎加上翅翼，以象征其是天上的神兽。在升仙图中，往往又有白虎拉的云车，带着墓主奔向西王母主宰的神仙世界。

南宫朱雀 四象以朱雀配南宫，所辖七宿依次为井、鬼、柳、星、张、翼、轸。其中柳、星、张、翼四宿是朱雀的核心部分，古人把这四宿相连，形状正好组成一只展翅飞翔的大鸟。这个象征符号，在濮阳西水坡的蚌塑星象图上，就与龙、虎和银河一起存在了。《尚书·尧典》中有"日中星鸟，以殷仲春"，意思是当一年中昼夜长度相等的那一天到来，鸟星则在黄昏时出现在南中天，用这个天象可以校准春分。鸟星可能就是朱雀形象的一部分。在周代的一面铜镜上，我们已看到四象的图形，其下为朱雀，是用一个完整的鸟的形象表示一个方位。[24]

汉代人称朱雀为"朱鸟"，《礼记·礼运》又把"凤"列为"四灵"，可见朱雀就是"凤凰"。朱雀位于南方，象征夏天，其色朱，是火与太阳的象征。所以在古代传说中，朱雀与凤凰的毛色多为红色。古代把太阳称为"太阳鸟"，太阳中有"三足乌"，太阳的运行被认为是由乌驮着的，加上朱雀为南方之象，所以汉代也流行凤凰与太阳有关的说法。《春秋元命苞》说："火离为凤皇。"《易·说卦》说："离为火，为日。"《春秋演孔图》说："凤，火之精也。"而《论衡·说日》则说："夫日者，火之精也。"在河姆渡文化遗址曾出土过"丹凤朝阳"的图像。可见这一主题图像的历史是极悠久的。

在古代，凤凰是百鸟之王，是神鸟，因此成为吉祥的象征，它的出现就象征了大吉大福，阴阳调和，天下安宁，国无灾殃，子孙盛昌。在汉画像中，朱雀与凤凰常常被刻在墓顶、墓门、墓壁的上方，

图5-12 陕西绥德张家砭汉墓石刻门扉图像

象征吉祥。汉焦延寿《易林》曰："朱雀导引，灵鸟载游。"可见朱雀有引导死者灵魂的作用。它被刻画在墓门上，有引魂升天的象征意义。（图5-12）清桂馥《札朴》卷五说："四象朱雀居南方，即天文之朱鸟。……五方神鸟，南方焦明，凤属也。焦明即朱雀。南方色赤，故曰朱雀。"看来朱雀即凤凰的看法，在清朝已被认识到了。

北宫玄武 四象以玄武配属北宫，所辖七宿依次为斗、牛、女、虚、危、室、壁。玄武在传说中是一种龟与蛇组合成的形象，"玄"是一种颜色。"玄武"象征北宫，演变最为复杂。在战国以前的遗迹中，在汉代玄武的方位，原来是一只神鹿。如在濮阳西水坡的蚌塑星象图中发现了鹿的图像，在泌阳星象图中也有鹿的图像。在楚曾侯乙墓漆箱星图中，围绕北宫女危、虚之宿的象是两只相对的鹿而不是龟蛇。年代早于曾侯乙墓星图的、属于公元前8世纪前后的虢国四象铜镜，与朱雀相对的也是鹿而不是龟蛇。因此，在战国前，鹿是四象之一，并代表北方之象。战国时，玄武与苍龙、白虎、朱雀一起出现。在《吕氏春秋》中，有以十二月纪以五帝配五神、五虫和五音。在汉代的《淮南子》中，我们也看到相同的说法：春配鳞虫，鳞虫为龙属东方；夏配羽虫，羽虫为鸟属南方；秋配毛虫，毛虫为虎配西方；冬配介虫，介虫为龟属北方。这正是四象完整的表现。值得注意的是，《礼记·月令》中也有类似的配置，在夏季之后列有中央一方，以倮虫相配，倮虫即为麒麟。由此可知，汉代已经完成北宫由麟到玄武的转变。"麒麟"二字都以"鹿"为形旁，可见它与鹿确有关系。但麒麟作为北宫的象征仍没有彻底消失，我们在西汉的卜千秋墓壁画上看到的四象就是双龙、白虎、朱雀和麒麟（见图4-5）。

　　麒麟在先秦被称为"麟"，《诗经·周南·麟之趾》中便提到了"麟"。《春秋左传·哀公十四年》载："十有四年春，西狩获麟。"何休说："状如麇，一角而戴肉。"许慎《说文解字》说："麇身牛尾一角。"麟在古代一向被认为是祥瑞的象征物。《公羊传》说："麟者，仁兽也，有王者则至，无王者则不至。"据《史记·孝武本纪》记载，汉武帝曾郊祭于雍，"获一角兽，若麃然。有司曰：'陛下肃祗郊祀，上帝报享，锡一角兽，盖麟云。'"由于得到了麟瑞，在有司奏议下，改元为"元狩"。在汉代的画像中，麟是常见的图像，它有象征祥瑞的意义，也是升仙的灵物。鹿是麟的来源形象之一。江苏徐州铜山洪楼祠堂三角石梁上刻有一幅升仙图，画中间刻西王母凭几坐于榻上，上罩华盖；左方有长着羽翼的仙人捧物进奉；右方有仙人骑鹿和

图 5-13　汉画像中的神仙世界
1. 江苏徐州铜山洪楼祠堂三角石梁画像；2. 江苏睢宁九女墩汉墓画像

乘鹿车飞驰，车轮作龙蛇回旋状。徐州睢宁九女墩汉墓画像也刻有凤凰、麒麟、飞鸟等灵物。其中有一石刻麒麟、开着花的仙草、羽人采仙果、九枝灯等。（图5-13）麒麟具有不死升仙的象征意义是明显的。

　　这种象征不仅在江苏徐州汉画中存在，在山东、陕西北部、四川和其他地区也存在。如山东曲阜孔庙汉画廊中有微山两城山出土的一块汉画像石，在所刻一独角兽旁刻有"骐驎"二字，当是指"麒麟"。

　　《礼记·礼运》说："麟、凤、龟、龙，谓之四灵。"这里没有"玄武"。但在《楚辞·远游》中则有"召玄武而奔属"的诗句，《文选》李贤注："龟与蛇交曰玄武。"洪兴祖（补注）曰："玄武谓龟蛇，位在北方，故曰玄；身有鳞甲，故曰武。"敦煌所出《瑞应图》

第五章　汉画像的符号分析　　247

有玄武形象，其下曰："似龟而黑色，常负蛇而行，北方神兽。"在《淮南子》中，北宫之象就被确定为"玄武"了。《史记·天官书》中，也称北宫为玄武。看来，玄武取代麟（鹿）作为北方之象，是在汉代所确定的。

汉代的画像中可以经常看到玄武的符号。四川芦山王晖石棺图像上有玄武图，形象为龟蛇合体，在陕北绥德后思沟的汉墓墓门扉图像的左右门柱下方也可以看到玄武的图像。类似的图像还见于绥德黄家塔6号汉墓（王圣序墓）、9号汉墓，以及大坬梁汉墓的门扉图像中。[25]

玄武在汉画中的象征性，表现在它代表了北方，或者总刻在图像的下方，象征阴森的地下和寒冷的冬季。其色为玄，玄即黑暗，是代表冥界的，所以"玄武"象征"武力"的征伐，武力的征伐总是死亡的标志。

四象的形成和发展及其代表的文化内涵，最能表现中国人象征思维的特征。人们是根据星宿的图式而幻想出一种形象，然后与人所见到的或想象到的图像相联，然后在命名的过程中形成一种文化的传统，上升为一种人文的知识体系，在民俗的信仰中不断巩固这种传统。这种象征思维表现为一种建立在"相似律"之上的巫术效应，把四方、四季、四神、四灵、四色等本来不相类的事物放在一个人文建构的图式中来加以整体的、混沌性的把握，使本来无秩序的宇宙有序化。宇宙的秩序是人的社会的整体化和人的心理结构化的形象体现，人必须按照这种宇宙的结构来行动。这就是中国人心理的原型结构，人面对浩瀚的宇宙星空，内化为人心灵的道德体会。人内心的需要与悸动，要投射到宇宙中万事万物上去。天人达到合一，天人达到互动，这就是中国人审美意识的集中表现，在形式上表现为一种符号象征式的"意象"论。

风、雨、雷、电

风、雨、雷、电在现代属于气象科学问题，古代没有一门气象学，它们发生于空中或来自天上，所以也属于"天象"问题。在古代的大型类书《古今图书集成》中就把风、雨、雷、电归入乾象，乾象就是"天象"。在唐代的《艺文类聚》，宋代的《太平御览》、清代的《渊鉴类函》中，都是将风、雨、雷、电与日、月、星、辰并列于"天部"。古人把这些自然现象神灵化，创造了雷公、雨师、风伯、闪电之神等天上诸神的图像。

这些雷公、雨师、风伯、闪电之神的形象，在东汉晚期的祠堂天井画像中有典型的表现。其最有代表性的作品是徐州铜山洪楼祠堂顶盖石的两幅图像；山东嘉祥武氏祠左石室、天井前坡西段画像和武氏祠前石室（武荣祠）天井前坡西段画像。

我们先看洪楼祠堂顶盖石的两幅图像。（见图4-18）这里画的是天界的自然神。图4-18上图顶盖石一中，画面的左下方是一位上身裸露，下着短裤的神正拉着五个串联一起的雷鼓在云气中飞奔，当为雷神。雷神的形象，与王充《论衡·雷虚篇》的说法吻合。雷神之前，有一位与雷神装束一样的神祇，两手各握一件口下底上的长颈瓶，在云气中把两股水从瓶口倾注下来，在画面下方形成一条河流。这当是雨师的形象，在天界主管降雨。在雷神的正上方，有长吻兽头的风伯，上身裸露，下着短裤，骑坐在巨龟之上，正腾云向左电驰而来，两手举着张口的长颈喇叭，胸腹鼓足了气，从喇叭中吹出阵阵狂风。风伯左边,有一位身着袍服的神祇面右立在云气之上,双手也举一长颈喇叭形物,一股微风从中缓缓飘出,这也是一风伯。由于古人认为不同方向有不同的风,不同季节有不同的风,风伯可能不是一个。风伯的左上方,图像已残,可识者有一鸟。画面中间,有一位神祇手握长钩骑在一头乘云左行的巨象之上。其形象与内蒙古和林格尔壁画墓中见到的图像一致,因其旁有题记曰"仙人骑白象",可知其象征骑象升仙的意义。升仙当然要腾云驾雾了。画面上方,三条鱼拉着一辆云车,云车上有一有翼神人挥鞭驾车,车舆中乘坐一位头戴鱼形冠的神祇。《太平御览》卷八八二引魏文帝《列异传》对"南海君"的记述说:"着白布单衣高冠,冠似鱼头。"可知其神祇是海神,中国古代有海神掌管人间降雨的民俗信仰。画面右侧下方,有三条翼龙拉着一辆云车飞驰向左,车舆上一个巨口獠牙的兽面神怪双手执桴,正敲击云车前部的建鼓,此当为雷公。《淮南子·览冥训》曰:"虑戏氏……乘雷车,服驾应龙,骖青虬,援绝瑞,席萝图,黄云络,前白螭,后奔蛇,浮游消摇,道鬼神,登九天,朝帝于灵门。"这正是此图描绘的境界。

  图 4-18 下图顶盖石二与顶盖石一有所相似,画面的左上角是风伯之神,他正鼓腹吹出滚滚风云。风伯后有三只翼虎拉的雷车,车舆中坐着熊形的雷公,正双手挥桴,击打前后两面大鼓。其左下残,从残存的画像上,可以看到熊状的闪电之神,他左手持一树杈样的闪电,如长鞭。闪电之神的右侧有一三头虎身神兽,正腾云向左驰来,其后的雨师正倒提水罐,雨水正从中滚滚而下。

  这两幅图像把天上的风、雨、雷、电之神的形象描绘下来,是汉画像中的杰作。实际上,它们表现的是人对自然现象无穷威力的一种恐惧心理。农业社会，人们靠天吃饭，最怕的就是自然灾害，风、雨、雷、电都是人恐惧与崇拜的对象，在人的心目中，主管着天界的神幻化成了诸种形体怪异、面目狰狞的神祇。它又是人间社会秩序的对象化。这种象征表现在武氏祠的两幅天象图中表现得更加清楚。

再看山东嘉祥武氏祠左石室天井前坡西段画像。（图5-14）第二层左端是面右蹲坐在云气中的披发风伯，正从口中吹出一股扇形云气。风伯的右方是雷公乘坐的雷车，由六名神人分两排用绳索拉着向右飞驰。车舆内怒目倒竖的雷公正挥动鼓桴猛击建鼓。雷车前，立在云头上的披发雨师正用双手倾倒着水罐。雨师右方，一条双头巨龙双头垂地，呈拱形，当为彩虹之神。彩虹之上，趴着右手握罐、左手提

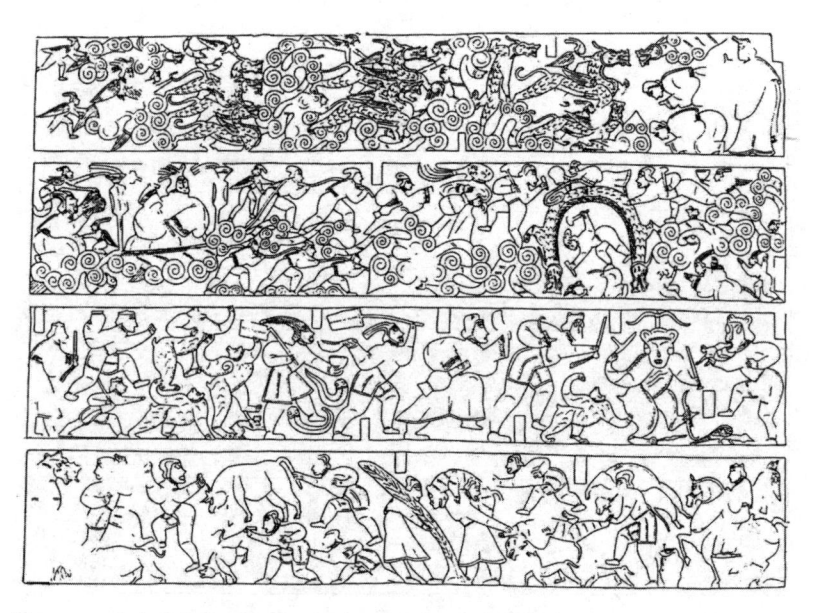

图5-14 山东嘉祥武氏祠左石室天井前坡西段画像线图

鞭的闪电女神。彩虹内有一人恐惧万分地跪在地上，有一神人挥槌握楔正击其头部。彩虹的右方，一人披发跪地上，正呼天抢地地哀号。此情节表现的是以雷公为首的天神用雷电击杀人间罪大恶极者的天罚场面。王充《论衡·雷虚篇》记述当时画工所绘雷公天罚图时说："其（雷公）杀人也，引连鼓相椎，并击之也。"

同样内容的天象图，在武氏祠前石室（武荣祠）天井前坡西段画像中也能看到。（图5-15）这幅天象图从上到下分为四层，分别为：第一层诸神出行图；第二层天罚图；第三层风伯图；第四层天帝图。我们注意到这幅图的第四层出现了北斗七星组成的云车，云车内坐着的当是一位全知全能、法力无边、掌握天上诸事和人间生杀大权的主神，这应是"天帝"。据《史记·天官书》的记载，"斗为帝

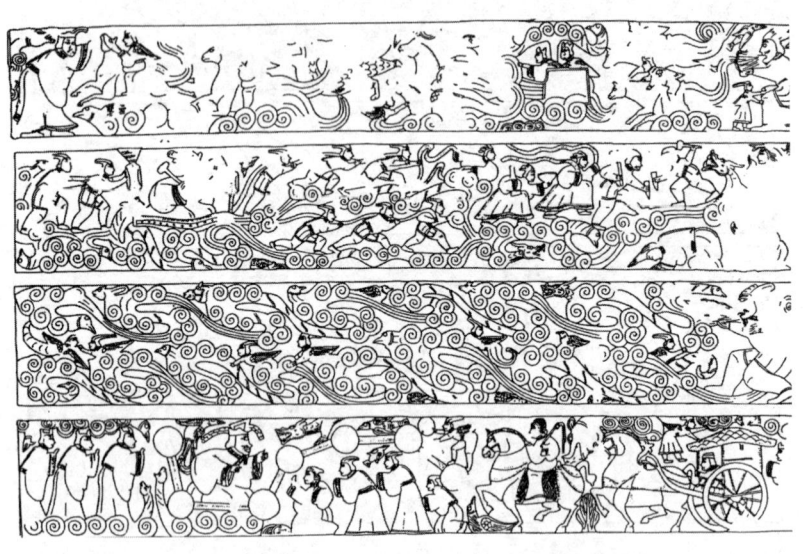

图5-15　山东嘉祥武氏祠前石室（武荣祠）天井前披西段画像线图

车",图中的天帝乘坐的车子就是"帝车"。帝车中坐着的就是"天帝"。《淮南子·本经训》云:"帝者体太一。"高诱注:"体,法也。太一,天之刑神也。"《史记·天官书》张守节正义:"泰一,天帝之别名也。刘伯庄云:'泰一,天神之最尊贵者也。'"可见,北斗帝车中的神祇当为"天帝"。

风、雨、雷、电本是自然现象,在汉代人的观念中,因为不了解其自然本质,便把它神灵化。于是风、雨、雷、电都转化成了一种"天象",这种天象靠图像的符号来加以象征性的表现。这种象征表现是形象的、符号性的,因此是艺术的、审美的。人把自然力加以形象化,以便了解自然力,掌握自然力。把自然力人化的过程,在形象和符号中又渗透了人的社会力量与心理情感。社会中的权力力量和监禁与惩罚的权力运作行为,都通过所建构的天界神灵的幻想图式来得到传达。这与东汉时期儒家文化的传播与兴盛有一定的联系。根据天人感应的观念,人要顺应天,才能免遭天的惩罚,就像人在大地上要服从君主的意志一样,违反了天意,天就要下五雷轰顶。古人就是在自然和社会的双重压迫下而生存。图像所表现出来的对天象的恐惧,表达了人灵魂深处的失望与抗争。

汉代画像中的天文星象图与一般的图案不同,严格地说它并不是"画",而是占星图的符号。对其文化内涵的解释不能仅仅从科技史上展开,它是当时社会意识形态的表现。郑樵著《通志·图谱略》曰:"人生覆载之间,而不知天文地理,此学者之大患也。在天成象,在地成形;星辰之次舍,日月之往来,非图无以见天之象;山川之纪,夷夏之分,非图无以见地之形。天官有书,书不可以仰观;地理有志,志不可以俯察。故曰:天文地理,无图有书,不可用也。"

根据以上我们对汉画像中天的象征符号的分析，我们看到汉代人往往把"天象"的变化归纳到"人事"方面，从中再演化出各种"禳解"的方式与方法。从汉画像中众多的星象符号的存在可知，"天象"在汉代人的社会意识中有着不同寻常的地位。

首先，表现了汉代"天人合一"的审美观念。汉代人坚信：人间的万事都是由上天主宰的，而上天的意志是由日、月、星辰的位置变动，以及光亮强弱的程度来表示给人间的，所以只有通过天象的观察才能知道人事上的吉、凶。为了顺应上天的旨意，人世间的制度也要按天象的格局来加以安排和制定。其典型的例子是《史记·天官书》张守节正义引张衡的解释：

> 文曜丽乎天，其动者有七，日月五星是也。日者，阳精之宗；月者，阴精之宗；五星，五行之精。众星列布，体生于地，精成于天，列居错峙，各有所属，在野象物，在朝象官，在人象事。其以神著有五列焉，是有三十五名：一居中央，谓之北斗；四布于方各七，为二十八舍，日月运行，历示吉凶也。

天上星辰，尽管分布很广，但由于"体生于地"，故各有所属。把星辰划为西、南、东、北、中五方，只要观察五方中的哪一方有变化，就可知相应地采取良策。这说明汉代人眼中的"天象"并不是自然景观，而是与"人事"相连的天意的表露形式，是"天人合一"的。这种观念对中国人影响深远。当这种观念与"阴阳五行"思想结合在一起以后，这就使"天象"纳入了传统的宗法观念的范畴。

其次，表现了汉代人天显祥瑞的祯祥观念。当汉代的"天象"

观念实质上成了当时宗法观念的一部分，那么汉画像中的天象符号就成了丧葬意识的一个组成部分。汉代人真诚地相信灵魂不死的说法，相信人世间的种种设置都在上天有相应的机构，相信地下有一个阴间的世界，他们便在丧葬的器物上反映这种观念。既然天象是可以预示吉凶的，出于祯祥的趋善心理的要求，他们便选择那些表示祥瑞的图像符号来装饰墓室、祠堂和棺椁。由于汉代的思想发展，由崇道而逐渐走上尊儒，渐渐形成的儒家的谶纬思想在生活中占有极大的地位，便使"图纬"的象征符号盛行于墓葬艺术之中。汉代人的思想还处在象征形式的支配之下，他们把原始思维"相似律"的原则发挥到极致。统治阶级利用宗教神学观念来制造"天命"，为自己攫取权力大造舆论。这样，图像中的天象图就成了显示祥瑞的符号。不仅统治者制造天降祥瑞的事件，而且有能力为自己或家人造墓穴，刻画像的普通人，也为自己刻下祥瑞的图像。宇宙不仅呈现出一种天圆地方的形态图式，呈现出一种二气交感、化生万物的创造图式，也呈现为一种天降祥瑞、趋吉避凶的乌托邦式的祥瑞图式。

最后，表现了汉代人阴阳两分的天象观念。汉代人还不能真正认识天文科学的意义，神话的天象观仍然占极大的比重。原始文化的"二分"观念在人的思想中根深蒂固，在汉代表现为"阴阳五行"的思想。由于存在的世界有白天黑夜的变化，生命繁衍有两性的结合，"观象于天，取法于地""近取诸身，远取诸物"的圣人便创造了阴阳的哲学。在阴阳哲学观念的指导下，"天象"的符号就被归为一个对立的"二元"结构的图式中，如天圆地方、青龙白虎、日月同辉、日月合璧、日月相望、伏羲女娲、牛郎织女、西王母东王公等。

二、在地成形

在讨论了"在天成象"的天文符号以后,我们再讨论"在地成形"的一些符号。《系辞上》曰:

> 天尊地卑,乾坤定矣,卑高以陈,贵贱位矣。动静有常,刚柔断矣。方以类聚,物以群分,吉凶生矣。在天成象,在地成形,变化见矣。

人们直观自然,天高在上,地卑在下,而地下天上又有高低贵贱之分。天围绕着地转,天不停地运动,其性质刚健,地是永恒的静止,其性质柔顺。在《易经》里,用阴阳两个符号就把天地的这种特征分清楚了。四方万物同一物种的就聚在一起,不是同一物种的就彼此分开。因此,天上日月星辰之象,地上的山川草木之形,一切变化都能通过符号象征显现出来。"在天成象"的表现方式是"象征"的。因为天是至大无比的,是"大象无形"的,对此无象之象,只能用"象征"的手法加以表现。如我们讨论的"四象",就是把天空按动物的形象加以划分,实际上还都是一种虚象。天象根本不是像龙、凤、麒麟、龟的样子的,只是人认识天地的一种思维方式,这种思维采取了隐喻象征。

人们对地的认识就不完全是这样了。《系辞上》曰:"见乃谓之象,形乃谓之器"。"形象"一词由此化出。《说文》曰:"形,象形也。"徐灏注:"象形者,画成其物也……饰画文也。"《天问》说:"上下未形,何由考之?"《列子·天瑞》曰:"有形者,有形形者。"

《广雅·释诂四》："形，容也。"王念孙疏证："形为容貌之容。"审美中的"形象"一词，是从大地的容貌、具体器物的形状上产生出来的一个概念。汉代画像中，不仅用图像和符号表现了辽阔的天空、无数的星辰，而且也描绘了我们所居住的大地。汉画像中的许多物体是自然的符号，代表某种自然的器物形象是不成问题的，关键是有些器物的所指不仅是器物的形象本身，而且代表了其他的一些意象或意义。这种具象的图像就是符号。有些图案、抽象的符号是从具象的形象中抽象出来的，其象征的内涵需要我们进行必要的文化阐释。

方形的大地

中国古代的宇宙观认为"天圆地方"，因此在汉画像中方形符号往往是大地的象征。如中国人把墓地、祠堂、棺椁往往做成方形的，这都是象征大地的。古人认为地是方形的，所以造出方琮来和地神相交通。在汉画像中往往有悬璧图，外围是一个方形的图，如果说圆璧象征了天，方形就象征了大地。汉画中还常见的"十字穿环"纹，在一个圆形的环（或璧）的中间均有十字穿过。这也是象征大地可以分成四方。汉画像中还有"莲花纹"的图式，其外形为方形，也是大地的象征。莲花往往有四个瓣和八个瓣，分别代表四方和八方。此外，"柿蒂纹"有四个蒂，"柿"或隐喻"四"，显然象征大地的四等份或四个方向。当莲花纹四周画上鱼和鸟时，这种象征就更加明确。同时，大地是由四海包围起来的，四海则用鱼来象征。一方有鸟的莲花纹，有鸟的那一方代表天空。因为鸟总是在天上飞，而鱼总是在水里游，所以用鱼的符号表现河海。在伏羲女娲举日月、持规矩的象征图式中，大地是通过画方的工具矩来加以象征的。女娲是生殖女神，象征大地，矩是制方的器物，故持矩。汉画像中天上的部位还有装饰"钱"纹图案的，钱纹外圆内方，也是天圆地方的象征表现。

中国是一个农业大国，崇天敬祖的观念极强。敬土是因为土象征大地母亲，可以给我们提供日常生活所需。《易·彖传》曰："至哉坤元，万物资生，乃顺承天。坤厚载物，德合无疆，含弘光大，品物咸亨。"汉画像中十字纹、穿环纹、穿璧纹，以及交龙纹、结龙纹等都是阴阳相交、相感的象征。因为古人认识地，总是与天放在一起的，本来天地就是不分的。《易·咸卦》："天地感而万物化生。"《姤卦》："天地相遇，品物咸章也。"《泰卦》："天地交而万物通也。"《系辞下》："天地絪缊，万物化醇；男女构精，万物化生。"古人认为天地是有性别的，其云行雨施，才能使大地产生万物。

《淮南子·地形训》专门探讨了大地的问题："地形之所载，六合之间，四极之内。照之以日月，经之以星辰，纪之以四时，要之以太岁。天地之间，九州八极。"这里提出了"四极""六合""八极""九州"之说。"四极"指东、西、南、北四个方向，"六合"指四个方向再加上下两方，八极指把东西南北再平分形成八方，九州则来源于天之"九野"的划分。据《尚书·禹贡》，传说大禹治水以后把天下分为九州[26]，九州的周围有"裨海"环绕。"八极"是天地的边界，有八山八门。《淮南子·地形训》："自东北方曰方土之山，曰苍门。东方曰东极之山，曰开明之门。东南方曰波母之山，曰阳门。南方曰南极之山，曰暑门。西南方曰编驹之山，曰白门。西方曰西极之山，曰阊阖之门。西北方曰不周之山，曰幽都之门。北方曰北极之山，曰寒门。"这里表现的仍然是根据方向来划分陆地。八方各有八门与之对应，这种大地观在汉画像中是通过图像的方位排列和一些抽象的图案符号表现出来的。如山东嘉祥宋山小祠堂的顶盖图案，陕西绥德穹隆顶墓的顶心石图案等，都是中间有一朵圆形的花，并有四个蒂或花瓣向四方或八方延伸，外面则是方形的大地。

汉斯·比德说：在象征系统里，正方形常常依次被叫作含义更广的"长方形"和"四方形"；这一几何符号与空间的四个方位有关，而我们的这个世界就是根据罗盘上的四个方位并由它们各自的守护神共同构建起来的。和十字一样，正方形表达了我们通过引进了方向和协调，从而在这个混乱不堪的世界里找到自己路的愿望。正方形当中隐含着一种排列原则，而这种原则似乎又是人类天生固有的。方形与圆形构成两极，而圆形更多的是与神的力量有联系。传说中的"做一与已知圆面积相等的正方形"象征着一种把天与地融合在一个和谐的整体的愿望。许多的寺庙的设计都是以正方形为基础的，正方体的层次暗示无穷无尽的宇宙山。在北京天坛的建筑结构里，正方形、圆形得以巧妙地融合在一起。这是宇宙的再现，是按照人的比例建的城市，世界之轴就耸立在城市的中心，在古代中国、波斯、美索不达米亚，大地被认为是正方形的。[27]

根据中国的传统，中国古代的河图、洛书反映了一种宇宙哲学观，它把"神奇的方形"分为九部分，每部分排列的数字之和有神奇的一致性，因此这些图案的目的是象征人与宇宙法则之间的和谐。在中国古代也表现在游戏上，如汉像石中的六博图是在象征大地的方形平面上展开的。中国汉代的规矩镜上的图案也表现的是这一象征模式。印度佛教中用于坐禅的曼荼罗图形，就是外方内圆的，它是精神秩序、宇宙秩序和心理秩序的象征。[28]在荣格看来，这些图案便是人类自身渴望达到心理状态和谐平稳的象征原型。[29]杰克·特里锡德说：正方形在古代是大地的象征，在印度和中国的象征体系中尤为重要。正方形的四个角分别向四个方向延伸，因而形成一定的秩序，是自身成为永恒、安全、平衡和合理安排空间的标志，也代表着诚实、正直和优秀的道德品质。我们发现，流行于印度和我国西藏佛教中的曼荼罗图像的结构与中国古代的规矩镜（西方人称为"TLV镜"）有许多相同的地方。[30]（图5-16）

荣格在进行原型的探讨中，对曼荼罗的图像符号给予了极大的关注，并且不仅一次地自画了曼荼罗的图像，描绘了宇宙的对立统一，以及内外与阴阳的关系。美国的心理学家拉·莫阿卡宁说，曼荼罗是一个非常重要，意义深远的象征符号。它是最古老的象征之一，这个符号可以追溯到旧石器时代。曼荼罗的结构和设想既表现了外部的形象世界，也表现了内在的精神世界。荣格在藏传佛教坐禅人的内在视觉意象里看到了这种符号，又在他的精神分裂症患者身上看到这个符号的治疗作用。由此，他认为，外方内圆地呈现了变化无穷的曼荼罗图像，源于人类的集体无意识，是宇宙实在性的一种表现方式，因此对全人类来说是共同的。由分析心理学对人类心理原型的考察得知，天圆地方的符号象征是人类共同的心理结

图5-16 藏传佛教密宗曼荼罗（上）与西汉规矩镜（下）

构。这种心理结构与人对天地的认识有关。[31] 日本的设计大师杉浦康平说:"这种圆与方两种造型具有重要的象征性。在古代中国,据说圆形或球体表示'天'的半球,而方形平面则表示'大地'。这种'天圆地方'说中,表示天的球体和表示地的方形平面,是以两个曼荼罗加以明确对比、相互关联的。即,以圆形为构成原理的金刚界曼荼罗表现天理,而以方形为构成原理的胎藏界曼荼罗表示大地的丰饶……"[32] 通过对汉画像中方形符号象征意义的识别,我们看出天圆地方宇宙象征符号的文化原型的意义所在。

崇山理式

前文我们介绍了山东临沂金雀山9号汉墓出土的帛画(见图4-22),画的最上部有日月轮,日轮内有三足乌,月轮内有蟾蜍,显然是天界的象征。紧靠日月图像之下是三座山峰,每座山峰上都有曲线斑纹。据日本学者曾布川宽研究,图上的山峰是昆仑山。[33] 在河南

图5-17 河南郑州出土汉画像砖昆仑山图像

郑州出土的汉代画像砖上，我们也看到三座山峰的图像（图5-17），大体相同的三座山峰在河南南阳的汉画像石中也能见到。

在湖南长沙砂子塘西汉墓出土的木棺漆画与马王堆1号墓出土的木棺漆画上都有昆仑山图像。两幅漆棺画的正中央都有一座耸入云霄的高山，山峰像一根天柱，屹立在云雾缭绕的宇宙之中，一幅昆仑山下有仙豹守护，另一幅山上云气中有仙鹿左右飞腾。结合文献考证，此山就是汉代人信仰的昆仑山。在中国神话传说中，昆仑山是一座上帝与"百神之所在"的庄严巍峨的大山。

根据《山海经》和《淮南子》等古籍的记载，中国古代昆仑山的神话是一种宇宙神话，昆仑山是微型的宇宙模式。我们可以从三个方面来看：第一，昆仑山是一座神山，它与天帝相连，是一个天帝的"下都""疏圃"和"百神之所在"的圣地。第二，昆仑山"万物尽有"，充满着神奇，其中有不死药、不死树、不死水，与人的长生不老的信仰密切相关。第三，昆仑山有三层境界，最高的一层叫增城，是上帝居住的地方，上面有倾宫、璇室等精美的建筑。城墙有九层，还开有许多门，由虎身、人面的九头开明兽看守。第二层叫悬圃，这里是上帝的空中花园，里面有各种珍禽异兽，如不死树、珍珠树等。第三层叫凉风，登上这一层就可以长生不死。昆仑不仅是宇宙的中心，还是登天的天梯。巫师们从这座山上天下地，沟通人神。昆仑山和西王母的信仰，是在从战国到两汉的造仙运动中被创造出来的。在秦始皇与汉武帝狂热追求长生的过程中，西王母由一个半人半兽形的怪异神灵转变成一个有着人的形象的女仙，由一个可怕的刑罚之神转变成操不死之药的慈祥女神。

昆仑山象征宇宙的中心，晋张华《博物志》引《河图括地象》

云：“有昆仑山，从广万里，高万一千里。神物之所生，圣人仙人之所集也。出五色云气，五色流水。其泉南流入中国，名曰河也。其山中应于天，最居中。”昆仑古义指天，因为昆仑通“混沌”或“浑沦”。《说文》释“昆”曰：“同也，从日从比。”“比”在古文中作两人并立之状，所以“昆”为中午时刻人们头顶上的太阳。

陕北的绥德等地汉代穹隆顶墓门扉往往有画像，仔细研究后我们发现，其典型的图像是按昆仑山神话模式来安排的。如苏家圪坨汉杨孟元墓图像。其墓门上横额内栏左右两边有日月轮，是天的象征。墓门左右立柱有西王母与东王公高坐在天柱的悬圃上，有羽人、玉兔、九尾狐相伴上下左右，下部为拥彗门吏，再下格为博山炉。在左右竖石和上门横额栏均刻云纹，象征天界的灵气，云气纹又幻化成有着生命力的植物涡旋纹，在似云气的植物纹上，又有各种祥禽异兽充盈其间。（图5-18）中柱石题刻有“西河太守行长史事离石守长杨君孟元舍，永元八年三月廿一日作”。由此可知墓主的姓名和职务，从“杨君孟元舍”来看，汉

图5-18　陕西绥德杨孟元墓左右立柱画像

第五章　汉画像的符号分析　263

代人把死去的墓穴是作为"舍"（住所）来看待的。墓虽建在地下，但在左右立柱下多刻博山炉图像，是昆仑山的象征，整个图像都在"博山炉"的上部，是象征墓穴已是天上的"房舍"了。绥德、神木大保当的此类墓，在墓门上往往有铺首衔环，铺首上有朱雀、下有青龙与白虎或玄武。朱雀是太阳的象征，表现的是南方或上方，铺首所衔之环，是天圆的象征，因此门象征了进入昆仑仙境的通道。

由于昆仑山是一个天地相连的天柱，又是天体的中心和大地之脐，在另一个神话中又说作为天柱的昆仑山被水神共工撞倒了，成了山形缺裂不能周匝的不周山。因此，出现了女娲炼五色石以补苍天、断鳌足以立四极的神话传说。

顾颉刚先生认为，中国古代有昆仑神话与蓬莱神话两大系统，昆仑属西方神话，蓬莱属东方神话。蓬莱神话中有"三神仙"，《史记·秦始皇本纪》说："齐人徐市等上书，言海中有三神山，名曰蓬莱、方丈、瀛洲，仙人居之。"《封禅书》亦说："自威、宣、燕昭使人入海求蓬莱、方丈、瀛洲。此三神山者，其传在勃海中，去人不远，患且至，则船风引而去。盖尝有至者，诸仙人及不死之药皆在焉。其物禽兽尽白，而黄金银为宫阙。未至，望之如云；及到，三神山反居水下。临之，风辄引去，终莫能至云。世主莫不甘心焉。"三神山又称三壶，晋王嘉《拾遗记》曰"三壶则海中三山也，一曰方壶，则方丈也；二曰蓬壶，则蓬莱也；三曰瀛壶，则瀛洲也。形如壶器。此三山上广、中狭、下方，皆如工制，犹华山之似削成。"

在1985年四川彭山江口乡高家沟崖墓出土一件石棺，石棺两侧都刻有图像。（图5-19）一面刻一条大道，两车正在飞驰，前车无盖，后车为有盖轺车，车上均乘两人，车后有两骑吏，我们在山东、

图 5-19　四川彭山 3 号石棺画像

苏北等地的墓室和祠堂画像上已看到众多车马出行图，这里的车马出行图在意义上与其他地区的应是一致的。中间四帷辂车上乘坐的当是墓主，墓主正在升仙途中，他先到地上的祠堂接受祭祀，然后奔向神的世界。在棺的另一侧便描绘了"三神山"的图像。《拾遗记》说："此三山上广、中狭、下方，皆如工制。"我们看这里三山正是这种形状。三山左右并排耸立，是中狭上广的平顶山，左侧的山顶上一位头戴进贤冠的人物在神态悠然地静坐抚琴，右侧的山顶上有两名戴进贤冠的人正在静听悠扬的琴声。最左边的仙人裸体，双髻，一手高举，一手正在挥动棋子，神态俨然。三座山顶部边缘都生长着茂密的丛状

第五章　汉画像的符号分析　265

草木。从人物的冠服看，抚琴与听琴者显然不同于六博的仙人，应为刚刚升到仙界的人，其中应有一位是墓主。信立祥认为此三山就是昆仑山，三座山岭分别是昆仑之丘、凉风之山和悬圃之山。但从画面描绘来看，其更像方丈、蓬莱、瀛洲"三神山"，表现的是东部蓬莱神话系统中的神仙信仰。蓬莱之山的信仰出现在四川的画像石中，说明在东汉时期东部的神仙信仰已经对四川盆地产生了影响。

除了昆仑山、蓬莱三山等神山外，汉画像中还可以看到作为大自然的山。山东省安丘市董家庄汉墓后室西间西壁画像分上下两列，中部群山叠翠，峰间飞云缭绕，虎、鹿、枭、雀等禽兽出没其中，群山在画面的正中，雄伟壮观，很有气势。山左有虎、鹿、犬、猪、飞鸟、鱼、羽人，山右有猎人执弩、犬马逐鹿、大树栖鸟、羽人戏兽、张弓射鸟等。安丘在山东境内，山东古有泰山，此山令人想起泰山的形象。

在汉画像中，山常作为胡汉战争图和狩猎图的背景而出现。在山东沂南北寨村汉墓门楣画像中，有一幅胡汉战争图，桥左边刻画有三座山头的山峰，看上去像战争的背景，已含有后代山水画的内涵。[14]1990年，邹城市郭里乡高李村出土的一幅胡汉交战画像上，左边也刻画连绵起伏的山峦，内中埋伏着胡兵，每个山头刻一胡人头，有三匹马头从山中窜飞，馒头似的山共有二十九座，排列有序就像鱼鳞一般。

作为狩猎背景的山地发现多处。山东费县的潘家疃发现一石，刻狩猎图，山作为背景，刻得较复杂，近处有两座山，山下有六七棵圆树头的松树，远处有两座山峰，山体像突出的鳞片，中间有五个山峰，有山坡、山巅、山谷，山谷凹处有松树。有一只大虎，张口面向猎人，另一处山区，有两个不高的圆土包，一个猎人扛毕执棍或剑站在远处山巅。[35]

从以上图像可以看出，在汉画像石中山的表现有两个内涵：一方面，山是中华文化的精神图腾，汉代人们对山极为崇敬与信仰，昆仑山、不周山、三神山等都是这种文化观念的象征。另一方面，汉代是中国文化的转型期，源于原始宗教的山的崇拜不断增加人文的色彩，自然以其自身的崇高和伟大占有重要的地位，神话中的神山被不断世俗化，成为人的物质资料的来源和不断增加伦理的内容，而使山岳成为文化精神的象征体。这一点为中国文化中崇尚山水的审美精神所发扬光大。

《山海经》记载了华夏内外山川走向、名物神灵，是中国文化的一大宝藏，奠定了中国文化地理的基础。山岳雄伟壮观、气势磅礴，山林能兴风云雷电，聚雨水成江流，滋润大地孕育万物，充满无穷的创造性和神秘感，不仅可以满足人的物质需要，也成了人精神崇拜的载体。群经之首的《易经》，也是从《连山》（夏《易》，以艮即山为首卦）、《归藏》（殷《易》，以坤即地为首卦），至《周易》（以乾即天为首卦），说明了中国文化从山岳崇拜、土地崇拜发展到"顺天"思想的历史进程。

《易经》的"观象制器""观物取象""立象尽意"的思想观念，正说明了中国文化的象征本质，而山川自然之象，正昭示了人事。中国文化中精神与自然圆融贯通，以达到"天人合一"的境界，便是从崇山理式中发展出来的。《诗经》曰："如月之恒，如日之升，如南山之寿。"又说："高山仰止，景行行止。"高山成了人精神的象征。周秦汉时代，山岳崇拜成了国家的礼乐制度，如五岳山镇祭礼，皇帝巡狩封禅，山岳成了王权神授的象征体。在审美领域则演化出一种崇高、雄伟、壮美、永恒、神圣的崇高理念。孔子说"知者乐水，仁者乐山"。他把人的精神境界上的"仁"和自然中的"山"相比拟，建立了一种"比德"的审美观。孟子曰："孔子登东山而小鲁，登泰山而小天下。"道家从师法自然中来开阔胸怀，提升精神。老子说："人法地，地法天，天法道，道法自然。"庄子曰："圣人者，原天地之美，而达万物之理。""山林与，皋壤与，使我欣欣然而乐与！"道家追求"天地与我并生，万物与我为一"的意境，强调人应从自然山水中获得精神的慰藉与解脱。到了汉末魏晋之后，山林隐逸的士风兴起，从崇山的理式发展为以山悟道的心性模式，遂开中国山水诗画的新的审美境界。汉画像中所反映的崇山理式，实际上构成了中国人山水观念的原型。

由于山有宇宙中心、天柱、神仙界、永恒不朽、崇高伟大等象征性的意象，汉代人甚至把死后的墓穴就建造在山上。如汉景帝时的河南永城梁王墓、1968年发现的河北满城中山靖王刘胜夫妻墓，都是在山崖上凿造出墓穴，它们结构复杂、规模宏大，没有坚定的信念是不可能建造这么宏大的墓穴的。西汉晚期，在中国西南的四川也开始出现了一些崖墓，到东汉时曾风行一时，并扩大到云南和鄂西，一直到蜀汉和两晋南北朝。在山崖上凿出墓室放进棺材本身就是一种文化象征的行为。按精神分析学的理论，山洞是大地母体的象征，山又是天地相会之处，是升仙的象征，中国的山崖墓穴的图像和山崖中石棺的图像，都体现了这种观念。死后藏入山洞，就是回归母体；山洞建造在山上，就是沟通天地，使灵魂永驻神仙界。

三、十字穿环

汉代虽然开始摆脱神话时代而步入世俗的领地，但原始的观念仍占据人们的头脑，谶纬迷信、羽化成仙、长生不死、相信来世的思想成了人们真诚的信仰。于是，他们不仅在许多典籍中记下了古代的神话，而且实行厚葬，把生前的享乐、富贵、车马舟船、百戏乐舞、庖厨仆人带到另一个世界去，于是在画像石中便刻下了这一切。

从汉画像石看，这是一个怪异的世界。天上、人间、地下混为一体；东西南北杂居神怪；历史与现实交融，说不完道不尽的历史故事；神灵与妖怪杂糅，到处是奇禽异兽。汉画像石的内涵丰富，艺术价值极高，引起了许多研究者的注意，但其中的许多象征符号由于年代的久远而晦暗不明了，对这些看似怪异的符号进行文化破译就显得尤为重要。

在徐州云龙山西麓云龙湖东岸，建有徐州汉画像石艺术馆，馆中有十余块被称为"十字穿环"图案的画像石。（图5-20）

图5-20　江苏徐州铜山大泉出土"十字穿环"纹饰
1. 上格中心作"十字穿环"，外饰内向的锯齿纹；下格刻一轺车。
2. 上格刻"十字穿环"，下格刻骑马者。

第五章　汉画像的符号分析　　269

由于年代的久远、观念的更迭、民俗的变迁，那具象的奇禽异兽已使现代人难以理解了，对这种抽象图案的认识就更加困难。但对这一颇有些怪异的图案的阐释，有助于我们认识汉代人的宇宙观念、信仰形式，因此对其作文化人类学的、审美发生的理解，揭示怪异背后的理性精神就是十分必要的。

"十字穿环"图案是汉代人宇宙观的符号象征。从中国史前艺术中怪异的装饰图案来看，中国艺术在它的初期就运用了象征的手法。那怪异的图腾神灵，那杂糅各种动植物所形成的种种妖怪，无不具有象征的意义。从原始彩陶上的抽象图案到古文字中刻画的符号，从荒诞不经的神话传说到汉墓中的奇禽异兽，不都表现了一个令人惊异、神秘莫测的象征世界吗？"十字穿环"就是这种象征的典型代表，其圆环、方形、十字代表了什么？在当时的汉画像石中广泛出现，代表了怎样一种文化内涵？当我们对它进行跨文化破译的时候，它的象征意义就渐渐显示出来了。

"十字穿环"中的圆形被称为环，如果这个命名不错的话，那么我们就可以从环出发，来分析其象征的内涵了。

环是璧的一种。《周礼·玉人》说："璧，羡度尺，好三寸以为度。"所谓"羡"即"直径"，"好"和"孔"同义。《尔雅·释器》说："肉倍好，谓之璧。好倍肉，谓之瑗。肉好若一，谓之环。"孙炎《尔雅》注说："肉，身也，好，孔也。"《左传》孔颖达疏引李巡："肉倍好，边肉大，其孔小也。好倍肉，其孔大，边肉小也。肉好若一，其孔及边肉大小适等。"原来，环、瑗、璧这些玉器，只是根据内孔和外身的大小比例不同而定。

璧在中国古代是一种重要的礼器。古人在祭神徼福时，认为这种器物能超脱自然，同祖先祖灵相通，或能增加仪式的隆重程度而惊动鬼神。《尚书·金縢》记述了武王有疾，周公为武王占卜祷告时的情况："为三坛同墠，为坛于南方北面，周公立焉，植璧，秉圭乃告：……尔之许我，我其以璧与圭归俟尔命；尔不许我，我乃屏璧与圭……"《周礼·春官·大宗伯》则对周以来用玉的情况进行了总结，提出用玉的"六瑞""六器"之说："以玉作六瑞，以等邦国。王执镇圭，公执桓圭，侯执信圭，伯执躬圭，子执谷璧，男执蒲璧。"这里所讲的诸般玉器，就是儒家所谓的"六瑞"："以玉作六器，以礼天地四方。以苍璧礼天，以黄琮礼地，以青圭礼东方，以赤璋礼南方，以白琥礼西方，以玄璜礼北方。"

这种用玉制度是和阴阳五行学说联系在一起的，影响深远，一直到元代还在运用。子所执谷璧是在璧上刻出谷粒样的东西；蒲璧则琢作涡云形的纹样。

"以苍璧礼天"，表现了一种原始的灵感观，带有巫术仪式的色彩。原始人认为天是圆的，其色苍苍，故用苍色圆形之璧以通于天，这种做法现在看来颇为怪异，但这是运用了巫术中相似律的原理。[36] 在民俗和宗教礼俗中，周人有一种禋祀（又称燔玉），即把木柴堆在祭坛上，当君王举行祭仪后，将苍璧置于柴上焚烧，烟雾冉冉上升，人们便达于天了。到汉武帝时，结合古代的礼制，制定了封禅郊天的礼制，武帝设立南北郊，天郊在长安城的南方，地郊在长安城的北方。北天于甘泉宫中的圆丘，取象天形。取圆丘以象天，表现了源于中国远古文化的一个永恒的母题。

天给人的直觉印象是圆的，在发现银河系以前，中国的宇宙论中把天穹表现出的现象当作整个宇宙。因此，作为十字穿环中的环或璧，抛开其具象，在原型上是天圆的象征。

圆的另一象征是太阳。这一象征在发明车轮以前的新石器时代的岩石雕刻上就已表现出来了。在中国的原始彩陶中，也不乏这种表现。到了人们发明车轮以后，太阳的象征又可通过车轮来表现。威尔赖特在《原型性的象征》一文中说："在伟大的原型性象征中最富于哲学意义的也许就是圆圈及其最常见的意指性具象——轮子……当圆圈具象化为轮子时……轮子的辐条在形象上被称认作是太阳光线的象征，而辐条和太阳光二者又都是发自一个中心的生命渊源、对宇宙间一切物体发生作用的创造力的象征。"[37]

在中国古代的典籍中，也有这种隐喻关系。如《吕氏春秋》说："天地车轮，终则复始，极则复反。"《黄帝内经·素问》说："天体如车有盖，日月悬著。"

古希腊的太阳神阿波罗，其名字是"光辉灿烂"之意，在古希腊神话中，他每天驾驶金色的马车在天空中行走。中国古代有羲和主日的神话。《山海经·大荒南经》郭璞注："羲和，盖天地始生，主日月者也。故《启筮》曰：'空桑之苍苍，八极之既张，乃有夫羲和，是主日月，职出入以为晦明。'"《楚辞·离骚》有"吾令羲和弭节兮"，《天问》有"羲和未扬，若华何光"，当指此神话。洪兴祖补注："日乘车，驾以六龙，羲和御之。"可见，羲和即中国的"阿波罗"。

圆的另一个重要的象征是完整性——和谐与圆满。古希腊的毕达哥拉斯学派和亚里士多德都把圆看作最美的几何形体。文子曰："天圆而无端，故不得观其形。"中国古代道家把太极画成一个圆形，以此象征永恒的道。《吕氏春秋》有《圜道》篇，用太阳的运动为圆来说明天道"圆"的道理。《易》曰:"蓍之德,圆而神。"《淮南子·精神训》曰:"终始若环,莫得其伦,此精神之所以能登假于道也。"皇侃《论语义疏·叙》说:"《论语》名曰:'伦者,轮也。言此书义旨周备,圆转无穷,如车之轮也。'"[38]

对圆的象征进行跨文化的研究,这一点表现得就更加鲜明。在印度佛教中,圆是用莲花来象征的,当佛陀步入莲花时,莲花就放射出八束光芒。因为佛陀是独一无二的,他的人格和未来的生存都被赋予了统一性的特征。阿·扎菲认为:"在印度和远东的视觉艺术中,四或八束光线的圆,是宗教意象的普通模式,并用作为冥思的手段。尤其是在西藏喇嘛教那里,有着丰富多彩图案的曼陀罗,起着一个重要的作用。一般来说,这些曼陀罗代表了宇宙与神圣力量之间的联系。""一个禅宗大师说道:'在禅宗一派,圆形代表启蒙。它象征人类的至善至美。'"[39]在基督教中,当上帝出现时,其身后总闪耀着耀眼的光辉。在中国的佛像造像后边,有些也闪耀着四射的光芒。

因此,环与璧以其圆的形式,代表了天、天上的太阳及万古不变的道,因而它是完满的象征,是生命力的来源,是宇宙的秩序和美的本源。

如果说"十字穿环"中的环是天的象征的话,那么"十字穿环"外面的方形,就是地的象征。因为在中国古代的宇宙学说中,一个基本的观点就是"天圆地方"。从直观上看,人类面对的大地不是正方形,说"地方"是没有客观现实根据的,但是,在原始思维中,人们对大地的认识往往是与时间和空间的认识相连的,这倒有些像爱因斯坦相对论中的时空观。"地方"的观念是从人对时空的划分中生发出来的。

先来看古人的宇宙观。尸子指出:"四方上下曰宇,往古来今曰宙。"《白虎通》说："天圆地方不相类。"《淮南子》说："往来古今谓之宙，四方上下谓之宇。"宋代的邵雍对古代这种宇宙观概括为"天圆而地方"。在《皇极经世》中他把"天圆而地方"解释为"圆图象天，方图象地"。为什么方图可以象地呢？他说："方者……画州、井、地之法。"他用禹贡九州和井田制度来解释"地方"是有一定道理的。因为古人"地方"的概念不是来源于对地的直接观察，而是来源于人对地划分的人文观念。

甲骨文中就有四色、四方、四季配四神的说法，商代并有祭四神的祭祀活动。经过现代神话—原型批评家的阐释，我们已看到春、夏、秋、冬四季与神话、仪式和文艺作品对应关系的重构模式。就像礼天用青色的圆璧一样，礼地则用黄色方形的玉琮。《河图括地象》认为："天圆而色元（玄），地方而色黄。"《尔雅》曰："穹苍苍天也。"庄子曰："天之苍苍，其正色邪。"

在神话与传说中，保留了"地方"观念的痕迹。比如，女娲补天神话中认为有四极支撑着天，又有黄帝四面的传说，《天问》中有八柱撑天的说法，又有河出图、洛出书的传说，均为对大地划分的模式。张华《博物志》曰："地下有四柱。"古又有九州之说。到汉时，《淮南子·地形训》已把其搞得很复杂："九州之外，乃有八殥……八殥之外，而有八纮。"《尔雅》则有"四极""四荒""四海"之说："东至于泰远，西至于邠国，南至于濮铅，北至于祝栗，谓之四极。觚竹、北户、西王母、日下，谓之四荒。九夷、八狄、七戎、六蛮，谓之四海。"因此，"四"在中国古文化中就有了神秘的象征意义，它一直作为一个神秘数字受到崇拜。

这种思想表现在《周易》中，便是太极生两仪，两仪生四象，四象生八卦。这是对古宇宙观的哲学概括。

　　当人类从一片混沌的宇宙中划分出四季、四方的时候，他无疑是从自己站立的地点仰观天空、俯察大地开始的。当把大地划为四方时，无疑在自己的立足点上到了一个十字，使大地成了等份的四方。十字穿环中的十字，也是这种观念的象征。因为"四"的原始表现形式不外乎十字形与方形两大类符号，二者都与四方位的观测和确定密切相关。在古代墨西哥的玛雅人已经会用两条交叉的棍子观察规定的点了。在基督教中，耶稣被钉在了"十字架"上，直至中世纪的欧洲，基督教的十字架仍保留着原始的象征意义，即把十字架的末端视为东西南北的标志。在中国，甲骨文中屡见的最高主宰神"帝"，也是以十字形符号为其造字基础的。意大利汉学家安东尼奥·阿马萨里认为："象形文字'帝'，是处在森林四方和大地中央的树木顶端最高位置的那个人的名称。"[40] 它是由代表四方的"方"和"木"字所组成。而古老神话"黄帝四面"中的"黄"字的中间为⊕，也是建立在十字符号之上的。因此，十字纹绝不是基督教的专利品。我们从中国史前文物和一些至今无法释读的文字中都发现了这种符号。（图5-21）它是光芒四射的太阳的象征，同时又是史前人类用来象征宇

图5-21　彩陶和青铜器上的十字纹
1、2、4、8. 甘肃马家窑文化马厂型陶器纹饰；
3. 湖北屈家岭文化陶器纹饰；
5、6、7. 商代青铜器上的纹饰。

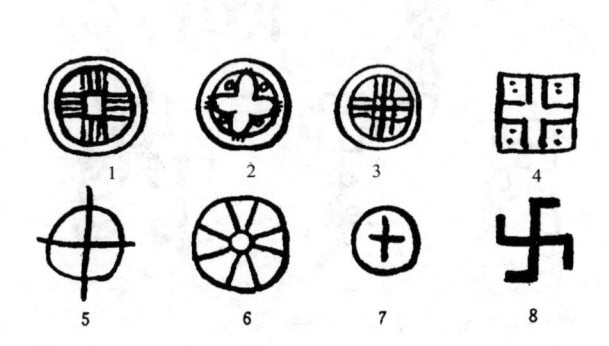

第五章　汉画像的符号分析　　275

宙空间的神圣符号。在公元前2000年,世界许多地方都有这种类似的符号。人类从混沌的时空中划分出四方和四季,无疑就等于在不定的世界中创造了秩序感和稳定性,从美学的意义上讲就是和谐,就是人类自由创造本质的对象化。因此,从构图来讲,十字和正方形从一开始就成了宇宙时空的神圣象征。

这在人类最早的祭坛、宗教建筑和祭祝活动中,甚至人类最早的城市建设中体现出来。在金文中也留下了崇拜十字纹的神秘符号。(图5-22)

在这些带有族徽性质的符号中,留下了古人崇拜十字的远古信息。这些十字纹,或作为太阳的象征,或作为四方或四季的象征,实际上是人类自己对世界的把握。人类崇拜自己的理性,同时又带有巫术祭仪的神秘色彩。这种宇宙的象征之所,成了古人交通神灵的圣地,这就是祖庙。我们看到,在"十字穿环"纹外方形的四角有四个小半圆,占去了四角的一部分,这绝不是毫无意义的。实际上这正是

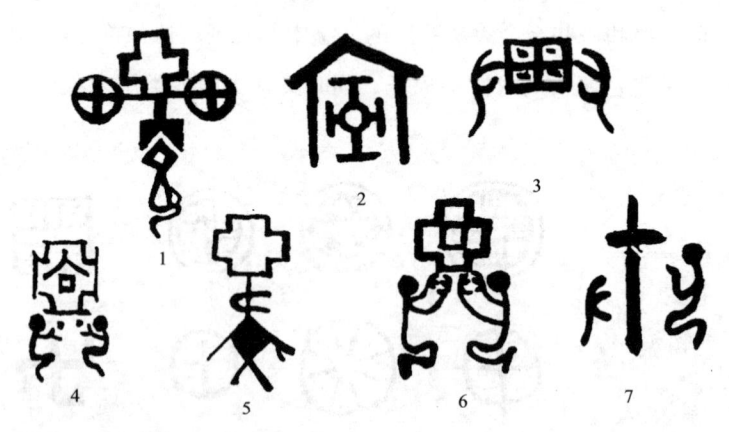

图5-22 金文中所见十字图形

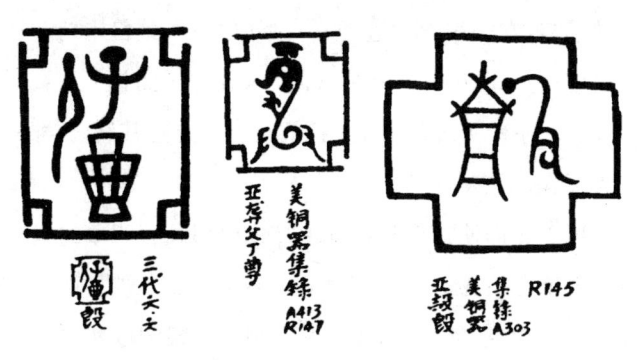

图 5-23　金文中的"亚"字形族徽

中国古代祖庙的一种象征符号。在古文字中就是"亚"字。在金文中"亚"字形有许多种写法，其不变的形式就是"亞"。在金文中，许多"亚"字形的方块内陈列着对图腾、祭品、祭器与祭祀行为本身的描绘。（图 5-23）

这些文字过去均不识，实际上可以肯定的是，其表现的就是在宗庙里举行祭祖活动，以沟通天地，达于祖灵。古代的许多墓道也作亚型。

在中国古代的礼制中，这种象征的典型表现形式就是明堂制度。《周礼·考工记·匠人》讲到，明堂在夏商时代就已存在。为什么明堂的建筑都是上圆下方呢？原来是用"上圆下方"来象征当时人们的宇宙观念。汉儒桓谭早就指出这一点，他在《新论》中提出，王者造明堂，上圆下方，以象天地。"天称明，故命曰明堂。为四面堂，各从其色，以仿四方。"汉时不仅把地分为四方，而且把天空也分为四个部分，这便是四象（四灵）的说法。《史记·天官书》说四象是："东宫苍龙，南宫朱鸟，西宫咸池，北宫玄武。"《淮南子·天文训》

则说:"东方……其兽苍龙……南方……其兽朱鸟……西方……其兽白虎……北方……其兽玄武。"《礼记·曲礼》说:"行,前朱鸟而后玄武,左青龙而右白虎,招摇在上,急缮其怒。"郑玄注云:"以四兽为军阵,象天也。"

可见,即使在军队行进中,也要用画着四象的旗帜来编排军队,以体现宇宙的观念。《三辅黄图·汉宫》曰:"苍龙、白虎、朱雀、玄武,天之四灵,以正四方,王者制宫阙殿阁取法焉。"这里已明确说明王者创制宫殿等是取之天上的四灵来正四方的。汉人的观念中,天文与人文有一种对应关系,即使在陵墓中也刻画四灵以象天宫和地上的宫阙。这就是为什么汉画中多四灵的原则。

根据以上分析,我们看到,"十字穿环"中的方形应为"天圆地方"的象征。这个观念不是从对大地的观察得到的,而是从对时空的划分中得到的。这个划分,便通过十字来象征。方形代表了大地、祭坛、规矩、秩序和母性原则。

四、二龙穿璧

"十字穿环"是一种抽象的符号,根据古文献及我们的理解对其怪异之处及其象征进行了阐释。但因其毕竟太抽象,并不易理解。当我们把"十字穿环"与徐州汉画像中另外 10 余块被命名为"二龙穿璧"的图像进行比较研究时,对其的理解就容易一些。(图 5-24)图中有五个横向连续排列的璧(环),有两条龙从五个璧中按十字纹穿过,龙首一向左,一向右。除了五璧外,还有几块是三个璧,两龙从三个璧中按十字纹穿过,龙首分左右,一条龙头并衔另一条龙的尾。

图 5-24 江苏徐州汉画像石中的二龙穿璧图

整个图对称、和谐，很富有装饰性。"二龙穿璧"与"十字穿环"有什么内在的联系呢？笔者认为，这两种图案的内涵是一致的，不过一个具象些，另一个抽象些罢了。对"二龙穿璧"内涵的揭示，还要从交龙谈起。

把图 5-20 和图 5-24 进行比较，就会发现，图 5-20 中的"十字穿环"是图 5-24"二龙穿璧"截取下来的一部分。如果这个设想是正确的话，那么十字纹实际上就是二龙的象征，它去掉了龙的具象而抽象为神秘的符号"十"字。这种"二龙穿璧"的图案在四川和河南的汉画像石、画像砖中也有发现。

四川与河南出土的"二龙穿璧"图案与江苏徐州的"二龙穿璧"表现了同一文化母题，其实也是"二龙穿璧"，有些地方命名为"戏龙纹"是不确切的。这两龙实际上即交龙。关于交龙，古籍中有许多记载。（图 5-25）闻一多先生在《伏羲考》一文中已有论述，现在我

图 5-25　四川、河南出土的二龙穿璧图
1. 四川画像砖；2. 河南新野画像石。

们仅就交龙的象征意义，再作必要的揭示。

关于"二龙"，《国语·郑语》引《训语》说：

> 夏之衰也，褒人之神化为二龙，以同于王庭，而言曰："余，褒之二君也。"夏后卜杀之，与去之，与止之，莫吉。卜请其漦而藏之，吉。乃布币焉，而策告之。龙亡而漦在，椟而藏之，传郊之，及殷、周，莫之发也。及厉王之末，发而观之，漦流于庭，不可除也。王使妇人不帏而噪之，化为玄鼋。

这里的二龙同于王庭，"同"即交合之意，与我们看到的二龙穿璧的意思是相同的。二龙为褒人的祖先神，想其即为以后的人首龙身交尾像所包含的文化内涵。

关于交龙，《史记·高祖本纪》也有一段记载："其先刘媪尝息大泽之陂，梦与神遇。是时雷电晦冥，太公往视，则见蛟龙于其上。已而有身，遂产高祖。"显然这是一个感生神话，其渊源在远古的生殖崇拜和祖先崇拜中。交龙可以画作两龙相交的图案。《周礼·司常》说："交龙为旗。"《邺中记》说："锦有大交龙、小交龙。"《释名·释兵》说："交龙为旂。旂，倚也，画作两龙相依倚。"在徐州汉画像石中，有交龙的图像（图5-26），这当与汉高祖刘邦感生的神话出身有关，因为徐州的丰沛本汉高祖的故里，其子孙以此来表明自己的身份。

图5-26 江苏徐州汉画像石中的交龙图

交龙含有生殖崇拜的意义是显而易见的，就是在现代汉语中，"交"仍有结合的意义。闻一多说，古籍中讲到关于"左右有首，或前后有首，或一身二首的生物时，实有雌雄交配状态之误解或曲解"[41]。这个说法虽不一定全都如此，如有些是拆半表现的结果，但其原型意义上则是不错的。

但这只是一个具象的考察，汉高祖乃龙种，这不过是神化帝王的一种方法，在更广阔的哲学、美学背景下，它是《周易》所概括的宇宙模式的象征。

璧是天圆的象征，龙是沟通天地的灵物。两龙相交，中间以圆环加以突出，内含生殖的隐喻。其广阔的背景仍然是中国古老的宇宙论。中国古代有个哲学命题叫"天人感应"，天被看作是有生命意义的。交龙分雌雄，雄龙是阳性天的象征，雌龙则是阴性地的象征。天地交合，化育万物，成为中国古代哲学家把握世界的基本法则与模式。

《说文》曰："龙，鳞虫之长。能幽能明，能细能巨，能短能长。春分而登天，秋分而潜渊。"《易》曰："云从龙。"又曰："飞龙在天。"古者神人多乘二龙，说明龙是可以在天上遨游的。

为什么龙在春分而登天呢？这是因为春天是万物萌发的时节。《尚书·尧典》曰："厥民析，鸟兽孳尾。"这正是生命力的象征。在四象中便以青龙来表示。秋天一到，草木凋零，《尚书·尧典》说："厥民夷，鸟兽毛毨。"这是生命力下降的象征，在四象中以白虎表示。因此在民俗中，"白虎者，岁中凶神也。常居岁后四辰，所居之地犯之，主有丧服之灾，切宜慎之"[42]。俗语中有"丧门白虎"之说。以龙象征，便是秋分而潜渊。

"二龙穿璧"中的璧，总是以奇数出现的，要么是一，或者是三或五。根据《易·系辞》的说法，奇为天之数，偶则为地之数。郑玄注《礼记·月令》曰："数者，五行佐天地生物、成物之次也。"《易·系辞上》曰："天一地二，天三地四，天五地六，天七地八，天九地十。"

根据以上分析，二龙穿璧象征着天地交感、化育万物的原始母题，同时又象征着阴阳合气、人神沟通、祖先崇拜、生殖崇拜的文化原型。

五、伏羲女娲交尾

"十字穿环"与"二龙穿璧",与汉画像中广泛有的"伏羲女娲交尾图"(图 5-27)之间也有着联系,从深层的象征结构的原型上讲,它们是同一的,表现了同一母题。

伏羲女娲交尾图在全国许多地方的画像石中都可见到。在四川郫都、新津,河南南阳,山东武梁祠,江苏徐州等处,都有发现。其图像中的伏羲女娲大同小异,均作人首龙(蛇)身,尾部作相交之形。不过各地的图像造型及持物上有所不同,徐州、南阳、四川一些地方有女娲、伏羲双手持璧的图像。伏羲女娲分为两人,不作交尾,

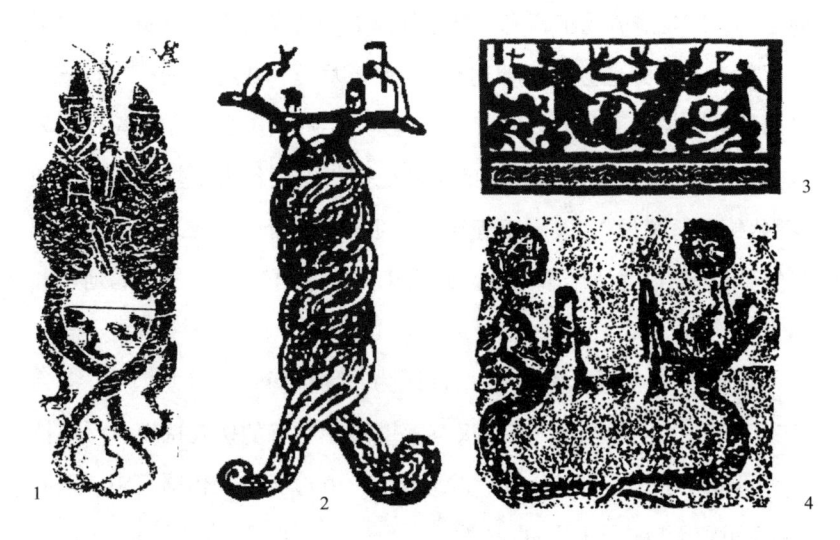

图 5-27 伏羲女娲交尾图
1.河南南阳出土画像石;2.新疆阿斯塔那隋墓绢画;3.山东嘉祥武梁祠画像石;4.四川新津崖墓画像石。

也有持日或月的图像。四川崇州的一伏羲女娲交尾图，伏羲持圆形，内有鸟，显然是日的象征；女娲双髻云鬟，戴耳珰，女性装扮，手持一圆轮内有蟾蜍、桂树，显然是"月"的象征。山东沂南汉墓伏羲女娲分别手持规矩；江苏沛县古泗水地区汉画像中有伏羲女娲人首蛇尾，尾部通过铺首口中衔的环穿过的图案。

从伏羲女娲交尾图我们可以看出这些符号的意象：日与月、阳与阴、男与女、规与矩，以及交尾。这些意象与笔者上面分析的"十字穿环""二龙穿璧""天圆地方"，以及阴阳交感、男女构精、规动矩静、天人合一在原型上是同一的，反映了汉代源于神话时代的颇具怪异的宇宙观念。

手持规矩的伏羲女娲有似乎不好理解，但当我们知道规是作圆的工具，矩是造方的工具时，其象征圆方的意义就不证自明了。这正合了古人"天圆地方"的普遍观念。《关尹子·九药》说："圆尔道，方尔德。"《淮南子·主术训》说："智员者无不知也，行方者有不为也。"圆又代表了文化原型中的父性原则，方则代表了母性原则。如《春秋感精符》说："父天于圜丘之祀也，母地于方泽之祭也。"《周髀算经》说："数之法出于圆方。圆出于方，方出于矩……方属地，圆属天。"

据此，著名考古学家张光直认为，《周髀算经》时代圆方都是"工"字形的矩所画的。到东汉墓葬壁画中常有的伏羲持规、女娲持矩，可能表示规矩在汉代以后的分化。[43] 在今天的民俗语言中，仍有"无规矩则无以成方圆"的古训。

作为人类始祖的伏羲女娲本来为人首蛇躯（有的作蜥蜴体），这看来十分怪异。人类的始祖怎么会有如此怪异的形象？这令追求优美的现代人类未免有些沮丧。又传说他们是兄妹，岂不是乱伦，这又会使现代的道德家们感到丑恶无比。但正是在这怪诞的图像和怪异的风俗中，透露了远古神话时代、图腾时代及杂婚时代人类古老历史的文化信息。如果说交龙还代表了人兽不分的图腾时代的话，那么有着人的上体，尾部还拖着蛇的尾巴的人类始祖，则是从神话时代向人的时代过渡的象征。

根据我们对"十字穿环"以及一组类似图纹象征密码的语义解读，我们看到其表现的主要思想，与《易经》里的观点是一致的。伏羲女娲交尾图等，可以看作图案化的一部《易经》。在传说中，有伏羲"始作八卦，通神明之德，以类万物之情"的说法。中国古代文化，历史悠久，博大精深，中国古文化中所表现出的神秘的象征主义，的确令世人惊叹。几千年前，我们的祖先就运用自己的智慧创造了一些富有深刻含义的象征符号，这些象征符号成了整个人类精神财富的一部分。但由于年代的久远，本义在辗转中失却，有些在今天看来是怪诞不经、奇异非常的，有些其深刻的内涵是很难破译了。多亏了有"二龙穿璧""伏羲女娲交尾图"这些略带具象的图像，方使我们对"十字穿环"的内涵进行阐释。这也说明一个重要的美学问题，在极抽象的怪异的图案和一些具象的图案之间存在一定联系，甚至在象征的母题上是一致的。通过对它们的比较研究，我们便可以了解古代象征符号已失却的意义。在徐州汉画像中，由十字穿环演化出一些更加图案化的、带有装饰美的图形，如果不是根据以上分析，我们是很难理解其意义的。江苏徐州铜山白集汉墓出土的一块画像石中画面2/3刻"穿璧"图案（图5-28），其下1/3刻车马，车马后有二人格斗，一人持器在旁。其上半部表现的是天界，下半部表现的是人界。穿璧成

图 5-28　江苏徐州铜山白集汉墓画像石

了宇宙的象征。这与图 5-20 不同之处在于，图 5-20 只画了一个抽象的十字穿环，下画一车马，或一骑士。图 5-28 则画了 38 个整环，22 个半环，共计 60 个环，下部则画人间诸景。另外，有两幅类似构图的"穿璧"图的圆璧或只画半圆的璧已达 68 个和 72 个。其形式上单纯齐一，整齐有序，表现了一种形式美。其含义更加晦暗了。在这些图案化的装饰中，远古的图腾意义、巫术观念、灵感思维，已为意味弥远的形式感所代替。

注　释

[1]　参见林信华《符号与社会》，台湾唐山出版社1999年版，第1页。

[2]　[德]卡西尔：《符号、神话、文化》，台湾结构群文化有限公司1990年版，第24—25页。

[3]　[德]康德：《实践理性批判》，邓晓芒译，人民出版社2003年版，第220页。

[4]　参见[美]雷蒙德·范·奥弗编《太阳之歌——世界各地创世神话》，毛天祜译，中国人民大学出版社1989年版。

[5]　陕西省考古研究所、榆林市文物管理委员会办公室编著：《神木大保当：汉代城址与墓葬考古报告》，科学出版社2001年版，第86页。

[6]　参见[美]雷蒙德·范·奥弗编《太阳之歌——世界各地创世神话》，毛天祜译，中国人民大学出版社1989年版。

[7]　吴曾德、周到：《南阳汉画像石中的神话与天文》，《郑州大学学报（哲学社会科学版）》1978年第4期。

[8]　何新说："历来被崇奉为华夏民族始祖的伏羲、黄帝，就其初义来说更都是太阳神的称号。伏羲即'大曦'。"（何新：《诸神的起源》"自叙"，生活·读书·新知三联书店1986年版，第8页）

[9]　参见徐州市博物馆《徐州汉画象石》，江苏美术出版社1985年版，图102。

[10]　参见中国画像石全集编辑委员会编《中国画像石全集》第3卷《山东汉画像石》，山东美术出版社、河南美术出版社2000年版，图13。

[11]　参见王建中、闪修山《南阳两汉画像石》，文物出版社1990年版，图160。

[12]　[美]W.爱伯哈德：《中国文化象征词典》，陈建宪译，湖南文艺出版社1990年版，第155—156页。

[13]　参见李立《文化嬗变与汉代自然神话演变》，汕头大学出版社2000年版，第71页。

[14]　参见[美]恩斯特·贝克尔《拒斥死亡》"译序"，林和生译，华夏出版社2001年版，第4页。

［15］ 陕西省考古研究所、榆林市文物管理委员会办公室编著：《神木大保当：汉代城址与墓葬考古报告》，科学出版社2001年版，第116页。

［16］ 参见绥德汉画像石展览馆编，李贵龙、王建勤主编《绥德汉代画像石》，陕西人民美术出版社2001年版，第18页。

［17］ 王建中、闪修山：《南阳两汉画像石》，文物出版社1990年版，图277。

［18］ 关于这个问题的考证，参见王孝廉《中国的神话世界》，作家出版社1991年版，第125—168页；［日］小南一郎《中国的神话传说与古小说》，孙昌武译，中华书局1993年版，第2—13页。

［19］ 汤池：《西汉石雕牵牛织女辨》，《文物》1979年第2期。

［20］ 参见冯时《中国天文考古学》，社会科学文献出版社2001年版，第302页。

［21］ 吴曾德：《汉代画象石》，文物出版社1984年版，第54—56页。

［22］ 参见王大有《龙凤文化源流》，北京工艺美术出版社1988年版；何新《龙：神话与真相》，上海人民出版社1989年版；刘志雄、杨静荣《龙与中国文化》，人民出版社1992年版；王维堤《龙凤文化》，上海古籍出版社2000年版。

［23］ 参见王建中、闪修山《南阳两汉画像石》，文物出版社1990年版，图281。

［24］ 参见中国科学院考古研究所编著《上村岭虢国墓地》，科学出版社1959年版。

［25］ 参见绥德汉画像石展览馆编，李贵龙、王建勤主编《绥德汉代画像石》，陕西人民美术出版社2001年版，图10、图11、图18、图19等。

［26］ 据《尚书·禹贡》九州为：冀州、兖州、青州、徐州、扬州、荆州、豫州、梁州、雍州。

［27］ 参见［德］汉斯·比德曼：《世界文化象征辞典》，漓江出版社2000年版，第436页。

［28］ Jack Thesidder, *Symbols and Their Meanings*, Duncam Baird Publisher, 2000, pp.155–156.

［29］ 参见［瑞士］荣格《东洋冥想的心理学——从易经到禅》，杨儒宾

译，社会科学文献出版社2000年版，书前插图。

[30] 李约瑟在《中国科学技术史》第四卷"天学第一分册"中曾讨论了"TLV"镜的象征意义。我们在汉代的铜镜，武梁祠的石刻、孝堂山的石刻占卜图，或其他汉代的六博图中，也可以看到这种图式。（［英］李约瑟：《中国科学技术史》第四卷，《中国科学技术史》翻译小组译，科学出版社1975年版，第306页）

[31] ［美］拉·莫阿卡宁：《荣格心理学与西藏佛教——东西方精神的对话》，江亦丽、罗照辉译，商务印书馆1994年版，第107页。

[32] ［日］杉浦康平：《造型的诞生》，李建华、杨晶译，中国青年出版社1999年版，第63页。

[33] 参见［日］曾布川宽《昆仑山的升仙》，日本中央公论新社1988年版，第130—139页。

[34] 参见中国画像石全集编辑委员会编《中国画像石全集》第1卷《山东汉画像石》，山东美术出版社、河南美术出版社2000年版，图179—图181。

[35] 参见李发林《汉画考释和研究》，中国文联出版社2000年版，第354页。

[36] 参见［英］詹·乔·弗雷泽《金枝》（上），徐育新等译，中国民间文艺出版社1987年版，第21页。

[37] P. E. 威尔赖特：《原型性的象征》，叶舒宪译，载叶舒宪选编《神话——原型批评》，陕西师范大学出版社1987年版，第229页。

[38] 钱锺书：《谈艺录》（补订本），中华书局1984年版，第111—114页。

[39] ［瑞士］卡尔·荣格等：《人类及其象征》，张举文、荣文库译，辽宁教育出版社1988年版，第220—221页。

[40] ［意］安东尼奥·阿马萨里：《中国古代文明——从商朝甲骨刻辞看中国史前史》，刘儒庭、王天清等译，社会科学文献出版社1990年版，第17页。

[41] 《闻一多全集》第1卷，生活·读书·新知三联书店1982年版，第15页。

[42] 《协纪辨方书》卷三引《人元秘枢经》。

[43] 参见张光直《中国青铜时代》（二集），生活·读书·新知三联书店1990年版，第43页。

参考文献

中文部分

《二十二子》,上海古籍出版社1986年版。

(汉)司马迁撰,(宋)裴骃集解,(唐)司马贞索隐,(唐)张守节正义:《史记》,中华书局1987年版。

(汉)许慎撰,(清)段玉裁注:《说文解字注》,上海古籍出版社1981年版。

(汉)班固撰,(唐)颜师古注:《汉书》,中华书局1962年版。

(汉)许慎:《说文解字》,中华书局1963年版。

(晋)干宝撰,汪绍楹校注:《搜神记》,中华书局1980年版。

(南朝宋)范晔撰,(唐)李贤等注:《后汉书》,中华书局1965年版。

(汉)应劭撰,吴树平校释:《风俗通义校释》,天津人民出版社1980年版。

(宋)徐天麟撰:《西汉会要》,上海人民出版社1977年版。

(宋)徐天麟撰:《东汉会要》,上海人民出版社1978年版。

(宋)洪兴祖撰,白化文等点校:《楚辞补注》,中华书局1983年版。

(元)马端临撰:《文献通考》,中华书局1986年版。

(清)阮元校刻:《十三经注疏》,中华书局1980年版。

(清)孙诒让撰,王文锦、陈玉霞点校:《周礼正义》,中华书局1987

年版。

（清）顾炎武著，（清）黄汝成集释：《日知录集释》，岳麓书社1994年版。

（清）翁方纲：《两汉金石记》。

（清）黄易：《修武氏祠堂记略》。

（清）王昶：《金石萃编》。

（清）冯云鹏、冯云鹓：《金石索》。

（清）方朔：《枕经堂金石书画题跋》。

（清）刘喜海：《金石苑》。

（清）陆增祥：《八琼室金石补正》。

（清）毕沅、阮元：《山左金石志》。

（清）黄易：《小蓬莱阁金石文字》。

郭沂：《郭店竹简与先秦学术思想》，上海教育出版社2001年版。

程俊英、蒋见元：《诗经注析》，中华书局1991年版。

吴小强撰：《秦简日书集释》，岳麓书社2000年版。

苏勇点校：《易经》，北京大学出版社1989年版。

徐志锐：《周易大传新注》，齐鲁书社1986年版。

朱谦之撰：《老子校释》，中华书局1984年版。

高明撰：《帛书老子校注》，中华书局1996年版。

袁珂校注：《山海经校注》，上海古籍出版社1980年版。

郑杰文：《穆天子传通解》，山东文艺出版社1992年版。

李民等：《古本竹书纪年译注》，中州古籍出版社1990年版。

邢文：《帛书周易研究》，人民出版社1997年版。

（清）王聘珍撰，王文锦点校：《大戴礼记解诂》，上海古籍出版社1983年版。

（清）郭庆藩辑，王孝鱼整理：《庄子集释》，中华书局1961年版。

王明编：《太平经合校》，中华书局1997年版。

杨伯峻撰：《列子集释》，中华书局1979年版。

孙星衍撰：《尚书今古文注疏》，中华书局1986年版。

（清）唐晏著，吴东民点校：《两汉三国学案》，中华书局1986年版。

杨树达：《汉代婚丧礼俗考》，商务印书馆1933年版。

费振刚等辑校：《全汉赋》，北京大学出版社1993年版。

逯钦立：《先秦汉魏晋南北朝诗》，中华书局1982年版。

瞿中溶：《汉武梁祠画像考》，文物出版社1982年版。

王国维：《观堂集林》，中华书局1984年版。

姜亮夫著，姜昆武校：《古文字学》，浙江人民出版社1984年版。

唐兰：《古文字学导论》，齐鲁书社1981年版。

王国维校：《水经注校》，上海人民出版社1984年版。

朱剑心：《金石学》，商务印书馆1948年版。

常任侠编：《汉代绘画选集》，朝花美术出版社1955年版。

闻宥集撰：《四川汉代画象选集》，群联出版社1955年版。

王子云编：《中国古代石刻画选集》，中国古典艺术出版社1957年版。

江苏省文物管理委员会编著：《江苏徐州汉画象石》，科学出版社1959年版。

陕西省博物馆编：《陕北东汉画象石刻选集》，文物出版社1959年版。

河南省文化局文物工作队编：《河南邓县彩色画像砖》，上海人民美术出版社1963年版。

南阳汉代画像石学术讨论会办公室编：《汉代画像石研究》，文物出版社1987年版。

山东省博物馆等编：《山东汉画像石选集》，齐鲁书社1982年版。

李发林:《山东汉画像石研究》,齐鲁书社1982年版。

张万夫:《汉画选》,天津人民美术出版社1982年版。

刘志远、余德章等编著:《四川汉代画象砖与汉代社会》,文物出版社1983年版。

吴曾德:《汉代画象石》,文物出版社1984年版。

徐州市博物馆编:《徐州汉画象石》,江苏美术出版社1985年版。

陕西省博物馆编:《陕北东汉画象石》,陕西人民美术出版社1985年版。

南阳汉代画象石编辑委员会编:《南阳汉代画像石》,文物出版社1985年版。

朱锡禄编著:《武氏祠汉画像石》,山东美术出版社1986年版。

北京鲁迅博物馆:《鲁迅藏汉画选》,上海人民出版社1986年版。

黄明兰编著:《洛阳汉画像砖》,河南美术出版社1986年版。

陈履生:《神画主神研究》,紫禁城出版社1987年版。

高文编:《四川汉代画像石》,巴蜀书社1987年版。

高文编:《四川汉代画像砖》,上海人民出版社1987年版。

河南省博物馆等主编,吕品编著:《中岳汉三阙》,文物出版社1990年版。

中国美术全集编辑委员会编:《中国美术全集 绘画编18 画像石画像砖》,上海人民美术出版社1988年版。

王建中、闪修山:《南阳两汉画像石》,文物出版社1990年版。

连云港市博物馆编,李洪甫、武可荣著:《海州石刻——将军崖岩画与孔望山摩崖造像》,文物出版社1990年版。

北京鲁迅博物馆、上海鲁迅博物馆编:《鲁迅藏汉画像》,上海人民美术出版社1991年版。

阎根齐、米景周、李俊山编著：《商丘汉画像石》，河南美术出版社1992年版。

朱锡禄编著：《嘉祥汉画像石》，山东美术出版社1992年版。

贾庆超：《武氏祠汉画石刻考评》，山东大学出版社1993年版。

顾森编著：《中国汉画图典》，浙江摄影出版社1997年版。

深圳博物馆编：《中国汉代画像石画像砖文献目录》，文物出版社1995年版。

蒋英炬、吴文祺编著：《汉代武氏墓群石刻研究》，山东美术出版社1995年版。

韩玉祥主编：《南阳汉代天文画像石研究》，民族出版社1995年版。

李林、康兰英、赵力光：《陕北汉代画像石》，陕西人民出版社1995年版。

朱锡禄编著：《武氏祠汉画像石中的故事》，山东美术出版社1996年版。

山东石刻艺术博物馆编：《山东汉画像石精萃》，齐鲁书社1996年版。

洛阳市第二文物工作队、黄明兰、郭引强编著：《洛阳汉墓壁画》，文物出版社1996年版。

信立祥：《汉代画像石综合研究》，文物出版社2000年版。

李发林：《汉画考释和研究》，中国文联出版社2000年版。

江继甚编著：《汉画像石选（汉风楼藏）》，上海书店出版社2000年版。

中国画像石全集编辑委员会编：《中国画像石全集》，山东美术出版社、河南美术出版社2000年版。

欧阳摩一：《画像石》，辽宁画报出版社2001年版。

王明发：《画像砖》，辽宁画报出版社2001年版。

赵超：《古代石刻》，文物出版社 2001 年版。

贺西林：《古墓丹青：汉代墓室壁画的发现与研究》，陕西人民美术出版社 2001 年版。

陕西省考古研究所、榆林市文物管理委员会办公室编著：《神木大保当：汉代城址与墓葬考古报告》，科学出版社 2001 年版。

河南省商丘市文物管理委员会等编著：《芒砀山西汉梁王墓地》，文物出版社 2001 年版。

绥德汉画像石展览馆编，李贵龙、王建勤主编：《绥德汉代画像石》，陕西人民美术出版社 2001 年版。

刘师培：《左盦集·古今画学变迁论》卷 13，《刘申叔遗书》本。

马承源主编，陈佩芬等编撰：《中国青铜器》，上海古籍出版社 1988 年版。

中国社会科学院考古研究所编著：《新中国的考古发现和研究》，文物出版社 1984 年版。

李学勤：《李学勤集——追溯·考据·古文明》，黑龙江教育出版社 1989 年版。

李学勤：《四海寻珍》，清华大学出版社 1998 年版。

李学勤：《缀古集》，上海古籍出版社 1998 年版。

李学勤：《失落的文明》，上海文艺出版社 1997 年版。

李学勤：《东周与秦代文明》（增订本），文物出版社 1991 年版。

李学勤著，王元化主编：《古文献丛论》，上海远东出版社 1996 年版。

吕思勉：《先秦学术概论》，中国大百科全书出版社 1985 年版。

金春峰：《汉代思想史》，中国社会科学出版社 1997 年版。

顾颉刚撰：《秦汉的方士与儒生》，上海古籍出版社 1998 年版。

苏志宏：《秦汉礼乐教化论》，四川人民出版社 1991 年版。

牟钟鉴、张践:《中国宗教通史》,社会科学文献出版社 2000 年版。

徐复观:《两汉思想史》,华东师范大学出版社 2001 年版。

徐复观:《中国艺术精神》,春风文艺出版社 1987 年版。

吴荣曾:《先秦两汉史研究》,中华书局 1995 年版。

傅勤家:《中国道教史》,上海文化出版社 1989 年版。

许地山:《道教史》,上海古籍出版社 1999 年版。

朱天顺:《中国古代宗教初探》,上海人民出版社 1982 年版。

李立:《文化嬗变与汉代自然神话演变》,汕头大学出版社 2000 年版。

钱锺书:《管锥编》,中华书局 1979 年版。

张荣明:《中国的国教》,中国社会科学出版社 2001 年版。

张岱年:《中国古典哲学概念范畴要论》,中国社会科学出版社 1989 年版。

丁山:《中国古代宗教与神话考》,上海文艺出版社 1988 年版。

赵国华:《生殖崇拜文化论》,中国社会科学出版社 1990 年版。

王大有:《龙凤文化源流》,北京工艺美术出版社 1988 年版。

束景南:《中华太极图与太极文化》,苏州大学出版社 1994 年版。

刘志雄、杨静荣:《龙与中国文化》,人民出版社 1992 年版。

饶宗颐:《澄心论萃》,上海文艺出版社 1996 年版。

李炳海:《部族文化与先秦文学》,高等教育出版社 1995 年版。

龚维英:《原始崇拜纲要》,中国民间文艺出版社 1989 年版。

杨宽:《中国古代陵寝制度史研究》,上海古籍出版社 1985 年版。

金祖孟:《中国古宇宙论》,华东师范大学出版社 1991 年版。

周桂钿:《天地奥秘的探索历程》,中国社会科学出版社 1988 年版。

谭维四:《乐宫之王——曾侯乙墓考古大发现》,浙江文艺出版社 2002 年版。

王维堤：《龙凤文化》，上海古籍出版社 2000 年版。

芮传明、余太山：《中西纹饰比较》，上海古籍出版社 1995 年版。

吴山编：《中国历代装饰纹样》，人民美术出版社 1988 年版。

居阅时、瞿明安主编：《中国象征文化》，上海人民出版社 2001 年版。

李淞：《论汉代艺术中的西王母图像》，湖南教育出版社 2000 年版。

王建中：《汉代画像石通论》，紫禁城出版社 2001 年版。

周学鹰：《徐州汉墓建筑——中国汉代楚（彭城）国墓葬建筑考》，中国建筑工业出版社 2001 年版。

王孝廉：《中国的神话世界》，作家出版社 1991 年版。

吕微：《神话何为——神圣叙事的传承与阐释》，社会科学文献出版社 1998 年版。

杜石然等编著：《中国科学技术史稿》（上册），科学出版社 1982 年版。

清华大学思想文化研究所编：《世界名人论中国文化》，湖北人民出版社 1991 年版。

《世界艺术百科全书选译Ⅱ》，上海人民美术出版社 1990 年版。

黄晋凯等主编：《象征主义·意象派》，中国人民大学出版社 1989 年版。

陶东风、金元浦、高丙中主编：《文化研究》第 3 辑，天津社会科学院出版社 2002 年版。

汪民安等编：《福柯的面孔》，文化艺术出版社 2001 年版。

庄锡昌、孙志民编著：《文化人类学的理论构架》，浙江人民出版社 1988 年版。

李幼蒸：《理论符号学导论》，社会科学文献出版社 1999 年版。

朱杰勤：《秦汉美术史》，商务印书馆 1937 年版。

阎丽川编著:《中国美术史略》,人民美术出版社 1958 年版。

张光福:《中国美术史》,知识出版社 1982 年版。

陈辅国主编:《诸家中国美术史著选汇》,吉林美术出版社 1992 年版。

王家树:《中国工艺美术史》,文化艺术出版社 1994 年版。

林树中、王崇人主编:《美术辞林·中国绘画卷》(上),陕西人民美术出版社 1995 年版。

谢崇安:《商周艺术》,巴蜀书社 1997 年版。

林少雄:《人文晨曦——中国彩陶的文化读解》,上海文化出版社 2001 年版。

程金城:《远古神韵——中国彩陶艺术论纲》,上海文化出版社 2001 年版。

户晓辉:《地母之歌——中国彩陶与岩画的生死母题》,上海文化出版社 2001 年版。

蒋书庆:《破译天书——远古彩陶花纹揭秘》,上海文化出版社 2001 年版。

于民:《春秋前审美观念的发展》,中华书局 1984 年版。

叶朗:《中国美学史大纲》,上海人民出版社 1985 年版。

敏泽:《中国美学思想史》第一卷,齐鲁书社 1987 年版。

施昌东:《汉代美学思想述评》,中华书局 1981 年版。

李泽厚:《美的历程》,文物出版社 1981 年版。

李泽厚:《华夏美学》,中外文化出版公司 1989 年版。

王振复:《周易的美学智慧》,湖南出版社 1991 年版。

王兴华:《中国美学论稿》,南开大学出版社 1993 年版。

丁宁:《绵延之维——走向艺术史哲学》,生活·读书·新知三联书店 1997 年版。

朱狄：《原始文化研究：对审美发生问题的思考》，人民出版社 1984 年版。

朱狄：《艺术的起源》，中国社会科学出版社 1982 年版。

蒋孔阳主编：《十九世纪西方美学名著选》（英法美卷），复旦大学出版社 1990 年版。

蒋孔阳、朱立元主编：《西方美学通史》，上海文艺出版社 1999 年版。

赵宪章：《西方形式美学》，上海人民出版社 1996 年版。

《世界文化象征辞典》编写组：《世界文化象征辞典》，湖南文艺出版社 1994 年版。

周宪：《二十世纪西方美学》，南京大学出版社 1997 年版。

刘小枫：《诗化哲学》，山东文艺出版社 1986 年版。

叶舒宪：《中国神话哲学》，中国社会科学出版社 1992 年版。

萧兵：《楚辞的文化破译》，湖北人民出版社 1991 年版。

萧兵：《楚辞与神话》，江苏古籍出版社 1987 年版。

汉译部分

［英］李约瑟：《中国古代科学思想史》，陈立夫等译，江西人民出版社 1999 年版。

［瑞士］费尔迪南·德·索绪尔：《普通语言学教程》，高名凯译，商务印书馆 1980 年版。

［法］戴仁主编：《法国当代中国学》，耿昇译，中国社会科学出版社 1998 年版。

［美］张光直：《中国青铜时代》，生活·读书·新知三联书店 1983 年版。

［美］张光直：《中国青铜时代》（二集），生活·读书·新知三联书店

1990年版。

［美］张光直：《美术、神话与祭祀——通往古代中国政治权威的途径》，郭净、陈星译，辽宁教育出版社1988年版。

［加］秦家懿编译：《德国哲学家论中国》，生活·读书·新知三联书店1993年版。

［英］艾兰：《龟之谜——商代神话、祭祀、艺术和宇宙观研究》，汪涛译，四川人民出版社1992年版。

［美］艾兰：《早期中国历史、思想与文化》，杨民等译，辽宁教育出版社1999年版。

［法］安娜·塞德尔：《西方道教研究史》，蒋见云、刘凌译，上海古籍出版社2000年版。

［法］施舟人：《中国文化基因库》，北京大学出版社2002年版。

［德］卜松山：《与中国作跨文化对话》，刘慧儒、张国刚等译，中华书局2000年版。

［德］夏瑞春编：《德国思想家论中国》，陈爱政等译，江苏人民出版社1997年版。

［美］罗伯特·F.墨菲：《文化与社会人类学引论》，王卓君、吕迺基译，商务印书馆1991年版。

［美］W.爱伯哈德：《中国文化象征词典》，陈建宪译，湖南文艺出版社1990年版。

［日］渡边欣雄：《汉族的民俗宗教》，周星译，天津人民出版社1998年版。

［日］小南一郎：《中国的神话传说与古小说》，孙昌武译，中华书局1993年版。

［日］笠原仲二：《古代中国人的美意识》，魏常海译，北京大学出版

社1987年版。

[日]沟口雄三:《中国的思想》,赵士林译,中国社会科学出版社1995年版。

[希腊]柏拉图:《理想国》,郭斌和译,商务印书馆1986年版。

[希腊]柏拉图:《文艺对话集》,朱光潜译,人民文学出版社1983年版。

[古希腊]亚里士多德:《形而上学》,吴寿彭译,商务印书馆1983年版。

[古希腊]亚里士多德:《天象论 宇宙论》,吴寿彭译,商务印书馆1999年版。

[古希腊]亚里士多德:《诗学》,刘晟译,商务印书馆1999年版。

[德]康德:《判断力批判》,韦卓民译,商务印书馆1964年版。

[德]康德:《论优美感和崇高感》,何兆武译,商务印书馆2001年版。

[德]康德:《实用人类学》,邓晓芒译,重庆出版社1987年版。

[德]黑格尔:《哲学史讲演录》,贺麟、王太庆译,商务印书馆1995年版。

[德]黑格尔:《美学》,朱光潜译,商务印书馆1981年版。

[德]黑格尔:《历史哲学》,王造时译,生活·读书·新知三联书店1958年版。

[意]维柯:《新科学》,朱光潜译,人民文学出版社1986年版。

[德]谢林:《艺术哲学》,魏庆征译,中国社会出版社1996年版。

[法]帕斯卡尔:《思想录》,何兆武译,商务印书馆1985年版。

[法]列维–布留尔:《原始思维》,丁由译,商务印书馆1981年版。

[美]郝大维、安乐哲:《汉哲学思维的文化探源》,施忠连译,江苏

人民出版社 1999 年版。

[英] 爱德华·泰勒:《原始文化》,连树声译,上海文艺出版社 1992 年版。

[法] 克洛德·莱维 – 斯特劳斯:《结构人类学》,谢维扬、俞宣孟译,上海译文出版社 1995 年版。

[法] 列维 – 斯特劳斯:《野性的思维》,李幼蒸译,商务印书馆 1987 年版。

[法] 爱弥尔·涂尔干:《宗教生活的基本形式》,渠东、汲喆译,上海人民出版社 1999 年版。

[德] 恩斯特·卡西尔:《人论》,甘阳译,上海译文出版社 1985 年版。

[德] 恩斯特·卡西尔:《神话思维》,黄龙保、周振选译,中国社会科学出版社 1992 年版。

[德] 恩斯特·卡西尔:《语言与神话》,于晓等译,生活·读书·新知三联书店 1988 年版。

[德] 恩斯特·卡西尔:《符号 神话 文化》,李小兵译,东方出版社 1988 年版。

[英] 詹·乔·弗雷泽:《金枝》,徐育新等译,中国民间文艺出版社 1987 年版。

[德] 海德格尔著,孙周兴选编:《海德格尔选集》上卷,上海三联书店 1996 年版。

[法] 拉康:《拉康选集》,褚孝泉译,上海三联书店 2001 年版。

[德] 汉斯 – 格奥尔格·加达默尔:《真理与方法——哲学诠释学的基本特征》,洪汉鼎译,上海译文出版社 1992 年版。

[美] S. 阿瑞提:《创造的秘密》,钱岗南译,辽宁人民出版社 1987

年版。

［法］米歇尔·福柯：《词与物——人文科学考古学》，莫伟民译，上海三联书店2001年版。

［美］E. 潘诺夫斯基：《视觉艺术的含义》，傅志强译，辽宁人民出版社1987年版。

［法］罗兰·巴尔特：《符号学原理》，王东亮等译，生活·读书·新知三联书店1999年版。

［英］布赖恩·莫里斯：《宗教人类学》，周国黎译，今日中国出版社1992年版。

［美］米尔希·埃利亚德：《神秘主义、巫术与文化风尚》，宋立道、鲁奇译，光明日报出版社1990年版。

［美］M. E. 斯皮罗：《文化与人性》，徐俊等译，社会科学文献出版社1999年版。

［苏联］叶·莫·梅列金斯基：《神话的诗学》，魏庆征译，商务印书馆1990年版。

［奥］弗洛伊德：《精神分析引论》，高觉敷译，商务印书馆1984年版。

［奥］弗洛伊德：《精神分析引论新编》，高觉敷译，商务印书馆1987年版。

［奥］佛洛伊德：《图腾与禁忌》，杨庸一译，中国民间文艺出版社1986年版。

［奥］弗洛伊德：《梦的解析》，赖其万、符传孝译，作家出版社1986年版。

［瑞士］C. G. 荣格：《心理类型学》，吴康等译，华岳文艺出版社1989年版。

〔瑞士〕卡尔·荣格等：《人类及其象征》，张举文、荣文库译，辽宁教育出版社 1988 年版。

〔瑞士〕C. G. 荣格：《探索心灵奥秘的现代人》，黄奇铭译，社会科学文献出版社 1987 年版。

〔瑞士〕荣格：《东洋冥想的心理学——从易经到禅》，杨儒宾译，社会科学文献出版社 2000 年版。

〔加〕诺思罗普·弗莱：《批评的剖析》，陈慧等译，百花文艺出版社 1998 年版。

〔美〕威兼·弗莱明：《艺术和思想》，吴江译，上海人民美术出版社 2000 年版。

〔美〕拉·莫阿卡宁：《荣格心理学与西藏佛教——东西方精神的对话》，江亦丽、罗照辉译，商务印书馆 1994 年版。

吴持哲编：《诺思洛普·弗莱文论选集》，中国社会科学出版社 1997 年版。

〔英〕鲍桑葵：《美学史》，张今译，商务印书馆 1985 年版。

〔美〕约翰·维克雷编：《神话与文学》，潘国庆等译，上海文艺出版社 1995 年版。

〔美〕詹姆斯·霍尔：《东西方图形艺术象征词典》，韩巍等译，中国青年出版社 2000 年版。

〔德〕汉斯·比德曼：《世界文化象征辞典》，刘玉红等译，漓江出版社 2000 年版。

〔法〕埃德蒙·利奇：《文化与交流》，郭凡译，上海人民出版社 2000 年版。

〔德〕M. 蓝德曼：《哲学人类学》，彭富春译，工人出版社 1988 年版。

〔德〕于尔根·哈贝马斯：《后形而上学思想》，曹卫东等译，译林出版社 2001 年版。

［美］诺尔曼·布朗：《生与死的对抗》，冯川等译，贵州人民出版社 1994 年版

［苏］B. A. 伊斯特林：《文字的产生和发展》，左少兴译，北京大学出版社 1987 年版。

［德］卡尔·雅斯贝斯：《历史的起源与目标》，魏楚雄等译，华夏出版社 1989 年版。

［法］雅克·德里达：《声音与现象》，杜小真译，商务印书馆 1999 年版。

［法］雅克·德里达：《论文字学》，汪堂家译，上海译文出版社 1999 年版。

［法］雅克·德里达：《书写与差异》上册，张宁译，生活·读书·新知三联书店 2001 年版。

［德］埃利希·诺伊曼：《大母神——原型分析》，李以洪译，东方出版社 1998 年版。

［德］孔汉思、库舍尔编：《全球伦理：世界宗教议会宣言》，何光沪译，四川人民出版社 1997 年版。

［法］让－皮埃尔·韦尔南：《神话与政治之间》，余中先译，生活·读书·新知三联书店 2001 年版。

［斯洛文尼亚］斯拉沃热·齐泽克：《意识形态的崇高客体》，季广茂译，中央编译出版社 2002 年版。

外文部分

H. H. Dubs, "An Ancient Chinese Mystery Cult", *Harvard Theologial Review*, No. 35, 1942.

B. Karlgren, "Legend and Cults in Ancient China", *Bulletion of the Museum of Far Eastern Antiquities*, No.18, 1946.

Loewe Michael, *Ways to Paradise: The Chinese Quest Immortality*, London: George Allen and Unwin, 1979.

Wu Hung, "Where Are They Going? Where Did They Come From?—Hearse and Soul-carriage in Han Dynasty Tomb Art", *Orientations*, June 1998.

Wu Hung, *The Wu Liang Shrine: The Ideology of Early Chinese Pictoial Art*, Stanford University Press, 1989.

Wu Tung, Tales From the Land of Dragons: *1000 Year of Chinese Painting*, Museum of Fine Arts, Boston, 1997.

E. Cassirer, *Philosophie der Symbolischen Formen*, B.1-3, WBD, 1988.

Jack Tresidder, *Symbols and Their Meanings*, Duncan Baird Publishers, 2000.

Harold Bayley, *The Lost Language of Symbolism*, New York: Carol Publishing Group, 1993.

David Fontana, *The Secret Language of Symbols*, Duncan Baird Publishers, 1993.

D. L. Hall, R. T. Ames, *Thinking from the Han: Self, Truth, and Transcendence in Chinese and Western Culture*, Albany: State University of New York Press, 1988.

Clifford Geertz, *The Interpretation of Cultures*, New York: Basic Books, 1973.

Robert F. Murphy, *Cultural and Social Anthropology: An Overture*, Prentice-Hall, New Jersey: Englewood Cliffs, 1986.

Erwin Panofsky, *Meaning in the Visual Arts*, New York: Doubleday & Company, Inc., 1955.

Melford E. Spiro, *Culture and Human Nature*, Chicago: The University of Chicago Press, 1987.

Marvin Harris, *Cultural Anthropology*, Harper & Row Publishers Inc., 1987.

Kenneth Bueke, *On Symbols and Society*, Chicago and London: The University of Chicago Press, 1989.

John Berger, *Ways of Seeing*, British Broadcasting Corporation and Penguin Books, 1972.

Michael Podro, *The Critical Histoeians of Art*, Yale University Press, 1982.

Joseph Campbell, *The Hero with a Thousand Faces*, Princeton University Press, 1973.

Stephen L. Harris, Gloria Platzner, *Classical Mythology: Images and Insights*, Mayfield Publishing Company, 1995.

Raman Selden, *A Reader's Guide to Contemporary Literary Theory*, The University Press of Kentucky, 1985.

Serena Nanda, *Cultural Anthropology*, Belmont: Wadsworth Publishing Company, 1987.

后　记

《汉画像的象征世界》将由文化艺术出版社出版新版，这是一件令人高兴的事。

该书实际上是我在南京大学读博士期间写的学位论文，2003年3月通过论文答辩，2005年人民文学出版社出了第一版。该书出版以后先后获得江苏省哲学社会科学优秀成果三等奖、中国汉画学会著述"学会奖"论著类二等奖（一等奖空缺）、教育部高等学校科学研究优秀成果三等奖，后又被收入《中国学术年鉴》《中国美学年鉴》。

2010年，我作为客座教授在台湾辅仁大学中文系"硕博班"讲授"汉画像专题研究"。2016年，台湾里仁书局出版了该书的繁体字本。现在又有了一个新的再版机会，说明该书探讨的问题仍然具有一定的学术价值和现实意义。

实际上，如果从普及汉文化的知识来看，该著作并不是十分理想的一种。因为当时是作为博士学位论文来写的，这就带来一些问题。首先，博士学位论文不是通俗读物，写得比较理论化与概括化。许多论证没有展开，使用的材料也有所限制。其次，由于当时处于改革开放的时代，为了论证此类问题多借用了西方的象征理念来解释中国传统。加之我的专业方向是文艺美学，所以解读时要照顾到学科的理论前提，因此不是考古学的材料分析或美术学的鉴赏解读，这就给一般读者的阅读带来了理解上的难度。

但是从今天来看，博士学位论文的写作也可能带来一些好处，如理论性比较强，给企图从哲学美学上来了解中国文化的读者带来一定启示。而概括化使问题意识更加凸显，可以从整体上来把握汉画像及其表现的汉文化精神。如汉画像"宇宙象征主义"的提出就提升了汉画像"知识考古学"的水平，超越了美术学研究的形式与风格的讨论，进而走向民族精神的原型探讨。

在完成了博士学位论文以后的20余年里，我又在汉画像学术领域继续努力，主持了国家社科基金重大招标课题"《汉学大系》编纂及海外传播研究"，目前已经编纂出版系列著作28种。总体上，《汉学大系》是在《汉画像的象征世界》所涉及的问题上的不断深化与展开。

今天，中国的传统文化得到了深入研究，中华优秀传统文化在当代的复兴已经形成潮流，《汉画像的象征世界》对揭示中国文化的原型结构、对寻找中国传统文化的基因有一定的意义。当下，从图像、图式来重启中国文化的民族记忆，开启AI时代中华民族的精神标识，仍有深入研究的必要。

最后，我要对在各个阶段，在诸多方面帮助过我、指导过我、提携过我、批评过我的同人表示感谢。特别要感谢文化艺术出版社领导的大力支持，其中本书的责任编辑董良敏的专业与敬业给我留下美好的印象。

行文至此，才知道今天是2025年的春分之日。

春回大地，昼夜等长；气温回暖，阳光明媚；燕子北归，百花竞放；阴阳和谐，国运亨通。

夜幕降临，凭窗远眺，天上的银河如银蛇般在腾飞，北斗七星依然如帝车般在运转。

"汉"原来是天上的银河，又指地上的"汉水"。刘邦发迹于"汉中"，又用"汉"来命名其王朝，在2000余年的历史发展中形成了"星汉灿烂""天人合一"的大汉雄风。

汉画像，是中华民族艺术的瑰宝，是汉文化的图像史诗，是民族精神的镜像"手卷"，也是中华民族理想中的梦幻秘境。

朱存明

2025年3月20日于徐州